工业软实力

工业软实力编写组　编著

电子工业出版社

Publishing House of Electronics Industry

北京·BEIJING

内 容 简 介

本书由工业和信息化部政策法规司组织国家工业信息安全发展研究中心、中国信息通信研究院、中国电子信息产业发展研究院、工业和信息化部工业文化发展中心等单位及相关企业联合编写。

本书是在"推动工业人文发展，提升软实力的途径与对策研究"课题成果的基础上提炼而成的，紧密围绕建设制造强国要"软硬并举"的基本理念，以"制造大国"向"制造强国"迈进的差距为核心要素，提出培育和壮大我国工业软实力的思路建议。

本书分为三篇：背景篇探讨和分析了提升工业软实力的必要性及国外典型工业强国的主要做法，并对我国工业软实力发展现状进行了总结；行动篇围绕"文化、创新、质量、品牌、治理、人才"等工业软实力的六大核心，提出我国培育和壮大工业软实力的基本思路和主要措施；案例篇以企业的探索与实践为线索，总结我国优秀工业企业软实力培育的路径与方法，为工业软实力建设提供了良好借鉴。

图书在版编目（CIP）数据

工业软实力/工业软实力编写组编著. —北京：电子工业出版社，2017.7
ISBN 978-7-121-31808-5

Ⅰ. ①工⋯　Ⅱ. ①工⋯　Ⅲ. ①工业发展－研究－中国　Ⅳ. ①F424

中国版本图书馆 CIP 数据核字（2017）第 121045 号

策划编辑：齐　岳
责任编辑：齐　岳　　特约编辑：刘　凡
印　　刷：北京顺诚彩色印刷有限公司
装　　订：北京顺诚彩色印刷有限公司
出版发行：电子工业出版社
　　　　　北京市海淀区万寿路 173 信箱　邮编　100036
开　　本：720×1000　1/16　印张：23.5　字数：380 千字
版　　次：2017 年 7 月第 1 版
印　　次：2017 年 7 月第 1 次印刷
定　　价：98.00 元

代 序

弘扬工匠精神 打造中国制造新名片

苗 圩

（原载于《求是》2016 年第 17 期）

深入实施《中国制造 2025》，加快推进制造强国建设，是我国工业未来一个时期重要的战略任务。今年政府工作报告提出培育精益求精的工匠精神，努力改善产品和服务供给，在全社会引起广泛关注。我国制造业正处在提质增效的关键时期，培育和弘扬工匠精神，不仅是传承优秀文化和价值观，更是破解制造业转型发展难题、推动产业迈向中高端的务实举措。

一、中国制造呼唤工匠精神

新中国成立特别是改革开放以来，我国制造业持续快速发展，建成了门类齐全、独立完整的工业体系，制造业规模跃居世界第一，创新能力不断增强，"中国制造"成为支撑我国经济社会发展的重要基石和推动世界经济发展的重要力量。但与世界制造强国相比，成本规模优势难掩质量、品牌、创新等方面的差距。国际品牌评估机构评选的全球品牌 100 强中，我国只占 2 席，一定程度上反映了这种差距。

在全球范围内，制造强国的实现路径和支撑条件各不相同，但追求卓越、严谨执着的工匠精神却是共性因素。在现代工业文明中，工匠精神是精益求精、务实创新、踏实专注、恪守信誉等行为准则的综合体现。工匠精神是用"匠心"和"创新"不懈地提升质量与服务，既注重改进制造工艺、产品性能和管理服务，又强调持续创新和改善用户体验。工匠精神是对品牌与口碑的坚守，包含着对用户的诚信、对高品质的执着，以及对百年老店的孜孜追求。工匠精神还意味着对法律和规则的敬畏，尊重契约精神，严守职业底线，严格执行工序标准。纵观世界两百多年的工业发展史，尽管传统的小作坊已被现代化的工业生产所取代，但沉淀下来的工匠精神和文化传统依旧贯穿于现代生产制造中，并从个体化的"工匠"行为演变为群体性的制造文化，成为推动现代制造业发展的灵魂。

在中华民族数千年的历史长河中，工匠精神源远流长，"巧夺天工"、"独具匠心"、"技进乎道"等成语典故，体现的正是匠人们卓绝的技艺和精益求精的价值追求。我国工业化进程中，也形成了大庆精神、"两弹一星"精神、载人航天精神等具有时代特征的工匠精神。但一段时期内，由于过度追求规模效应和短期效益，重数量轻质量、重生产轻品牌，传承工匠精神的社会环境和制度基础在一定程度上被弱化。

当前，制造业发展的环境和条件正在发生深刻变化。从国内看，我国经济已进入以速度变化、结构优化和动力转换为特征的新常态。传统的低要素成本竞争优势正在减弱，能源资源环境等约束不断增强，部分行业同质竞争、产能过剩严重，高品质消费品供给不足，满足不了消费升级的需要，中高端购买力通过境外消费、海淘等形式持续外流。从全球看，随着新一轮技术革命和产业变革孕育兴起，国际产业分工格局正在重塑。传统制造强国凭借技术、人才等优势在先进制造、工业互联网等高端领域抢占先机，发展中国家凭借资源、劳动力等比较优势在中低端领域激烈角逐，中国制造面临着先进制造与低成本制造的双向挤压。

中国制造要成功突围并迈上发展新台阶，必须坚持创新驱动发展战略，而支撑制造业创新发展的根本是创新型人才，其中就包含技艺精湛的能工巧匠和高级技师。从这一点上看，我们必须秉承工匠精神，在品种、品质、品牌等方面深入挖掘，有效解决质量稳定性、精度保持性、消费安全性等问题，真正满足用户对品种多样化、品质高端化、生产定制化的需求，持续提升中国制造的基础能力与核心竞争力，让工匠精神成为推进中国制造"品质革命"的精神动力和力量源泉。

二、弘扬工匠精神，打造中国制造新优势

工匠精神是精于工、匠于心、品于行。在加快制造强国建设过程中，要将精益求精、不懈创新、笃实专注的工匠精神融入现代工业生产与管理实践，夯实基础，补齐短板，加快形成中国制造新优势，打造中国制造新名片。

以精益求精为出发点，树立中国制造质量品牌新形象。精益求精是工匠精神的精髓，也是打造中国制造质量品牌的关键。拼速度、扩规模、模仿赶超一度曾是市场竞争的关键词，企业往往依靠低成本的要素投入即可获取市场和利润。但当需要"更上一层楼"的时候，精益求精将成为企业的必然选择。弘扬工匠精神，就是要鼓励企业树立质量为先、信誉至上的经营理念，普及卓越绩效、精益生产、质量诊断等先进生产管理模式和方法，严格执行工序标准，加强从研发设计、物料采购、生产制造到销售服务的全过程质量控制和管理；就是要引导企业诚信经营，增强以质量和信誉为核心的品牌意识，推进品牌文化建设，提升自主品牌的价值内涵；就是要支持企业提高全员精品意识和素质，通过对质量、规则、标准、流程的坚守，提高全球消费者对中国制造的品牌认可度和忠诚度。

以不懈创新为引擎，提升中国制造核心竞争力。创新是工匠精神的重要内涵，也是中国制造迈向中高端的关键。工匠精神奉行"劳动者就是创造者"的理念，通过工匠们不断创新与革新，推动相关领域技术进步和产业发展。但创新不是一蹴而就的，需要长期持续投入、厚积薄发。多年来，我国创新

成果转化率不高，一个重要原因在于从实验室产品到生产线产品的转化过程中，缺乏大批有经验的技术工人特别是技师，工艺、成品率、工装等诸多技术实现问题难以解决。弘扬工匠精神，就是要增强创新意识，加强创新投入，以用户需求为中心加速技术创新、产品创新、管理创新和模式创新；就是要抓住新一代信息技术与传统产业加速融合的机遇，引导企业持续改进制造工艺、产品性能和品类，使产品更好地适应和引领消费需求；就是要引导骨干企业勇攀高峰，瞄准未来产业发展制高点，开展产学研用协同创新，攻克一批长期困扰产业发展的关键共性技术，持续提升我国在相关领域的实力和话语权。

以笃实专注为内核，筑牢中国制造发展根基。笃实专注是工匠精神的重要特质，也是制造业由大变强的必要路径。弘扬工匠精神，就是要坚持发展制造业不动摇，引导企业树立"十年磨一剑"的专注精神，结合自身所长走"专精特新"发展道路；就是要培育和提升制造业单项冠军企业，支持企业专注于细分产品市场的创新、产品质量提升和品牌培育，在全球范围内整合资源，力争占据全球产业链主导地位；就是要推动大型央企聚焦主业，向关系国家安全、国民经济命脉和国计民生的重要行业和关键领域集中，向前瞻性、战略性产业集中，向产业链价值链的中高端集中，做强做优做大，努力成为具有国际影响力和竞争力的一流企业。

二、着力优化工匠精神孕育生长的制度与环境

培育新时期工匠精神是一个系统工程。我们要按照党中央、国务院决策部署，紧紧围绕制造强国战略，加大供给侧结构性改革力度，厚植工匠精神孕育生长的制度土壤，使工匠精神真正成为制造强国建设的价值内核与动力源泉，持续推动中国制造向中国创造、中国速度向中国质量、中国产品向中国品牌转变。

树立正确导向，营造尊重劳动和崇尚技能的社会氛围。没有稳定的工作岗位、合理的收入报酬、清晰的职业前景，很难产生真正的工匠精神。要从战略高度重视弘扬工匠精神的重要意义，践行社会主义核心价值观，培育有

中国特色的制造文化，在全社会推动形成"技术工人也是人才"、"劳动光荣、技能宝贵、创造伟大"的时代风尚，并逐步形成尊崇工匠、争做工匠和做好工匠的职业取向。要建立工匠表彰制度，树立新时代大国工匠的典型，引导有条件的地区建立优秀技能型人才重奖制度。健全收入分配激励机制，完善劳动、技术、技能等生产要素按贡献参与分配的制度。鼓励各地根据人才缺口，加强对引进技能型人才的政策支持，切实解决其医疗、教育及社会保障问题，使更多技能型人才安心岗位并持续积累创新。

加大投入力度，健全技能人才培养和评价体系。建设制造强国，需要大批体现中国制造实力的一线技能型人才。要突出产业导向，促进专业设置与产业发展同步，课程内容与职业标准对接，教学过程与生产过程统一，实现职业教育与产业实践的精准结合，引导完善以企业为主体、职业院校为基础、学校教育与企业培养密切协同、政府推动和社会支持相互结合的技能型人才培养体系。支持企业推行订单培养、顶岗实习等人才培养模式，依托大型骨干企业、重点职业院校和培训机构，建设一批示范性的高技能人才培养基地和公共实训基地。建立与制造业人才培养规模和培养要求相适应的财政投入政策，鼓励和引导企业、社会组织投资人才培养。完善技能型人才评价和使用政策，健全制造业人才职业标准体系，细化职业资格制度。搭建普通教育与职业教育的流动通道，实现职业教育与学历教育同认可、同待遇。推动职业资格证书和学历证书、职称证书的互通互认，进一步畅通技能型人才职业发展通道，鼓励更多的年轻人走技能成才之路。

发挥各方作用，形成追求卓越的激励约束机制。工匠精神的形成需要发挥政府、行业组织、消费者等多方主体作用，通过有效的制度引导和约束，使精益求精、生产高品质产品成为企业的普遍选择。要完善行业标准体系，提高国内产品标准与国际标准的一致性程度，以高标准倒逼企业不断提高产品质量。坚持日常监管和市场整顿相结合，实施企业经营异常名录、失信企业"黑名单"等制度，加强对国家强制性标准执行情况的监督检查，加大知识产权执法力度和对制售假冒伪劣产品的打击力度。发挥联盟、协会、同盟等的载体与桥梁作用，加强行业自律建设，引导企业在诚信经营、质量品牌、消费者权益等方面积极履行社会责任。发挥消费升级对工匠精神的激发作用，进一步畅通消费者投诉渠道，扩大适用举证责任倒置的商品和服务范围。修订完善有关产品质量、消费者权益保护的法律法规，明确惩罚性巨额赔偿制度，使减少劣质产品成为企业的首要考虑因素。

深化供给侧结构性改革，完善制造业发展外部环境。工匠精神落地生根离不开有利于制造业发展的宏观环境。要加快推进供给侧结构性改革，统筹五大政策支柱，实施更加精准的产业政策，引导各类资源投向制造业。加强产业政策与财税、金融、环保、国土、社保等政策的衔接配合，加速实施国家中小企业发展基金、先进制造产业投资基金，深化产融合作，形成促进实体经济发展的政策合力。持续推进简政放权、放管结合、优化服务，清理废除妨碍创新创业的规章制度，探索市场准入负面清单制度，不断提高制度供给质量和水平。完善并落实市场退出机制，倒逼缺乏竞争力的企业退出市场。进一步落实各项惠企政策，加强涉企收费管理，降低制度性交易成本，切实为企业松绑减负，不断激发企业从事精品制造的动力。

苗 圩

工业和信息化部党组书记、部长

序

　　党的十八大以来，以习近平同志为核心的党中央作出了经济发展进入新常态的重大判断，形成了以新发展理念为指导、以供给侧结构性改革为主线的政策体系，引导经济朝着更高质量、更有效率、更加公平、更可持续的方向发展。制造业是立国之本、兴国之器、强国之基，也是推进供给侧结构性改革的主战场。2015年5月，国务院正式印发《中国制造2025》，大力发展先进制造业，改造提升传统产业，工业领域新动能不断凝聚，制造强国建设迈出坚实步伐。

　　工业软实力是国家软实力的有机组成部分，也是制造强国建设的重要方面。党的十八届五中全会提出"在增强国家硬实力的同时注重提升国家软实力，不断增强发展整体性"。《中国制造2025》明确指出，要"培育有中国特色的制造文化，实现制造业由大变强的历史跨越"。改革开放以来，我国工业取得了举世瞩目的发展成就，成为世界第一制造业大国，但是工业大而不强的问题仍然突出。发达工业化国家发展历史表明，制造强国需要软实力和硬实力共同支撑、良性互动。随着我国经济发展的要素条件以及国内外环境的变化，我国已进入"以软促硬、软硬并举"，依靠软实力和硬实力共同推动产业转型升级的关键阶段。特别是在新一轮科技革命和产业变革的形势下，提升产业竞争力，打造制造强国，不仅要以产业规模、生产工艺、技术水平等硬实力作为支撑，更要努力提高创新潜力、品牌影响力、标准、人才、制度、工业精神、规则话语权等软实力。

　　我们要充分认识工业软实力提升的重要性和紧迫性，紧紧围绕制造强国建设目标，推动工业硬实力和工业软实力同步提升。要强化自主领先的创新精神，增强企业创新意识，完善创新激励制度，推动中国制造向中国创造转变；要培育和弘扬精益求精的工匠精神，完善质量标准，改善工业治理，加强企业家队伍、高技术人才和产业工人等多层次人才支撑，推动中国速度向中国质量转变；要涵养诚信守法的契约精神，打造中国特色制造文化，提升社会诚信和企业信用，提升品牌和服务意识，推动中国产品向中国品牌转变。

　　工业和信息化部在开展重大软课题研究基础上，集合政府部门、研究机构和企业的智慧，出版《工业软实力》一书。该书设背景、行动、案例三个篇章，深入辨析了工业软实力的内涵，系统梳理了国际经验，总结提炼了我国优秀工业企业软实力培育的路径与方法，围绕工业软实力的核心要素，提出我国壮大工业软实力的基本思路和主要措施。该书对于推进工业软实力提升和制造强国建设具有重要的理论价值和实践意义。期待《工业软实力》的出版能够引起全社会对发展实体经济更多关切和更深入思考，进一步凝聚培育提升工业软实力的智慧与共识，共同推动我国制造强国建设。

工业和信息化部副部长

《工业软实力》编委会

指导委员会

主　任：苗　圩

副主任：刘利华

委　员：李　巍　　尹丽波　　刘　多　　卢　山

编写组

主　编：刘利华

副主编：李　巍　　范　斌　　李新社　　余晓晖

　　　　樊会文　　罗　民　　刘九如

成　员：

朱秀梅	李　妍	严仕吉	李　丽	辛勇飞	李　燕
孙　星	陈雪琴	彭征波	童红娟	付向核	郭　雯
王　晶	王　轶	程　楠	宋晓晶	李　浩	张建伦
方鹏飞	徐　静	齐　岳			

目录

I »

Ⅱ

Ⅲ

背景篇

第一章 制造强国，不仅仅是硬实力

在我国经济发展新常态和新技术革命正在孕育突破的历史交汇节点上，我国发布《中国制造 2025》，提出推动我国从制造大国转向制造强国的战略目标，对顺应新常态，实现制造业稳增长、调结构、转方式具有重要的现实意义，也是应对新技术革命中实现高端化跨越发展的战略需要。综观世界制造强国，不仅在产业规模、技术装备、资源结构等硬实力方面遥遥领先，而且在创新能力、品牌影响力、制造业国际声誉等软实力方面独领风骚。当前，我国在推动制造强国建设的过程中，既具备产业基础较为雄厚、国际影响力逐步提升等发展机遇，同时也面临产业层次不高、产业结构不合理、中国制造声誉不佳等挑战。软实力在产业发展中的作用进一步凸显，成为提升产业竞争力、推动我国由制造大国向制造强国跨越的重要推动力量。

第一节 新常态下的制造强国战略

党的十八大以来，中央作出经济发展进入新常态的科学判断，提出创新、协调、绿色、开放、共享的新发展理念，开启供给侧结构性改革的新实践，加快推动经济结构优化升级。工业是转型升级的主战场，是科技创新的重要源泉，工业领域率先转型能够有力筑牢经济发展基点，推动经济的整体转型。

一、新常态下我国经济发展的新要求

从改革开放到 2008 年年底国际金融危机爆发之前，我国分别于 1979—1981 年、1989—1990 年、1998—1999 年经历了三次短暂的经济增速回落。虽然经济增速在这三个时期均低于 8%，但都属于经济增长过程中的周期性短期波动，在持续 2 ~ 3 年后再次回归高速增长。2008 年年底国际金融危机爆发以来，世界经济在经历较大跌幅后艰难复苏，尽管我国采取了积极的经济政策，但经济增速仍从 2010 年开始持续走低，尤其是从 2012 年开始下降到 8% 以下，经济下行压力持续增强，经济增速换挡已经成为中长期趋势，中国经济正式进入"新常态"发展阶段，如图 1-1 所示。

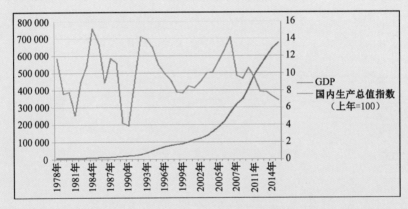

数据来源：国家统计局，历年《中国统计年鉴》及中国统计数据库

图 1-1　1978—2015 年中国 GDP 及其增速（单位：亿元，%）

新常态下，我国经济发展环境已发生较大变化，支撑我国产业长期快速发展的部分传统优势逐步减弱，而新的竞争优势尚未建立。第一，劳动力成本、原材料和能源价格、土地价格等要素成本逐步上升，支撑我国多年以来高速发展的低成本优势快速削弱。以劳动力成本为例，2003—2016 年，我国的薪酬增长远远超过生产效率的增长，依据生产力调整过的单位劳动力成本已经只比美

国低 4%[1]。而国内能源、土地等要素价格更是快速上涨，2001—2016 年全国地价增长率均保持在较高水平，具体如图 1-2 所示。第二，技术进步的成本显著提高。我国的制造业产值已占据全球顶端，在很多技术上也处于世界前沿水平。这种情况下，需要自己开创更前沿、更具颠覆性的技术。可以说，我国以往的学习跟随型技术进步的空间越来越小，技术"后发优势"日益减弱，对我国自主创新能力提出更高要求。第三，随着我国居民收入的不断增加，居民消费水平逐步提高，城乡居民消费结构正处在由生存型消费向发展型消费、由物质型消费向服务型消费升级的重要时期。但是我国的消费产品供给结构失衡，高质量、高性能产品国内供应严重不足，导致居民跨境消费的总体规模逐步增大。

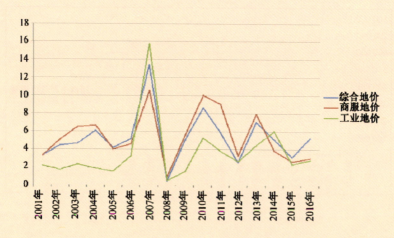

数据来源：中国城市地价动态监测网

图 1-2　2001—2016 年全国各类用地地价增长率（%）

---

1 数据来源：Oxford Economics，The Conference Board，UNIDO。

专栏 1-1 我国居民跨境消费高速增长

我国居民正通过导游代购、互联网代购、朋友代购等途径将"跨境消费"转变为长期消费行为，且存在群体效仿趋势。比达咨询（BigData-Research）数据显示，从 2008 年开始，我国海淘市场呈现高速增长势头。2008—2011 年，市场处于启蒙阶段，因基数小，市场规模呈现翻倍增长。从 2012 年开始，市场开始稳步高速增长，2012—2014 年的市场规模分别为 483 亿元、767 亿元、1500 亿元，同比增速分别为 82.8%、58.8% 和 95.6%。2015 年年底，我国海淘市场规模达到 2400 亿元，同比增长速度为 60%。海关总署和中国电商研究中心预计，到 2018 年海淘市场规模将达到万亿级别。

境外消费的这部分人群可以说是我国消费的中流砥柱，他们大多为中产阶级，愿意为一个好的性能、好的服务付出高价。他们相信口碑，相信具有和自己相类似的财富和消费习惯、价值观的人的推荐。而这部分人群对大众消费具有极强的引导作用。近一两年来，我国居民海外"扫货"对象已然发生明显变化，从之前的"品牌消费"到如今的"品质消费"。商品类型从以前的高端奢侈品类产品，如箱、包、表、珠宝、高档化妆品等，到时尚消费品类产品，如电子产品、化妆品、户外运动等，到如今的生活必需品类产品，如刀具、锅铲、奶粉、药品、洗衣粉、厨房清洁纸巾、食物保鲜盒、儿童玩具等。

资料来源：课题组根据公开资料整理

从世界各经济体的发展历程来看，大多数中等收入国家都经历过增速放缓阶段，这是经济发展的普遍规律，也是我国经济社会发展的必经阶段。其中，部分国家成功跨越从而迈入发达国家行列，也有部分国家未能成功转型，陷入"中等收入陷阱"。1960 年被世界银行列为中等收入国家的 101 个经济体中，只有 13 个进入高收入国家行列，这 13 个国家中人口超过 2500 万人的只有 3 个。新常态下发展环境的变化，要求我国在发展中必须推动"新方式""新结构"和"新动力"，即经济发展方式从规模速度型粗放增长转向质量效率型集约增长，经济结构从增量扩能为主转向调整存量、做优增量并存的深度调整，经济发展动力从传统增长动能转向新的增长动能，保障我国经济的协调可持续发展。在此新的经济形势下，我国在《十三五发展规划纲要》

中明确确立了创新、协调、绿色、开放、共享五大发展理念，并着力推动供给侧结构性改革，从提高供给质量出发，用改革的办法推进结构调整，实现经济的转型升级，促进经济社会持续健康发展。

二、工业引领转型，筑牢经济发展基点

工业是国民经济的主体，工业的结构优化和转型升级能够有力奠定产业发展基础，筑牢经济发展基点。2015 年，我国实现工业增加值 23.65 万亿元，占 GDP 的比重达到 34.3%。工业发展不仅直接推动了经济的增长，而且为农业和服务业提供物质保障、技术和装备支持。虽然"十二五"时期，我国工业产值占 GDP 的比重开始低于服务业，但并不意味着工业的重要性下降，相反，这是由于工业的技术进步快于服务业，劳动生产率提高，占比较小的工业能够创造出足以支撑庞大服务业的物质财富。同时，工业也是国际竞争力的根本依托，工业品生产能力是一个国家科技水平、要素禀赋、基础设施、制度环境等各方面的综合体现，国与国之间的竞争，最主要、最直接的表现就是各国工业品在国际市场上的竞争。2015 年，中国工业制成品进出口总额占对外贸易总额的比重达到 72.3%，占货物进出口的比重达 85.4%，是拉动投资、带动消费的重要领域。

工业是我国经济提质增效升级的主战场，新常态下我国经济正处于爬坡过坎的重要关口，工业发展面临的问题也较为突出，但推动经济转型升级难点在工业，出路也在工业。工业是科技创新的基础源泉，是创新最集中、最活跃的领域。目前，美国专利总量的 90%属于制造业，德国、日本的 R&D 经费支出中，工业所占的比重超过 90%。技术的每一次突破和创新几乎都能在工业上得到应用和展现，工业产业链上的各个企业存在着显著的关联性，一旦某个环节创新突破，就会通过产业链条传导到其上游和下游，引发关联产业的共同技术创新，从而形成技术创新的规模效应，进而转化为推动经济社会发展的强大动力。

在全球劳动生产率增速下降的当前，重振制造业、大力发展实体经济，

已成为各国的普遍举措，并将制造业创新作为驱动经济转型发展的核心力量，制造业的创新已经成为新一轮科技革命与产业变革中国际竞争的重要焦点。美国相继出台了《美国制造业促进法案》，启动"先进制造伙伴计划"，发布《加速美国先进制造业》，重塑美国制造业先进文化，推动国家制造业创新网络建设，期盼以技术创新的先发优势继续保持其全球领先地位。德国推出了《德国 2020 高技术战略》，确定了五大领域的关键技术和十大未来项目。英国发布了《未来制造业：一个新时代给英国带来的机遇与挑战》，法国发布了《新工业法国》，韩国发布了"制造业革新战略 3.0"，日本发布了"日本机器人新战略"等。世界主要国家均将制造业的创新和崛起作为解决经济停滞不前的路径。

专栏 1-2 劳动生产率增速下滑已成全球性问题

从美国、英国等发达经济体，再到巴西等新兴经济体，劳动生产率增速下降已经成为全球性问题。英国《金融时报》援引世界大型企业联合会的数据显示，2014年，全球劳动生产率增速降到了 2.1%，创下了 21 世纪以来的最低水平；相比之下，从 1999 年到 2006 年的年平均增速为 2.6%。其中发达经济体，2014 年平均劳动生产率增速从前一年的 0.8% 下降到了 0.6%。英国已经连续 8 年没有出现生产率改善迹象，而在过去 100 年里，该国维持了大约 2% 的年均增速。美国是主要经济体中效率最高的一个国家，但其生产率增速也从 2005 年开始下降。

资料来源：商务部

相比发达国家，我国工业发展的空间更为广阔。一方面，经过长期追赶发展的沉淀和积累，本轮产业变革是我国与发达国家技术差距最小的一次，可以着力抓住新工业革命的机遇，加快创新，占据制造发展高端；另一方面，我国仍拥有已有高端技术攻克的空间，即"工业 1.0、2.0 补课和工业 3.0 普及"，工业技术进步的空间较大，对于创新和社会进步的推动潜力无限。"新常态"下我国必须着力突破工业发展的瓶颈制约，肩负起支撑国民经济转型升级、跨越发展的重大历史使命，加快转型升级、创新发展、提质增效，实现由大到强的根本转变，以"新工业"带动我国创新能力的提升和现代产业体系的建设，培育造就新的产业群和经济增长点。

三、《中国制造 2025》推动制造强国建设

　　新常态下工业特别是制造业的转型升级尤为急迫。在新一轮科技革命、产业革命和我国加快转变经济发展方式形成的历史性交汇期，国务院正式印发了《中国制造 2025》，确定了一条由制造大国向制造强国的转型之路，依托制造业的持续发力创造创新，不断加快工业化进程，实现中国制造向中国创造的转变、中国速度向中国质量的转变、中国产品向中国品牌的转变，完成中国制造由大变强的战略任务，从而进一步巩固筑牢国民经济的重要支柱和基础，推动并培育形成新的增长点，打造我国经济升级版。

　　《中国制造 2025》是"两个百年"奋斗目标在工业领域的具体落实，旨在以制造业的繁荣和强大，托起中华民族伟大复兴的"中国梦"。《中国制造 2025》明确了分三步、用三个十年左右的时间实现制造业大国向制造业强国的转变。第一步是力争用十年的时间，迈入制造强国行列；第二步是到 2035 年，我国制造业整体达到世界制造强国阵营中等水平；第三步是制造业大国地位更加巩固，综合实力进入世界制造强国前列。《中国制造 2025》的内涵重在创新驱动、转型升级，进而迈向中高端。

　　《中国制造 2025》部署了我国实施制造强国战略第一个十年战略任务和发展重点。提出要按照"创新驱动、质量为先、绿色发展、结构优化、人才为本"的总体要求，着力提升发展的质量和效益。围绕提高国家制造业创新能力、推进信息化与工业化深度融合、强化工业基础能力、加强质量品牌建设、全面推行绿色制造、大力推动重点领域突破发展、深入推进制造业结构调整、积极发展服务型制造和生产性服务业、提高制造业国际化发展水平等九大战略任务推进制造强国建设。结合重点任务，推进制造业创新中心建设工程、智能制造工程、工业强基工程、绿色制造工程、高端装备创新工程五大重点工程。同时，着眼应对新一轮科技革命和产业变革、抢占未来竞争制高点，围绕先进制造和高端装备制造，前瞻部署了重点突破新一代信息技术、高档数控机床和机器人、航空航天装备、海洋工程装备及高技术船舶、先进轨道交通装备、节能与新能源汽车、电力装备、农机装备、

新材料、生物医药及高性能医疗器械这十大战略领域。

第二节　软硬并举，通向制造强国的必经之路

　　我国工业持续快速发展，总体规模大幅提升，综合实力不断增强，已经成长为名副其实的工业大国，"中国制造"已遍布世界各个角落，充分体现着当前中国制造业的规模和水平。但提到制造强国，人们往往还是会想到美国、德国、日本等传统制造强国，或者韩国这样快速发展起来的新兴制造强国。究其原因，制造强国不仅需要在规模总量方面领先世界，同时还要在工业文化、工业治理、创新引领、产品质量、品牌发展等方面享誉全球。

一、世界典型制造强国的主要发展特点

　　目前国内外对于制造强国的概念和内涵没有统一的描述，但在全球范围内，普遍对美国、日本、德国、韩国等国的制造强国地位形成共识。通过对这些有代表性的工业发达国家进行梳理和研究，大致上可以将制造强国的内涵概括为三个方面：一是规模和效益并举；二是具有较高国际分工地位；三是具有较好的发展潜力。制造强国普遍具备以下发展特点。

　　制造业规模在国际具有领先优势。世界制造强国如果没有一定的产业生产规模和出口规模，就不可能具有较大的影响力。从生产规模来看，2015年美国、日本、德国、韩国等制造强国制造业增加值分列世界第 2~5 位，体现了这些国家在制造业规模方面的实力。同时，这些国家的人均制造业增加值同样在全球排名靠前，德国、韩国、日本、美国分别位列第 4、7、9、11 名。从出口规模看，德国、美国、日本等世界制造强国制造业制成品出口额长期高居全球前五名，具体见表 1-1。

表 1-1 2015 年全球制造业增加值排名前十的国家

制造业增加值排名	国家	制造业增加值（单元：亿美元）	人均制造业增加值（单位：美元）
1	中国	32 600	2 377
2	美国	20 681	6 434
3	日本	8 509	6 702
4	德国	6 815	8 371
5	韩国	3 695	7 301
6	印度	3 018	230
7	英国	2 605	3 999
8	意大利	2 578	4 239
9	法国	2 429	3 635
10	墨西哥	1 958	1 541

数据来源：根据世界银行数据整理

拥有一批具有较强国际竞争力的企业和较高知名度的品牌。从 2016 年《财富世界 500 强》来看，上榜企业数量排名前 8 的国家依次为美国（134）、中国（110）、日本（52）、法国（29）、德国（28）、英国（26）、韩国（15）和瑞士（15），8 国上榜企业数量总和占全部 500 家企业数量的 81.8%。从制造业企业数量来看，排名前 200 的企业中制造业企业占 58 家。按制造业企业数量排序，排名前五的国家依次为美国（16）、中国（13）、日本（8）、德国（7）、韩国（4）和法国（4）。可以看出，在全球范围内，美国、日本、德国、韩国都拥有一批具备较强国际竞争力的企业。从 2016 年《世界品牌 500 强》来看，美国、英国、法国、日本、德国等传统制造强国均排名靠前，特别是制造业品牌方面，日本上榜的工业品牌共 27 个，占日本上榜品牌的 73%；德国上榜的工业品牌共 12 个，占德国上榜品牌的 46%，具体见表 1-2。

表 1-2　2016 年《世界品牌 500 强》入选数最多的 10 个国家

排　名	国　家	入选数量			代表性品牌
		2016	2015	2014	
1	美国	227	228	227	苹果、谷歌、亚马逊、可口可乐、通用电气
2	法国	41	42	44	欧莱雅、路易威登、香奈儿、卡地亚、迪奥
2	英国	41	44	42	沃达丰、英国石油、联合利华、汤森路透
4	日本	37	37	39	佳能、索尼、丰田、松下、本田、花王
5	中国	36	31	29	国家电网、中国工商银行、腾讯、中国移动
6	德国	26	25	23	宝马、梅赛德斯-奔驰、大众、思爱普、奥迪
7	瑞士	19	22	21	雀巢、瑞信、劳力士、欧米茄
8	意大利	17	17	18	古驰、普拉达、法拉利、菲亚特、宝缇嘉
9	荷兰	8	8	8	壳牌、飞利浦、喜力、TNT、荷兰国际集团
10	瑞典	6	7	7	宜家、爱立信、H&M、绝对伏特加、伊莱克斯

数据来源：世界品牌实验室（World Brand Lab.com）

创新能力世界一流。一个国家只有拥有强大的创新能力，才能在激烈的国际竞争中赢得先机、把握主动。例如，美国之所以能引领全球电子信息产业发展的潮流，与其在集成电路、PC、互联网、智慧地球等领域层出不穷的重大原始创新是分不开的。2016 年全球创新指数（GII）[2]显示，2016 年全球创新整体指数排名前十位的国家（地区）分别是瑞士、瑞典、英国、美国、芬兰、新加坡、爱尔兰、丹麦、荷兰和德国。其中，美国、德国、英国等是典型的世界制造强国。

拥有技术先进、结构优化、附加值高的现代工业体系。例如，美国在化工、电子信息、机械设备制造、航空航天、汽车、生物医药等产业发展处于领先地位，引领全球技术和产业发展方向；德国的汽车、机械设备制造、电气设备制造、化学工业等产业闻名全球，赢得良好的产品声誉和广阔的市场空间；日本的汽车、电子信息、化学、钢铁等主导产业在品种打造和产品质量上做到极致；韩国的汽车、显示器、造船、通信设备、半导体、化学、钢铁等产业快速崛起，在国际市场上具有较强的影响力。

---

2 2016 年 8 月，世界知识产权组织、美国康奈尔大学、英士国际商学院联合发布。

工业可持续发展能力较强。世界制造强国在工业发展方面，都拥有在不损耗当下资源和生态环境基础上，高质量发展产业的能力，从而实现工业经济与资源环境的和谐发展。从工业固定废物的综合利用来看，日本、德国、美国和韩国的利用率都较高，基本实现绿色生产。其中，日本的工业固体废物综合利用率达到96.11%，德国92.58%，美国87.78%，韩国82.32%。而中国的工业固体废物综合利用率为71.21%，印度的固废综合利用率仅为65.9%。根据贝塔斯曼基金会对34个经合组织中的工业国家可持续发展能力进行的综合调研，前五名分别是瑞典、挪威、丹麦、芬兰和瑞士，德国排名第6位。

所秉承的工业精神享誉全球。制造强国在工业领域取得的成就与其国内逐步形成的工业精神息息相关。工业精神孕育了国内产业发展的良好环境和共识，凝聚了崇尚实业的产业人才，创造了产业发展源源不断的灵感，也培育了忠实的消费者。如"美国制造"的创新、"德国制造"的品质、"日本制造"的精益都已深入人心，在全球范围获得认同。

上述特征是世界制造强国的共同之处，是相关国家在全球工业市场竞争中获取竞争优势的主要基础。依托这些基础，结合自身资源和禀赋，逐步形成全球范围内较强的综合竞争力。

二、制造强国兼具强大的硬实力和软实力

制造大国主要靠规模取胜，而制造强国则要在技术、品牌、管理、创新等方面具备综合的竞争优势。根据支配的是相对有形的资产还是相对无形的资产，制造强国在制造方面的能力可分为硬实力和软实力两个方面。

生产规模、市场规模和产业结构等是硬实力的主要组成部分。雄厚的产业规模是制造强国的先决条件，反映了制造业发展的实力基础。优化的产业结构是制造强国的重要基石，反映了产业的合理结构及产业之间的密切联系。此外，硬实力还应包括对尖端技术、前沿技术的掌握能力和关键核心产品的生产能力等。众所周知，美国、德国、日本等制造强国在制造生产规模、

生产能力、产业结构等方面都位居全球前列。

软实力则主要表现在产品的创新性、质量的把控性、品牌发展力、市场引领性等方面，主要基于工业文化、创新精神、制度环境、产品服务、品牌等各种软性力量。

总体来看，世界制造强国不但拥有强大的制造业发展硬实力，更在硬实力的基础上，通过长期发展和积累，在本国文化和制度影响下，形成了具有本国特色的强大软实力。同时，强大的软实力能够推动硬实力的发展和升级。美国、德国、日本等工业强国无论在产业规模、生产能力、产业结构等硬实力方面，还是在工业文化、创新精神、制度环境、产品服务、品牌等软实力方面都具有很高的水平，最终形成了当前强大的工业实力。

三、软实力是制造大国向制造强国跨越的关键因素

当今，工业硬实力强的国家并非都是制造强国，但工业软实力强的国家却基本都是制造强国。这是因为，一个国家工业硬实力达到较高水平后，如果软实力水平较低，就会对进一步提升工业硬实力形成制约，并迫使一个国家提高对软实力的重视并积极培育工业软实力。

回顾当今世界制造强国发展史，各国都经历了依靠提升软实力实现由大到强转变的历程。工业软实力在工业化初期并未引起各国足够重视，工业领域创新机制、包容的价值观和创新文化、法制环境和政策制度等方面均不健全。德国在 19 世纪 80 年代以前忽视对企业和产品的管理，缺少对制定生产管理规章制度的重视，德国产品一度被认为"便宜而拙劣"，遭到美、英等国的抵制。英国在 19 世纪下半叶没有抓住新技术革命的机遇，忽视了创新和改造技术装备的重要性，加之教育制度对工商业的轻视，导致其逐渐丧失工业领域的垄断地位。二战以前，日本产品曾是"质次价高"的代名词。韩国在资源贫乏又缺少专业人才的背景下，也曾在很长一段时间内没有相应的政府政策支持，工业一度十分落后，缺失民族品牌。

随着工业化的发展，提升软实力逐渐成为各国解决工业发展难题的战略选择和共同出路。德国在 19 世纪 80 年代后，通过培育精益求精的"工匠精神"，将规范引入产品的设计、生产制造和服务环节，打造了一系列民族品牌，逐渐塑造了"德国制造"的国际声誉。日本在二战后，不断学习吸收美国的先进质量管理经验，发展质量管理理论和方法，在企业推广全面质量管理，实现了产品质量的崛起。英国利用深厚的工业积淀，更多在设计、销售、售后服务等环节提升软实力。韩国作为"政府主导型的市场经济"国家，建立和完善统一的审批制度，为技术和资本引进提供信息和咨询服务，大力扶持民族品牌发展，打造了现代、大宇、三星等知名公司。

各典型制造强国工业软实力的培育无不以文化为根本。地理位置、资源禀赋、历史源流塑造了不同国家的文化底蕴，而文化又成为各国工业软实力的孕育土壤。美国充分发挥"创新"这一核心文化优势，鼓励企业冒险和尝试，成为首屈一指的创新大国。德国人严谨、认真、一丝不苟的精神气质推动其对产品的不断完善，让"德国制造"的金字招牌屹立不倒。英国独特的岛国文化、贵族精神、主流的绅士文化强调对生活品质的追求，客观上推动其工业设计的蓬勃发展。在日本政府的引导下，日本企业家结合国民的危机意识、"和魂"文化、集体主义和人本思想，推行全面质量管理，使日本制造享誉全球。随着经济全球化深入发展，市场竞争日益加剧，各工业大国更加注重挖掘和提升产品的文化内涵，力求以独特的文化内涵赢得市场。

以创新设计、质量品牌作为工业软实力的重要载体。美国、英国、德国等国都将提升创新设计能力作为国家创新能力建设的重要方面，推动工业设计产业发展。重视培育形成有利于创新的制度环境、文化和社会氛围，为提升创新能力提供保障。大力实施质量发展战略，加强质量基础建设，颁布系列提升制造业质量的法案、政策和标准。各国均注重培育知名品牌，树立国际美誉度，美国依靠产品质量的可靠性、设计的创新性，培育了苹果、IBM、思科、英特尔、甲骨文、微软等业界翘楚；德国制造已成为质量、可靠和信誉的代表，拥有奔驰、宝马、西门子、博世等大量知名品牌；韩国则采用直接投资、跨国经营等方式，扶持和壮大现代、三星、LG 等民族品牌。

打造完善的产业治理体系为工业软实力提供制度保障。相关国家在知识产权保护、鼓励创新、反垄断、劳动者权益保护等方面形成完善的法律法规体系。英国是最早实行知识产权保护的国家，1623 年就出台了《垄断权条例》，其后又陆续出台《安娜女王法令》《专利法》等。美国 1980 年通过《拜杜法案》，鼓励政府、科研机构、产业界三方合作，加快研发成果的商业运用和技术创新成果的产业化。在不同发展阶段，相关国家均出台有针对性的工业发展战略与政策，鼓励和支持技术创新、培养人才，为提升工业软实力提供制度保障。2008 年国际金融危机后，欧盟全面提出"再工业化"战略，2016年出台《工业数字化战略》。日本出台《日本新增长战略》《日本再兴战略》《制造业白皮书》等，实施"重振制造业"战略，加快制造业升级换代步伐。

以高素质人才作为提升工业软实力的关键支撑。相关国家均注重在各层次、各领域培育综合素质高、创新能力强、专业技术过硬的人才。美国营造宽容创新失败的氛围，完善风险投资制度，激发企业家创新创业热情，培育了一批批雄心勃勃、富有革新精神的优秀企业家。德国建立了"学徒制""工学交替"的双元制教育体系，选择职业教育的 16 岁学生必须当 3 ~ 4 年的学徒才能被企业聘用，确保制造业从业人员的专业性。在加强本国人才培养的同时，各国还大力吸收引进国外人才。美国出台了一系列海外人才吸引政策，通过开放性的移民举措及基金援助引进高科技人才，并通过丰厚的奖学金吸引优秀留学生。德国 21 世纪以来三次修订《移民法》，不断放宽移民政策，吸引优秀人才。

以企业社会责任建设作为提升工业软实力的重要途径。各国都积极采取措施推动企业履行社会责任，重视质量品牌、安全健康、环境保护、劳工权益保护等。英国是推动企业社会责任的典型国家，早在 2000 年就设立大臣主管企业社会责任建设，并制定法律法规，强制企业履行社会责任。德国 2009 年把企业社会责任建设提高至国家战略层面，并在 2010 年正式出台"国家联邦企业社会责任行动计划"，强调政府参与企业社会责任构建，推动企业践行社会责任以提升其竞争力。日本在 1974 年将"企业社会责任"引入法案，引导企业加强社会责任建设，同时充分发挥社会公众与媒体的监督作用。

由此可见，一个国家在产品种类、生产规模和市场规模等工业硬实力发展到一定程度后，需要认清形势、抓住时机，结合本国自身的文化底蕴和文化特点，打造和提升工业文化、制度环境、创新精神、品牌等工业软实力，通过工业软实力与工业硬实力的相互影响、相互促进，推动该国走向工业强国之路。

第三节 提升软实力，推动我国向制造强国迈进

当前，我国制造业综合实力和国际竞争力显著增强，为建设制造强国奠定良好基础，党的十八大以来，党中央国务院的重大政策调整方向也为制造强国建设提供了难得的机遇。但同时，我国工业创新意识和创新能力仍较为薄弱，质量品牌建设较为滞后，工业治理能力亟待提升，尚未形成社会认同度较高的工业文化。工业软实力发展相对缓慢已成为我国建设制造强国的重要制约因素，在新的发展形势下，提升工业软实力，推动我国向制造强国迈进，正当其时也势在必行。

一、制造强国发展机遇重大

（一）我国建设制造强国已具备坚实的发展基础

改革开放以来，我国制造业飞速发展，时至今日，已具备建设制造强国的坚实基础。2009 年，我国超越日本，跃升为世界第二大经济体。2015 年，我国经济总量占世界经济的比重达到 15.5%，国内生产总值稳居世界第二位。国家统计局发布的数据显示，2012 年以来，尽管世界主要经济体经济复苏乏力，外需疲弱，但我国货物进出口总额在世界贸易中的份额仍然不断提升，

2013 年首次超过美国，跃居世界第一位。2015 年，货物进出口总额为 39 586 亿美元，占全球进出口的比重由 2012 年的 10.4% 上升至 11.9%。根据世界经济论坛的测算，我国国际竞争力近年来持续提升，2016 年在 140 个国家和地区中排名第 28 位。根据美国《财富》杂志的统计，2016 年，我国进入世界 500 强企业的数量达到 110 家，位居全球第二位。其中，中国石油化工集团、中国石油天然气集团公司和国家电网公司进入世界前 10 强。经过三十余年的高速发展，中国经济已成为左右全球经济格局的重要力量。2010 年，我国首次超越美国，成为世界第一制造大国，至今制造业产值已连续 6 年排名世界首位，制造业产出占世界的比重超过 20%；500 种主要工业品中有 220 多种产量位居世界第一。经过多年的发展，我国已建立了完备的制造业体系，在联合国工业大类目录中，我国是唯一拥有所有工业门类制造能力的国家。华为、海尔、格力、联想等一批中国制造业品牌已经扬帆出海，成为国际市场上闪光的"中国名片"。我国已是名副其实的制造业大国，在全球制造业版图中占据重要地位。

（二）全面深化改革为制造业发展注入新的活力

党的十八届三中全会审议通过的《中共中央关于全面深化改革若干重大问题的决定》，提出了全面深化改革的指导思想，描绘了全面深化改革的新蓝图，为制造业发展注入新的活力。《决定》提出要充分发挥市场在资源配置中的决定性作用，这意味着与制造业发展密切相关的土地、人力等各项生产要素价格将得到进一步理顺，要素配置效率进一步提升，企业将面对更为开放的市场环境；政府对产业、企业的行政干预将进一步减少，企业将获得更多的经济技术决策权；阻碍市场发展、扼杀经济活力的制度藩篱将被打破，企业所面对的制度性交易成本进一步降低。"促进工业化、信息化、城镇化、农业现代化同步发展"，为建设制造强国迎来新的契机。工业化和信息化同步发展，可以加速新一代信息技术与制造业深度融合，推动我国制造业数字化、智能化水平进一步提升；工业化和城镇化同步发展，可以加速农村剩余劳动力向制造业转移，为制造业发展提供丰厚的产业工人储备和庞大的内需市场；工业化和农业现代化同步发展，可以为制造业开辟新的领域，助推我国农业机械制造迈上新的台阶。

2015 年 11 月，习近平总书记在中央财经领导小组第十一次会议上强调，在适度扩大总需求的同时，着力加强供给侧结构性改革，中国经济发展揭开新的篇章。供给侧结构性改革所倡导的"去产能、去杠杆"，对于我国制造业的持续健康发展有着积极的推动作用。通过去产能，制造业供求关系和竞争格局持续改善，各子行业总负债增速明显低于其他经济部门，企业数量有所减少，行业集中度进一步提升；通过去杠杆，制造业企业负债水平显著下降，债务危机有所缓解，行业金融风险得到有效释放，企业投资决策已由盲目向审慎转型。此外，加大对"僵尸企业"的处置力度，使原本被占用的土地、厂房、人员、信贷等要素资源得到重新释放，为制造业的新一轮繁荣打下了坚实基础；"增品种、提品质、创品牌"理念的提出，对制造业质量品牌建设提出了新要求，为制造业提质增效升级指明了方向。

总体来说，党的十八大以来的全面深化改革为我国制造业发展注入了新活力，科学的执政理念正在加速推动我国制造业由速度规模粗放型向质量效益集约型转变。

（三）积极的开放战略提升我国工业国际影响力

2008 年国际金融危机以来，我国实施更为积极的对外开放战略，主动顺应全球化经济治理新趋势新格局。2013 年以来，我国先后设立了上海、广东、天津、福建 4 个自贸试验区，2016 年又新增辽宁省、浙江省、河南省、湖北省、重庆市、四川省、陕西省 7 个自贸试验区，探索国际合作新形式，对接国际贸易投资新规则新要求，推动新一轮对外开放。2015 年以来，我国全面推进"一带一路"战略，出台了《国务院关于推进国际产能和装备制造合作的指导意见》，积极主导"第三方市场合作"倡议。

全方位的对外开放有助于我国工业充分参与到国际竞争中，促进并提升我国工业的国际影响力。目前，以"一带一路"战略为依托，中国企业广泛参与沿途国家重点经贸产业园区建设，积极投身交通基础设施、能源基础设施互联互通事业，将中国产品、技术、标准、管理输送至中亚、西亚等广大地区，为后续的产业合作奠定坚实基础；借助中拉产能合作"3×3"新模式，中国向世界展示了性价比高的装备制造能力与集成技术，中国工业元素正在拉美国家基础设施扩建和产业升级过程中发挥着越来越重要的作用；以"莫斯科—喀山高铁"项目为原点，中国高铁正式走出国门，成为中国制造闪耀国际的新名片；依托阿根廷、英国核电项目，我国自主研发的第三代核电"华龙一号"得到了业界的广泛认可，已成为参与国际核电竞争的重要力量；华为、中兴、海尔等中国制造业品牌的国际影响力不断增强，向世界展示了中国工业的积极转型。中国工业国际影响力稳步提升，建设制造强国恰逢其时。

二、制造强国建设面临挑战

（一）遭遇发达国家和发展中国家的"双向挤压"

一方面，为妥善应对国际金融危机的冲击，拉动国内经济增长，发达国家普遍将发展制造业提升到国家战略的高度，制造业重新成为全球经济竞争的制高点。以德国《工业 4.0》、美国《先进制造业伙伴计划》、日本《制造业白皮书》为代表，发达国家相继出台了以重振制造业为核心的再工业化战略。目前，凭借在技术、标准、品牌等方面的领导力与话语权，德、美、日等传统制造强国已成为中国制造进军国际价值链中高端环节的阻碍。未来，随着各国再工业化战略的持续深入推进，中国制造面对的竞争门槛势必不断提高。另一方面，以越南、印度为代表的一批发展中国家也在加快对制造业的谋篇布局，力图充分发挥本国要素低成本优势，承接劳动密集型制造业，从而在中低端环节发力，积极参与全球制造业分工，拓展国际市场。目前，制造业向新兴国家转移态势已初步显现。例如，微软关停诺基亚在华工厂，部分设备转移到越南河内；耐克、优衣库、三星、船井电机、富士康等知名企业纷纷在东南亚和印度开设新厂。总体来说，中国制造业面临着发达国家先进制造与发展中国家低成本竞争的"双向挤压",竞争态势异常严峻。

(二)创新能力不足阻碍中国制造的转型升级

长期以来,我国工业发展,特别是制造业发展主要依靠要素低成本优势,通过引进技术和管理迅速形成生产力来实现规模扩张,对关键基础材料、核心基础零部件、先进基础工艺和产业技术基础的重视不够。长期的速度规模粗放型发展导致了对既有模式的路径依赖,企业研发投入力度普遍偏弱,产业长期被锁定在国际价值链中低端环节。以机械行业为例,目前本土机械工业产品基本以中低档为主,在性能、功能上与发达国家存在明显差距,部分机械工业产品甚至落后国际先进水平20～30年,如气动行业主导产品约80%属20世纪80～90年代初国际水平;齿轮行业新产品研发周期是国外同类产品的2～3倍,新产品贡献率为国外的十分之一,总体技术水平落后6～10年。大部分企业的研发投入占销售收入的比重只有1%～2%,而国际领先企业大多在5%以上。考虑到本土企业在销售收入方面与国际领先企业存在巨大差距,双方的研发投入更不可同日而语。

当前,全球制造业格局正在发生深刻变革。以信息物理系统为基础,制造业数字化、智能化的浪潮席卷全球,机器换人的大幕悄然开启;3D打印技术、大数据、云计算、移动互联网协同发力,大批量标准化生产遭遇严峻挑战,以小批量个性化定制为代表的全新供给模式逐步成形;生物科技、新能源技术等跨越式发展,绿色制造概念兴起,传统的能源结构与原材料结构面临重大调整;行业边界日趋模糊,传统互联网企业介入生产环节,制造业竞争格局重塑在所难免;学科交叉融合趋势不断增强,可穿戴设备、智能家居等智能终端引领着人类生活方式的转变。面对制造业史无前例的重大调整,创新能力不足、核心关键技术受制于人严重阻碍了我国迈向制造强国的建设步伐。

(三)产业结构不合理制约我国制造业健康发展

从行业间结构看,一方面,我国传统产业产能过剩矛盾突出。钢铁、电解铝、平板玻璃、水泥等供给能力大幅超出需求，部分新兴产业也开始出现产能利用不足的现象。以钢铁行业为例，数据显示，2015 年，我国钢铁产能近 12 亿吨，而全年国内钢铁市场需求量仅为 7 亿吨，产能利用率不足 67%。产能严重过剩背后是钢铁企业的大面积亏损，2015 年钢铁协会会员企业亏损达 645 亿元，亏损面为 50.5%，企业经营十分困难。另一方面，新兴产业培育不足。智能制造、增材制造、云制造等发展与国际先进水平差距明显，适应经济发展新常态的新增长点不多。

从行业内部结构看，多数行业低端供给过剩，高端供给不足，部分行业呈现出 "高端产业低端化趋势"。以机器人产业为例，目前，我国涉及机器人生产的企业已超过 800 家，但本土机器人企业规模普遍较小，逾 90% 的企业年产值在 1 亿元以下，即便龙头企业的规模也不大，营业收入同国际领先的机器人企业存在较大差距，难以支撑产业规模化的发展目标。国产工业机器人以中低端产品为主，主要是搬运和上下料机器人，大多为三轴和四轴机器人，应用于汽车制造、焊接等高端行业领域的六轴或以上高端工业机器人市场主要被日本和欧美企业占据，国产六轴工业机器人占全国工业机器人新装机量不足 10%。

（四）尚未形成良好的 "中国制造" 品牌效应

当前，虽然我国已是世界第一制造业大国，在制造业领域涌现出了华为、海尔、联想等国际知名品牌，但中国制造的品牌效应仍难以同中国制造的庞大规模相匹配。当前和今后一个时期，品牌影响力弱将持续制约我国制造业的进一步发展，成为制造强国建设的瓶颈约束。2016 年，我国仅有 11 家制造业企业入围世界品牌实验室 "品牌 500 强"，其中，海尔、华为、联想进入 "品牌 100 强"，但排名相对靠后，分别位居第 76、81、90 位。绝大多数海外消费者对中国制造的印象仍停留在 "质次价低" 层面，被海外消费者所熟知的中国制造业品牌屈指可数，与美国、德国、日本等制造强国存在明显差距。本土消费者对自主品牌信心不足，国外品牌在国内智能手机、汽车、家电等市场仍占据重要份额。部分企业已具备世界一流的制造能力，但多年来停滞于国外知名品牌的代工厂，满足于贴牌生产，坐视外国企业通过品牌效应攫取高额附加值。品牌培育是一个相对长期的过程，需要专业的制度、专业的人才，更需要时间的积淀。在经济社会高速发展的今天，中国制造业企业仍缺乏塑造品牌的决心和耐心，推动中国产品向中国品牌转变的道路依旧漫长。

三、提升软实力，正当其时

总体来看，当前和今后一个时期，我国制造业发展面临着稳增长和调结构的双重困境、发达国家和新兴经济体的双重挤压、低成本优势快速递减和新竞争优势尚未形成的两难局面，进入了"爬坡过坎"的关键时期。面对国内外发展形势的新情况、新变化，我国制造业发展必须肩负起支撑国民经济转型升级、跨越发展的重大历史使命，加快转型升级、创新发展、提质增效，实现由大到强的根本转变。

要推动制造业的转型升级，推动我国由制造大国向制造强国迈进，提升工业软实力势在必行。首先，通过培育先进的文化为制造强国提供源泉支撑。文化是人类思想、科技、社会进步的源泉。自工业革命推动世界进入工业文明开始，发达国家在成为工业强国的过程中，均结合历史和地域特色发展出独特的工业文化，并影响着全球工业化进程与价值体系。我国在现阶段应该建立起一套包括中国特色的工业产品文化、工业精神文化、工业管理文化、工业创新文化和工业组织文化的工业文化体系，夯实工业发展根基。其次，通过增强自主创新和设计能力，打造我国工业发展的竞争优势。一个国家只有拥有强大的创新能力，才能在激烈的国际竞争中赢得先机、把握主动。而工业设计是提高工业产品附加值的重要手段，中国要摆脱全球价值链低端锁定，应当更加强调工业设计在生产过程中的重要性，以工业设计为重要手段，促进引领创新制造、创新服务、创新品牌和创新价值，促进产业结构优化升级和经济发展方式转变。最后，要提高质量管理能力和品牌影响力。质量是产品竞争的根本，提高质量是改善产品形象的根本途径。一方面，产品质量受生产技术等硬实力影响，即生产技术、过程监控与诊断技术等，其水平直接决定着产品的性能、质量和可靠性。另一方面，质量管理和标准也是影响产品最终质量的重要因素。影响一国制造业整体国际声誉的原因往往在于产品质量出现问题，危及整个行业的整体声誉。因此，提高质量管理能力，从产品的生产质量管理、销售质量管理、服务质量管理等方面建立全面的质量管理系统，严把质量关，排除一切导致产品质量不合格的因素，对于树立我国产品形象具有非常重要的作用。而品牌决定着不同国家在世界产业价值链所处地位，一个国家拥有的世界知名品牌越多，其价值链所处地位及主导力就越强，在全球市场竞争中就越能够占领先机。我国必须强化品牌意识，提升品牌影响力。

当前我国已经成为全球第一制造大国，经济实力和国际影响力逐步提升，提升软实力正当其时。从国际发展经验来看，这个时期也是"工匠精神"复苏、创新蓬勃的关键时间点，国内的消费市场、产业和技术基础都为工业软实力发挥作用提供了充分空间，软实力对工业发展的作用逐步增强，是衡量一国工业发展内在潜力、可持续发展能力和国际影响力的重要标志。我国已经处在必须依靠软实力推动硬实力发展、推动产业转型升级、提升我国工业在全球价值分配中的地位、提升国家制造层次的关键阶段，软实力正在成为推动我国向制造强国跨越的重要力量。应通过涵养追求真理的科学精神，强化自主领先的创新精神，增强企业创新意识，完善创新激励制度，有力推动中国制造向中国创造的转变；通过涵养精益求精的"工匠精神"，完善质量管理制度和质量标准，引导消费者的高品质、高品位消费观念，有力推动中国速度向中国质量的转变；通过涵养诚信守法的契约精神，提升社会诚信和企业信用，提升品牌和服务意识，有力推动中国产品向中国品牌转变。

第二章 全面理解和认识工业软实力

工业软实力成为新时期国与国之间竞争实力较量的重要领域，对我国制造强国建设也将起到重要推动作用。但目前国内外尚未形成对工业软实力的系统研究。本书将提出工业软实力的定义与内涵，对工业软实力的形成基础、影响因素及其具体体现进行剖析，理清工业软实力和工业硬实力的关系，探究工业软实力对制造强国建设的作用机理。

第一节 工业软实力的内涵

工业软实力的概念在我国刚刚兴起，研究者根据研究对象主要从制造业软实力、产业软实力或工业企业软实力等方面阐述。目前研究界主要采用列举法对工业软实力进行定义，如部分专家认为工业软实力是相对于工业规模等硬实力而言的，主要指工业文化、价值观念、工业管理、工业创新及工业组织形式等影响自身发展潜力的因素。本节从工业软实力的形成机理出发，对工业软实力进行定义，建立工业软实力的概念和分析体系。

一、软实力相关研究综述

（一）软实力概念的提出

1990 年美国学者约瑟夫·奈最早明确提出软实力的概念，用于研究美国在国际舞台上的权利地位问题。约瑟夫·奈指出，国家的综合国力既包括经济、科技、军事等硬实力，也包括文化、意识形态和政治制度等与抽象资源相关的、决定他人偏好的"软性同化式权力"。在国际政治中，软实力大部分来自一个国家或组织的文化中所体现出来的价值观、国内管理和政策所提供的范例，以及其处理外部关系的方式。

约瑟夫·奈认为一国软实力的产生主要是基于软实力资源发挥的影响力。他认为软实力资源主要包括三种：一个国家的文化（在其能发挥魅力的领域）、政治理念或政治价值观（无论在国内外都能付诸实践）和外交政策（当其被视为合法，并具有道德权威时）。概括起来说，约瑟夫·奈提出的软实力概念是一个政治概念、政策概念。其中的文化与对外政策本身就是信念、准则和价值观的传递载体，而意识形态或政治价值观念则属于广义文化的范畴。所以，究其根本，软实力是一种来自文化的力量，约瑟夫·奈所描述的一个国家的软实力关键是看这个国家的文化是否蕴涵其他国家认同的信念、准则和价值观（有的时候还要看文化形式的吸引力和可适性）。软实力理论本质上是对文化作用的一种重新阐述。

（二）我国对软实力概念的应用

美籍华人学者王红缨对中国学术界关于软实力的讨论做过一个全面的总结，认为在概念范畴上，中国学者使用的软实力广于约瑟夫·奈的概念。约瑟夫·奈主要针对国际关系而提出软实力概念，但中国学者对于软实力的讨论包括了外交政策和国内政策两方面内容。另外，约瑟夫·奈关于美国软实力的讨论主要集中于流行文化和政治模式方面，而中国学者关于中国软实力的讨论则集中于传统文化和经济发展模式方面。中国软实力的内涵可以借助"Soft Power"的工具性价值大致界定为：由核心价值、政治制度、文化理念和民族精神等要素蕴涵的力量资源及其内化于国家行为而产生的影响力和驱动力（刘杰，2016）。

软实力的基本特质主要体现在内生性、内省性和内驱性（周厚虎，2012）。内生性是指软实力的生长来自一个国家对自身核心价值的信仰和坚持，对政治制度的创新与完善，对文化理念的信心和发扬，对民族精神的发扬光大和传播，并不依附于强大的硬力量而形成和提升；内省性是指软实力的价值基点奠定在对既有力量的认知和反思之上，在于从不足和匮乏中拓展力量建设的内在空间而不是为了向外部世界显示力量；内驱性是指软实力基于构成要素的互动整合而得到提升，提升软实力的动力源于整体力量建设的要求，对外投射力的产生是客观的效应而非对于投射结果的有意识控制。

（三）党中央、国务院关于软实力的重要论述

当前，党中央、国务院很多重要文件中都明确提及软实力，主要提法有三个：国家软实力、国家文化软实力、制造业软实力。

关于国家软实力。党的十八届五中全会指出，在增强国家硬实力的同时注重提升国家软实力，不断增强发展整体性。这表明我国在增强综合国力、国际交往等方面，不仅注重经济、科技、军事等"硬实力"，而且更加关注国家软实力，即文化、制度、价值观等方面的吸引力、影响力和感召力，这体现在国家经济、政治（外交）、文化等方方面面。

关于国家文化软实力。文化是社会发展的精神动力和智力支持，是民族凝聚力和创造力的重要源泉，国家文化软实力越来越成为各国综合国力竞争的重要因素，党代会报告中多次提及这一概念。党的十七大提出，要坚持社会主义先进文化前进方向，兴起社会主义文化建设新高潮，激发全民族文化创造活力，提高国家文化软实力，使人民基本文化权益得到更好保障，使社会文化生活更加丰富多彩，使人民精神风貌更加昂扬向上。党的十八大提出，全面建成小康社会，实现中华民族伟大复兴，必须推动社会主义文化大发展大繁荣，兴起社会主义文化建设新高潮，提高国家文化软实力，发挥文化引领风尚、教育人民、服务社会、推动发展的作用。党的十八届三中全会指出，

建设社会主义文化强国，增强国家文化软实力，必须坚持社会主义先进文化前进方向，坚持中国特色社会主义文化发展道路，坚持以人民为中心的工作导向，进一步深化文化体制改革。另外，习近平总书记在主持中央政治局 2013 年第十二次集体学习时指出，提高国家文化软实力，关系"两个一百年"奋斗目标和中华民族伟大复兴中国梦的实现，同时从夯实国家文化软实力的根基、努力传播当代中国价值观念、努力展示中华文化独特魅力、努力提高国际话语权四个方面指出了提升路径。

关于制造业软实力。《中国制造 2025》指出，要建设品牌文化，引导企业增强以质量和信誉为核心的品牌意识，树立品牌消费理念，提升品牌附加值和软实力。这是从制造业的角度提及软实力，更多强调的是国家制造品牌的知名度、影响力和美誉度。

二、工业软实力研究综述

目前，我国与工业软实力直接相关的研究主要包括工业文化、工业精神等方面。有的学者认为，文化因素对工业化前景具有基础性、长期性影响，国家的文化特质会影响其资源开发利用路径及技术发展状况，文化的多元性决定了工业化的多元化。所谓文化，是指一个国家或地区在长期发展中积淀而成的人的价值观念、行为方式及习惯倾向（金碚，2015）。还有学者指出，工业精神即在工业化过程中产生和发展，与工业化对社会的需要相适应，为工业化的实现提供了深层次动力和支持的一种社会主导取向和共同价值观，如崇尚科学、勤奋敬业、诚信经营、敢于冒险、强烈的创新意识、不屈不挠的意志、注重法治、强调规则和标准、实业兴国等（董建锴，2010）。工业精神包括合作理念、契约精神、效率观念、质量底线和科学观等内容（汪中求，2012）。

同时，国际组织的相关研究也包含了工业软实力的思想。如经合组织（OECD）在 2012 年提出了新要素增长战略，把知识作为生产要素的重要组成部分，把知识资本作为新经济增长源。知识资本由三大类非实物资产构成，包括研发、设计、商标、品牌、新组织流程等创新类资产，软件、数据库、信息网络基础设施等信息类资产，复杂人才、企业专业技能等技能类资产。基于此，经合组织认为经济增长不仅依靠劳动力、资本等传统要素投入，还取决于知识资本等新要素投入水平，这些新要素是经济增长的无形资产和软要素。联合国工业发展组织在《全球工业发展报告》中提出的工业竞争力（CIP）指数设定了四项指标：人均制造业附加值、人均制成品出口额、中/高档技术产品在制造业中的份额、中/高档技术产品在制成品出口中的份额。报告认为，一个国家的工业竞争力是各方面因素综合作用的结果，如机构、技能、技术、基础设施、网络系统、政治和社会稳定等，这些因素中既有基础设施等"硬"的方面，也有技能等"软"的方面。世界经济论坛发布的全球竞争力指数（GCI）由三个方面的 12 项指标构成，分别是基础条件（制度、基础设施、宏观经济稳定性、卫生与初等教育）、效率推进（高等教育与培训、商品市场效率、劳动市场效率、金融市场成熟性、技术设备、市场规模）、创新与商业环境成熟度（商业成熟度、创新）。其中，基础设施、设备、市场规模等属于硬实力要素，而制度、高等教育与培训、劳动市场效率、商业成熟度、创新等指标属于软实力要素。

三、工业软实力的定义与内涵

我国目前对于工业软实力的内涵、构成要素和评价指标体系方面的理论研究基本处于空白。本书通过研究分析认为，相比国家的软实力主要体现在外交领域，工业软实力更强调的是由软性要素对工业生产要素的重组和凝聚能力，从而提升竞争能力，并对外产生吸引和号召的能力。因此，本书认为：工业软实力是一个能力体系，是借力一国或地区的文化、制度等无形资产，凝聚和整合资源、技术、人才等各种生产要素，形成增进工业内生发展、外界认同和影响他方的能力。工业软实力主要体现在两个方面：一是工业内生发展能力，二是工业对外影响力。工业内生发展能力是通过无形资源的凝聚和重组力量来影响产业要素结构，提升工业整体竞争力的能力，如美国的软实力被简化成创新产业，但更重要的是其背后的言论自由、鼓励独立思想的大学教育及多元的文化生态；德国的软实力通常被总结为在机器设备等领域精益求精的产品品质，但其背后是由制造管理制度、教育体制推动的。工业影响力则是通过塑造与影响他人偏好的能力来吸引或说服别人相信和同意某些行为准则、价值观念和制度安排，即按照吸引而非强迫或收买手段达到己方意愿的能力。这其中关键的环节是要融入全球化进程中，参与全球产业竞争，通过工业产品来搭载和传导。

工业软实力是一个能力体系，根源在于一国或地区的文化、制度等无形资产对工业发展的作用，外在地表现为这些要素对工业资源、竞争优势的重构，进而带来工业竞争力和影响力的演化。一是在产品不变的情况下因市场对其文化的认同带来竞争力的提升；二是因其结构调整能力较强引起的工业生产能力、生产质量提升的能力。因此，工业软实力的核心在于软性因素对工业要素的重构整合及对外获取的价值认同，展现为工业精神感染力、工业创新能力、工业设计能力、产业治理能力、品牌影响力和产业引领能力等。工业软实力的价值传播以品牌、产品等为载体，让利益相关者能够切身感受到价值追求，进而获得认可。提出工业软实力的意义在于它强调了以往工业能力体系中被人们忽视或尚未开发的那一部分，而这一部分正在成为未来社会发展的需求点和工业竞争的关键因素。这种重构也会带来工业发展理念和行为方式的转变。

第二节　工业软实力的形成机理

工业软实力的形成应从基础条件和影响因素两方面进行分析，即哪些资源和条件是工业软实力形成的前提，这些条件又是如何作用从而产生工业软实力的。

一、工业软实力形成的基础条件

从实力的形成过程来看，主要是资源和行为两个方面共同起作用，即实力要以一定的资源作为前提，资源条件决定了一国或地区的潜在实力。但并不是所有的资源都能转化为现实的实力，需要相关的作用条件进行转化。现实实力形成之后，和其他主体进行比较，就构成一个国家或地区的竞争力，实力的强弱对比及竞争力对比，产生对他国的影响力，如图 2-1 所示。

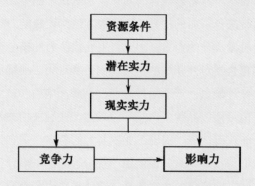

图 2-1　实力的形成过程示意图

资料来源：徐金发，《企业软实力与声誉管理》

从工业软实力的形成过程来看，潜在资源条件既包括一个国家或地区的基础条件，如人口、国土、资源；也包括一个国家工业发展硬实力，即工业总体规模、贸易规模、价格竞争能力。这些来源即潜在资源并非总能转换成真正的、有助于获取理想结果的力量。如区域基础条件方面，人口众多，有利于产生影响力更广的思维、创造更多的新产品，但是如果人员素质较为低下，则人口对于工业软实力的作用较小；同样，国土与其他资源丰富，则有利于扩大产品输出，从而搭载相关文化，形成工业软实力，但资源如果没有合理地调配和管理，则陷入低产。从工业发展硬实力来看，工业总体规模强大、贸易输出较大、价格竞争能力较强，则容易占据国际市场。但如果搭载在产品上的理念没有得到他国或区域的认可，即工业文化不受认可，则会阻碍软实力的发展。

因此，要使一个国家或地区充分利用相关潜在资源，推动潜在资源变成现实实力，必须通过提高人员素质、加强制度建设和管理、提升质量管理、加强品牌营销、制定合理的对外政策等，推动资源的有效利用，并形成对外的认同感和吸引力。

二、工业软实力的影响因素

工业软实力的形成是文化、制度等软性因素对人才、技术、资源等要素的重构和配置，并通过工业产品和品牌的搭载及其价值传导输出，形成表现在内生发展、外界认同和对外影响的工业软实力。因此，工业软实力受一个国家或地区的社会文化和政治制度等影响较大。

文化因素对工业发展具有基础性、长期性影响，一国的文化特质对其工业化发展前景往往具有决定性影响。在一定历史时期内，文化不仅直接赋予工业产品丰富的文化内涵，而且影响了社会的主流价值观，包括工业的价值取向、经营哲学、发展理念和时代风尚等。另外，具有不同文化背景的消费者往往具有不同的消费理念，在选择产品时考虑的因素往往也不同。综合来看，工业文化是关于合作、竞争、生产等基本观念和精神的集合，影响着工业发展的基本路径。

一国政治、经济、教育等社会制度具有行为导向、社会整合、传递与创造文化等功能，会对工业软实力发展水平和方向产生直接或间接的影响。不同政治体制及行政透明度、行政效率的差异，会影响经济活动积极性和运行效率。另外，一国教育制度会直接影响产业人才的供给数量和质量，社会保障制度则对人们的消费意愿及其背后的产业发展产生重要影响。

第三节　工业软实力的具体表现

工业软实力产生的根源是文化、制度等软性要素，但这些软性要素最终形成软实力，还要依托一定的表现形式或载体。具体而言，工业软实力主要表现为工业精神感染力、工业创新能力、产业治理能力、品牌影响力、产业引领能力等。

一、工业精神感染力

工业精神是人们在工业实践中形成的共同的信念、价值标准和行为规范的总称。工业精神是由工业的特性所决定并贯穿于工业实践活动中的精神状态、思维方式、价值标准，体现了工业发展的规律。它一方面约束工业从业者的行为，是工业组织取得成功的保证；另一方面，它又逐渐渗透到人们的意识深处，随着工业经济的发展而不断丰富和完善。

工业精神是软实力建设的灵魂，是工业软实力的核心体现，具有丰富的人文内涵，蕴含着国家工业价值观。回望欧美工业化之路，不难发现工业精神发挥了巨大作用。德国人严谨、美国人创新、英国人规范、日本人敬业，这些都是工业精神的具体体现。中国也有优秀的工业文化精神，如"铁人精神""两弹一星"精神，在不同的历史时期对工业发展也起到巨大的推动作用。

二、工业创新能力

创新是人们为了发展需要，运用已有的知识和信息，借助一定条件，突破常规，发现或产生某种新颖、独特的有价值的新事物、新思想的活动。创新取决于创新精神和创新能力，创新精神是勇于创造革新的意志、勇气和智慧；创新能力主要体现在技术创新、管理创新、制度创新及商业模式创新等方面的能力。例如，管理创新有助于提高资源配置效率，从而大幅提高生产效率和生产力水平。不同时期出现的组织模式管理创新如分布式生产、准时化生产（JIT）、计算机集成制造（CIM）等。而大数据与移动互联网的快速发展，使商业模式创新能力越来越成为企业提升竞争力的重要因素，如海尔启动"网格化门店+家居定制"的O2O模式、好孩子实施"网上商城+母婴产品+婴幼儿教育"模式、京东推动"大数据+商品+服务"的O2O模式等。

专栏2-1　海尔推进互联工厂建设

　　海尔顺应全球新工业革命和互联网时代发展潮流，颠覆传统业务模式，建立新的生态系统平台，探索出一条以互联工厂为核心的智能制造发展路线。海尔互联工厂整合创新通用化和标准化、个性化模块，在机器换人的基础上实现与用户互联的智能自动化，通过系统集成促进人人互联、人机互联、机物互联、机机互联，最终让整个工厂变成类似人脑的智能系统，自动响应用户个性化订单，并通过信息互联、数据积累和大数据分析对生产方式进行自动优化调整。通过智能制造，海尔不仅满足了用户个性化需求，而且给企业带来了实实在在的效益，生产效率提高了20%，产品生命周期缩短了20%以上，运营成本降低了20%，能源利用效率提升了5%。

工业创新能力是一国工业核心竞争力的重要组成部分，是工业现代化的原动力。当前，信息技术引领的新一轮科技革命和产业变革推动着世界工业生产方式、发展模式、产业形式、组织方式等发生深刻变革。创新已成为世界主要国家抢占未来竞争制高点的战略选择。

三、工业设计能力

工业设计是以工业产品为主要对象，综合运用科技成果和工学、美学、心理学、经济学等知识，对产品的功能、结构、形态及包装等进行整合优化的创新活动。没有设计就没有产品，在很多行业，70%左右的产品成本由设计阶段决定。日本相关调查显示，在开发差异化产品、国际名牌产品、提高附加值、提高市场占有率等方面，工业设计的作用占70%以上。据美国工业设计协会的调查统计显示，美国企业平均在工业设计上每投入1美元，销售收入为2500美元；在年销售额达到10亿美元以上的大企业中，工业设计每投入1美元，销售收入甚至高达4000美元。

四、产业治理能力

产业治理能力是政府治理、行业治理与企业管理的集中体现。治理体系的完善程度及治理能力的强弱，是一国工业综合实力和竞争力的重要方面。从不同主体所起的作用看，政府是工业软实力发展环境的主要引导者和监督者，行业协会等组织是工业软实力的重要推动者，企业是工业软实力的具体践行者。

政府对产业的治理能力，在现阶段对内体现为通过一系列制度和规范，营造公平的市场竞争秩序、有效弥补市场失灵、激发市场主体创新活力等方面；对外则体现为维护产业安全，以及在国际标准和国际经贸规则制定中发挥的作用等方面。行业协会等组织在产业治理中所发挥的作用主要是：架起政府与企业之间的桥梁，向政府反映企业的共同要求，发挥决策支持、自律、监督等各种社会服务功能，是治理能力的重要体现。企业管理能力是指工业企业运用先进管理理念和方法，通过对生产经营进行计划、组织、领导、协调和控制等活动，以实现企业战略目标的能力。

专栏 2-2　产品全生命周期管理
产品全生命周期管理是指管理产品从需求、规划、设计、生产、经销、运行、使用、维修保养，直到回收再用处置的全生命周期中的信息与过程。它既是一门技术，又是一种全新的制造和管理理念。它涉及并行设计、敏捷制造、协同设计和制造、网络化制造等先进的设计制造技术。当前我国制造企业由单一产品售后服务向全生命周期管理模式转变领域主要集中在汽车、家电、医疗器械、机械装备、电气设备等传统产品集成制造企业，以及环保装备、机器人、航空航天装备、海工装备等战略性新兴产业制造企业。

五、品牌影响力

　　品牌影响力指一国制造品牌带来的附加价值，以及在整个国际社会的知名度和美誉度。品牌是一项无形资产，是工业价值的重要组成部分，是工业竞争力的重要标志。美国、德国、日本等发达国家拥有许多全球知名品牌，品牌溢价大幅高于同行业平均水平，并在兼并收购过程中获得高额品牌溢价收益。随着新一轮科技革命和产业变革加快演进，特别是以互联网为核心的新一代信息技术广泛应用，拥有差异化和高品质的品牌优势，日益成为赢得产业市场竞争优势的关键。

六、产业引领能力

　　产业引领能力更多体现在国际标准和经贸规则制定中的地位和话语权，也是工业软实力的重要体现形式。标准和规则是规范市场经济客体的"法律"，是走向国际市场的"通行证"，一国对工业行业国际标准和经贸规则制定中的话语权和掌控力，影响和决定了其在国际竞中的地位。国际金融危机后，世界贸易组织主导的贸易自由化进程严重受阻，欧美等发达国家加紧推进由其主导的国际服务贸易协定、信息技术协定扩围等谈判，对国际贸易投资规则主导权的争夺更趋激烈。

第四节　工业软实力与工业硬实力

工业软实力与工业硬实力都是工业竞争力的重要组成。工业硬实力主要建立在自然资源、土地、资金、设备等实物要素基础上，是以制造能力、产业结构、基础设施等表现出来的有形的工业竞争力。工业软实力是以知识、制度和文化等要素为基础，由工业创新能力、产业治理能力、品牌影响力、国际规则主导权等体现出来的无形的竞争能力。工业硬实力和软实力共同构成工业竞争力的基础。工业软实力和硬实力相互促进，彼此影响。一方面，硬实力是软实力的基础。工业硬实力有利于工业软实力的培育、发挥和传导，没有工业硬实力的基础支撑，工业软实力也就成了无源之水、无本之木。另一方面，软实力对硬实力有促进作用。工业软实力通过对要素资源的重组与整合提升硬实力，软实力的成功运用不仅为硬实力创造更加有利的施展环境，甚至还可以在国际竞争中达到不战而胜的境界。

一、工业软实力与硬实力共同构成工业竞争力

工业竞争力指一个国家或地区的工业发展相对于他国或地区在生产效率、满足市场需求、持续获利等方面所体现出的竞争能力。工业软实力与工业硬实力共同构成一个国家或地区的工业竞争力的基础，对工业竞争力起正向促进作用。

由图 2-2 所示可以看出工业竞争力的形成过程。在工业发展的资源投入构成中，既包括资金、固定资产、自然资源等硬性资源，也包括工业文化、

工业管理制度等软性资源，而人力资源、技术等依据资源的利用水平和方式，属于软硬资源的结合。通过软性资源要素和硬性资源要素共同促进，形成在产品功能、产品产量、产品价格、产品质量等方面的硬实力，以及在创新、品牌等方面的软实力，并通过硬实力形成对他国或地区的支配行为，以及软实力对他国的吸引行为，共同形成一个地区的工业竞争力。其中随着工业的逐步发展，软性资源的重要性逐步突出。

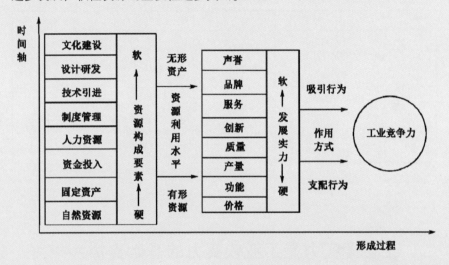

资料来源：课题组整理分析

图 2-2 地区工业竞争力结构

因此，工业硬实力和工业软实力共同构成工业竞争力的基础，并通过支配力和影响力呈现出工业在市场上的竞争力。其中，工业硬实力是一个国家能够衡量的有形生产力，对内体现为生产的能力，对外体现为对物质生产的控制力，如禁运限制各国产品技术突破和质量提升。工业软实力可理解为一个国家的工业无形生产力，对内促进生产力的提升，对外体现吸引力、同化力和号召力。工业硬实力和软实力的表现、行为、作用手段如表 2-1 所示。即工业硬实力在竞争上主要体现在生产规模总量、价格水平和生产品种上，而软实力主要体现在创新能力、管理水平、品牌信誉和服务水平上；工业硬实力主要通过支配和垄断来发展其市场控制力，而工业软实力主要通过吸引行为、标准设置等来体现其市场影响力；工业硬实力在市场的竞争中主要通过交易等方式实现，而工业软实力重点通过价值观、文化、制度、政策等的传导来施加影响，潜移默化地影响竞争对象的观念和认同，以产生吸引力和追随力量；在发挥硬实力方面，政府重点通过国家间的援助、结盟、制裁来体现强权，而通过公共外交、双边或多边外交来施加软实力。

表 2-1　工业硬实力和工业软实力的比较

	表　现	行　为	主要手段	政府策略
工业硬实力	生产规模 价格水平 生产品种	支配 垄断	交易 竞争	援助 结盟 制裁
工业软实力	创新能力 管理水平 品牌发展 服务水平	吸引 议程设置 标准设置	价值观 文化 制度 政策	公共外交 双边或多边外交

资料来源：课题组整理分析

二、工业硬实力是工业软实力的基础支撑

首先，从一国发展的普遍规律来看，工业硬实力是软实力的发展前提和条件。一国在工业发展过程中，前期往往更加注重量的积累，即工业生产规模的扩大、产品品种的丰富，打造工业生产的最基础能力，解决最基本的生产需要，实现原始生产能力和技术能力积累。当工业硬实力发展到一定水平，量的扩张存在瓶颈制约，工业软实力的重要性才逐步凸显。若没有工业硬实力的基础支撑，工业软实力也就成了无源之水、无本之木。如德国在工业化发展初期，大力引进英、法等国的先进技术和装备，通过劳动力成本优势进行价格竞争，快速打入市场，实现大规模的产出。在工业基础硬实力壮大的前提下，逐步完善各种制度安排，提升产品质量，树立国家品牌，打造"德国制造"的声誉，从而成为软硬实力俱强的制造强国。

其次，工业硬实力有利于工业软实力的发挥和传导。一方面，只有一国工业规模和产品品类得到充分发展，形成工业生产过程的丰富经验积累，才能找到制度完善的明确方向，为人才提升、技术发展、模式创新、工业设计等提供可能，激发新的发展动力，提升工业软实力。另一方面，强大的工业发展规模和贸易规模等硬实力，有利于一国将工业文化、价值观搭载在产品上进行传播，从而影响到其他国家，为软实力建设提供强有力的支撑。同时，相对于工业硬实力弱势国家，硬实力强国由于技术领先、传播渠道多样、控制力强，更容易将其发展价值观、制度和文化等进行传播，相对更具有诱惑力和渗透力，从而提升自身的国际形象，扩大国际影响力，也就是提高了软实力。

三、工业软实力有利于推动工业硬实力发展

首先，工业软实力通过对要素资源的重组与整合提升硬实力。在文化上，通过体制安排和社会宣导，营造重视产业工人的职业文化，培育精工制作意识的"工匠精神"，对工业产品的每个环节、每道工序、每个细节都精心打磨、精益求精，能够大大提升产品的品质、质量和功效，提升工业的硬实力；在制度上，合理的制度安排能够充分地发挥要素的积极作用，起到整合与放大作用，提升工业硬实力。检视历史上大国崛起的科技创新，归根到底是这些国家较早建立了一套比较完善的激励创新制度，包括知识产权制度、教育制度、反垄断制度、投融资制度等。以美国为例，其通过培育富于进取的冒险精神和创新文化、实施高素质的国民教育和广纳人才的政策、良好的知识产权制度安排，充分发挥市场机制对资源配置的决定性作用，使美国的产业创新活力源源不竭并长期保持领先地位。又如，德国在质量管理制度方面通过建立"法律—行业标准—质量认证"的全流程标准管理体系，成就其产品质量的硬实力。德国在完善的质量法律法规基础上，细化了数万条行业标准，然后由质量认证机构对企业生产流程、产品规格、成品质量等制度规范进行

逐一审核，保证了繁杂的法律法规的有效实施。企业通过获得认证来证明自身产品的安全性，比如德国著名的 GS 认证，获得了消费者与制造商的共同青睐。

其次，工业软实力能在一定程度上增强硬实力的感召力和影响力，从而更好地实现一国产业发展目标。如日本和德国在工业产品上强调质量控制和管理，树立"德国制造""日本制造"的国家品牌，大大提升了消费者对其产品的整体认可，在同等技术和质量的硬实力上更具有号召力。而美国的苹果公司则通过设计理念和产品创新，增强消费者对其文化的认同。但如果软实力运用不当，则会阻碍硬实力的发展。如果一个国家产品的企业社会责任较低，也会影响该产品的出口，最终不利于整个国家硬实力的发展。

第三章　工业软实力成就制造强国

德国、美国、日本、英国和韩国作为公认的世界制造强国，在全球制造业分工体系中处于领先地位，工业的硬实力和软实力都比较强。通过对上述国家工业软实力发展现状进行梳理，分析各国培育软实力的重要举措和有益经验，有助于清晰认识目前我国工业软实力与上述国家之间存在的差距，为提升中国工业软实力确定标杆。

第一节　德国：精益求精的"匠人"精神

德国制造业被称为"众厂之厂"，是世界工厂的制造者，其工业的基础就是"制造科技"。"绿色制造""信息技术"和"极端制造"是德国制造的三大目标，凭借其在传统技术和高新技术领域的雄厚实力，德国成为世界第二大技术出口国，同时也是欧洲创新企业密度最高的国家。从造船、钻探机械制造，到高速列车、地铁、汽车、飞机等领域的制造，德国从来没有离开过世界前三名的位置。

提起德国，人们自然会想到严谨、理性这些词。实际上，如今被誉为世界工业标杆的"德国制造"也曾遭遇过非议。历史上，英国曾在 1887 年通过侮辱性商标法条款，勒令德国所有进入英国和其殖民地的产品必须打上"德国制造"的印章，以此判别劣质的德国商品。这一事件让德国人开始彻底反省，并着手制定质量标准，建立"法律—行业标准—质量认证"管理体系，用铁律来保证质量。自此，德国工业实现真正的发展，从一个"诗人和思想家"的民族转变为兼具"工艺技巧"为显著特征的民族。经过 200 年的积淀,"德国制造"已发展成为质量上乘、工艺精良的代名词,德国制造中精益求精、追求完美的"匠人"精神也为许多国家所钦佩。

一、基本情况

德国制造和德国标准代表了"高质量"和"高信誉"。从 19 世纪末期开始,"德国制造"就被赋予了"质量可靠、经久耐用、供货及时"等内涵,并具备高度的工业水准和成熟的生产工艺。如今,德国制造业更是在全球范围内树立了"高、精、尖"的形象。市场营销专家西蒙·安霍尔特的调查结果显示,如果将"德国制造"视为品牌,其市场价值高达约 45 820 亿美元。德国 RTL 电视台的一项调查发现,如果把一件商品的标签由"中国制造"换成"德国制造",能够让商品增值近一倍。精益求精的"匠人"精神还体现在德国工业产品的标准上,其标准往往代表着对于细节的追求和一丝不苟的态度。德国是世界工业标准化的发源地,国际机械制造业的标准约有 2/3 源于"德国标准学会标准"。目前,"德国标准学会标准"涵盖了建筑工程、采矿、冶金、化工、电工、安全技术、环境保护、卫生、消防、运输等各个领域,这代表着其众多工业产品规格得到了世界其他国家的认可。

众多产业领域的技术和产品世界领先。安永公司 2015 年 5 月发布的关于欧洲吸引力报告显示,"德国因在创新和引领潮流产品的优势成为投资者优先考虑的目的地"。创新是"工匠精神"的延伸,小到对每一工作环节高质高效的创造,大到开发一件新的产品、一种新技术,都是"工匠精神"的体现。研发投资上,德国企业的研发创新参与度在欧洲名列前茅。以汽车领域为例,研发开支占德国企业研发经费的 37%,欧盟 2014 年度"产业研发排行榜"显示,世界研发投入排名前 20 名的公司中有 4 家德国公司,其中 3 家是汽车公司,排名第一的大众汽车集团研发投资高达 117 亿欧元。创新成果上,德国专利数量是德国企业创新活力的最佳佐证。2013 年,欧洲专利局批准了 13 400 多项来自德国的专利,几乎是法国和英国专利数总和的两倍。德国企业对产品进行不懈研发和改进以提升工业水准,使德国在汽车和汽车配件工业、电子电气工业、机械设备制造工业、化学工业和可再生能源产业等领域长期保持世界领先地位。以机床制造领域为例，排名世界前 10 位的都是德国企业，如德国通快集团、吉迈特公司、舒乐集团等。

专栏 3-1 德国工业精神的代表：梅赛德斯-奔驰汽车公司

1883 年，梅赛德斯–奔驰汽车公司（以下简称奔驰公司）成立，百年来，奔驰公司以其完美的技术水平、过硬的质量标准、杰出的创新能力，以及经典的汽车款式，成为了世界著名汽车制造商。2014 年，奔驰品牌在全球交付销量超过 165 万辆。

对生产管理标准化的执着。奔驰公司通过实行质量标准、检查制度等一系列产品制度，在国际上树立了品质保证的美誉度。奔驰公司秉持苛刻的"高精度、零缺陷"的全球标准，并从设计、配件、生产、售后服务等方面一一把关。奔驰公司对生产采取了服务标准化，通过坚持质量标准，详细地完善生产汽车的每个环节和零部件的标准。此外，奔驰公司重视质量预防，并规定在产品研究设计过程中，质量管理人员也要参与设计质量的审查工作。

以客户为中心，不断提高产品质量。"生产最好的，否则就不做"一直是奔驰公司坚持的信念。首先，该公司针对不同市场的不同客户群体进行差异性的开发和设计。车身形状、内部装饰到机械，以及动力系统的配置，均是经过详细的市场调查和研究分析，为了获得更好的用户体验而设计的。其次，奔驰公司不断提升产品质量，对出厂的产品设置重重关卡，不断改善产品质量。奔驰公司从客户的角度，认为质量体系包括概念质量、外观和感觉质量、执行质量、售前及售后质量、长期质量五大要素。奔驰的汽车生产厂所生产的引擎要经过 42 道关卡检查以保证质量。奔驰公司每天要从生产线上抽出两辆汽车，对 1300 个点全面检测。据统计，从 2006 年至 2013 年，奔驰汽车的百车故障率下降了 70%，客户的维修费用下降了 74%。

产品的反复迭代创新。德国式的创新模式体现为把新思想和新功能融合进旧产品和旧流程当中，从而使产品更具活力和吸引力，更好地满足消费者的需求。奔驰公司不断用新的技术完善现有产业，在研发领域投入巨大，2013 年研发投入达 53.79 亿欧元，位列欧盟发布的"2014 年全球企业研发投资排行榜"第十名。此外该公司还聘请了很多顶尖的软件工程师，并且加强与其他先进汽车企业合作交流，促进知识溢出和创新发展。在德国提倡"工业 4.0"和提倡绿色发展的背景下，奔驰也与特斯拉、比亚迪等合作推出全电力驱动车型。

严格的产品召回制度。汽车企业也经常使用产品召回方式处理事后发现的质量问题，奔驰也不例外。通过主动召回等程序不仅能妥善解决，还能增强消费者对产品的信任。2013 年年初，奔驰汽车出现了其历史上规模最大的 130 万辆故障车召回的事件。这些故障虽然引起部分消费者的不满，但由于处理及时，并没有对德国汽车质量良好的声誉造成太多负面影响，德国汽车行业的出口连年创出新高。

"隐形冠军"企业完美地诠释了"工匠精神"。德国"隐形冠军"企业通常是中小企业，虽然不为普通消费者熟悉，但却是各自行业的领头羊，掌握了行业内最顶尖的技术。目前全球共有 2734 家"隐形冠军"，其中德国有 1307 家，可谓占据了半壁江山，具体见表 3-1。"隐形冠军"企业长期在某一细分领域"精耕细作"，"用最好的技术打造最好的产品"，很好地诠释了德国企业家和技术工人的专注与坚持。据统计，德国"隐形冠军"企业 CEO 任职时间平均为 20 年（全球公司 CEO 平均在任时间为 5.1 年），产品领导世界市场平均时间为 22 年，企业平均寿命 66 岁，其中 38% 的企业拥有 100 多年的历史。这些企业都一心一意地做自己在行的产品，把有限的资源集中在极少数产品的核心技术上，即便一些业务多元化的企业，也几乎全部围绕着核心的产品展开，而不涉及与产品本身不相关的业务或其他行业。比如德国波恩的管风琴制造商克莱斯公司，该公司员工人数一直保持在 65 人左右，年营业额仅 600 万欧元,但世界著名的歌剧院或教堂的管风琴都由其独家提供。

表 3-1　世界"隐形冠军"企业数量国家排名前十名

排名	1	2	3	4	5	6	7	8	9	10
国家	德国	美国	日本	奥地利	瑞士	意大利	法国	中国	英国	瑞典
数量	1307	366	220	116	110	76	75	68	67	49

数据来源：欧洲时报德国版，2015 年 12 月

二、主要举措

国家工业发展战略保障工业的重要地位。自第二次工业革命之后，德国便一直坚持"工业立国"的原则，从汽车整车到零配件，从化工到光伏产业，德国认为制造业在国家发展中起了重要作用。从 1994 年至今，工业一直是德国经济的"中流砥柱"，其工业增加值在国内生产总值中的占比基本稳定，制造业增加值在德国所有经济领域增加值总额的占比超 20%，远远超过欧洲其他国家。在众多国家将经济发展重心转向金融投资、房地产和基础设施建设领域时，德国始终坚持大力发展工业。此外，为了支持特定行业发展，德国联邦政府出台了特殊战略政策，如开发了独立的航空研究计划和航空战略，以在航空航天工业领域应对来自美国、俄罗斯和中国的竞争；提出"下一代海事技术"研究计划，鼓励船舶和海洋工程领域的研发；制定电动汽车的发展目标，出台"电动汽车政府计划"并扮演电动汽车框架制定者的角色，将这一技术纳入全球竞争中。在美国互联网垄断和新兴工业国家崛起的国际背景下，为了保持和进一步发挥行业竞争优势，德国于 2013 年 4 月推出《德国工业 4.0 战略计划实施建议》，引领工业领域新一代革命性技术的研发与创新，推动信息技术与工业融合。

"法律—行业标准—质量认证"管理体系确保产品质量安全。严格的质量认证制度在打造"德国制造"声誉的过程中功不可没。19 世纪 70 年代，德国产品曾被评价为"便宜而拙劣"，受到英国等国家抵制。为保障出口、提高产品声誉，德国学习英国等国家，严格监督生产和产品，提高出口产品的质量，并逐步建立起一套独特的"法律—行业标准—质量认证"管理体系。**一是法律**，具体来说包含国内法、欧盟法和国际通用法律法规三个层次。以食品行业的质量和安全法律法规为例，德国国内法以 1879 年制定的《食品法》为基础，以《食品和日用品管理法》《食品卫生管理条例》《HACCP 方案》《指导性政策》为四大支柱，共制定 200 余项法律法规，内容涉及全部食品产业链，包括植物保护、动物健康、善待动物的饲养方式、食品标签标识等。作为欧盟成员国，德国还需要遵守《欧盟食品安全白皮书》(2001 年)、《通用食品法》(2002 年)等由欧盟条例转换成的德国法律。**二是行业标准，**

德国于 1917 年成立国家级标准化权威机构——德国标准化学会（DIN），将数十万条的行业法规转化成具体的业内标准。以食品行业为例，德国食品安全标准主要包括食品生产标准、食品加工标准、产品标签标准和销售标准。

三是质量认证。 在完善的法律法规和行业标准的基础上，由质量认证机构对企业生产流程、产品规格、成品质量等逐一审核。这样既保证了各类法律法规的有效实施，也便于企业向消费者证明产品的安全性。质量认证以德国产品安全法为基础，并且根据产品安全法的修正而变化。比如德国著名的 GS 认证（"安全性已认证"），虽然是一种非强制的自愿性认证，但对于普通消费者来说，一个有 GS 标志的产品设备在市场上更有竞争力，因此几乎所有的德国设备制造商都积极进行此项认证。如果产品安全性出现问题，问题的举证方就是消费者或使用厂商，而不是生产厂商，这体现了质量认证对出口产品的一种保护价值。

"双元制"职业教育体系培育制造业技术人才。 "双元制"制度被誉为德国二战后经济腾飞的秘密武器。工学交替性质的"双元制"职业教育，将严谨、有序、精准的德国制造精神注入技术工人的思想和生产操作中，不断为各行各业输送人才。德国的"双元制"基于《职业教育法》《学校法》《就业促进法》《青年人劳动保护法》等多项法律，由学校和企业联合展开，学生三分之一的时间在学校学习理论知识，三分之二的时间在企业进行实习和培训。初中毕业后不再升学的学生，必须要接受 3~5 年的职业教育，才能进入企业工作。此外，为保障德国职业教育人才培养的质量，德国又通过行业协会进行监督管理和评估。行业协会属于地区级组织机构，由会员企业或领域专家构成，主要对企业能否参与职业教育培训进行资格认定，对人才培养进行质量评估，进行"双元制"职业教育的成绩考核和证书发放工作等。"双元制"模式在德国深入人心，德国 2/3 的就业人员曾以学徒的形式接受过职业培训，接受"双元制"培训的人员在同龄人中占比 70%，德国企业中接受"双元制"培训的技术工人在企业人员中占 42%。经过"双元制"模式培养的技术人才，更加符合社会和产业需求，其技能更令企业满意。

专栏 3-2　以应用为导向的德国职业教育

据不完全统计，德国目前可进行的职业培训方向已达 350 多种。另外，为保证接受学徒制教育的学生能够满足企业需求，德国设立专门机构对供需双方情况进行调查研究，并向社会公布。政府和企业还设置了专门的咨询机构，帮助企业和学生之间形成双向选择。此外，德国职业院校十分重视专业设置与地方经济和社会发展需求相契合，注重应用性和针对性。后来，在"双元制"职业制度的影响下，德国一些高等专科学校也设置了"双元制"专业，与企业联合培养工程师，并根据地区的特色产业有针对性地设置专业。例如，造船业发达地区的威廉港高等专科学校设置了相应的船舶专业。除了上述措施，面对社会所需的新专业人才，德国也在职业教育内容上不断拓宽新的专业领域，比如增设信息通信、电子信息等专业。现今，德国将发展和改革职业教育作为发展 21 世纪教育和培训体系的重要组成部分，并以国家战略的形式巩固创新教育内容与模式。在"工业 4.0"战略中，德国更是强调企业和教育部门在课程设置、教学方法、教学内容等方面需要继续创新，以应对市场波动带来的挑战。

尊重技工的社会制度环境孕育大国"工匠"。德国前总统赫尔佐格曾说："为保持经济竞争力，德国需要的不是更多博士，而是更多技师。"德国在制造业方面的卓越成就归功于政府引导全社会形成尊重技工的氛围，并确保技术工人享有优厚的工作待遇与福利，使得技术工人愿意在一个行业或企业深耕细作。首先，德国法律和政策对从事技术性岗位的工人予以优厚的社会保障。德国通过《解雇保护法》《职业培训法》《劳动岗位保护法》法律保护劳工获得报酬、休假、享有社会保障等权益，避免劳工被企业任意辞退、拖欠工资等。在法律保障基础上，国家对技术工人提供更加优厚的保障措施。例如，对于不想两地分居的工人，德国政府（劳动局）可以支付行李搬运费；对于双职工家庭，一人可申请带薪假（薪水为原工资的 65%）在家抚养孩子；员工除了享受养老保险，还会有补充医疗保险。其次，技工在德国薪资待遇高、职业发展前景好。一方面，德国技术工人的平均工资远高于同等发达国家，是所有工种中收入最高的职业之一，仅排在医生和律师之后；职业学校毕业生的年薪达 35 000 欧元左右，普遍比大学毕业生的工资高。另一方面，技术工人拥有广阔的工作平台。德国企业重视技术工人，会给技术工人提供众多学习或深造的机会，技术工人也有机会被派往海外工作以提升自己，因此德国企业员工的企业忠诚度高，很多员工选择终身服务于一家企业。例如，德国化工企业巴斯夫集团，员工入职后前三年跳槽率仅为 1.3%，高级管理人员的流动率更低。再次，技术工人享有很高的社会地位、待遇和职业前景，加之德国是个重视制造业的国家，这些都使得技术工人的职业备受社会尊重，高级技工更是被视为企业之宝，使得大众愿意学习技术并选择从事技术工作。

第二节　美国：卓越的创新引领能力

美国是世界头号制造业强国，在航空航天、电子信息、生物医药、新能源、新材料、新能源汽车等领域均具有超强实力。根据德勤《全球制造业竞争力指数报告》，美国的制造业竞争力连续多年排名前三。在工业软实力的建设过程中，美国以企业为主体，以市场为导向，同时非常注重政府的政策引领。高度发达的创新能力是美国工业软实力的集中体现。此外，随着国际经济和政治地位的提升，美国通过推行国际技术标准等方式扩大制造业全球影响力，牢牢把握在全球产业竞争格局中的话语权，将本国工业产品推广至全球。

一、全方位激发创新活力

美国经济发展史是与其创新活动紧密相关的发展史。美国作为移民国家，在接受创新思想方面有着先天的优势，民族的创新意识也十分强烈。同时，受英国工业化道路影响，美国也十分注重技术保护和技术进步对年轻工业化国家的重要性。1787 年颁布的美国宪法为其创新发展奠定了最初的法律保障基础，也为美国从欧洲工业的边缘地区和模仿者发展为工业领头人提供了巨大动力。美国凭借创新的基因和制度文化氛围，引领了一波又一波全球科技创新的浪潮，始终占据先进制造业的全球领先地位。国际上认可度最高的《全球创新指数报告》包含了机构、人力、研究、基础设施、市场、企业成熟度、知识、技术和创新等评估参数，该报告显示，2011 年以来，美国一直位于全球创新排名前十位；而在中国科学技术发展战略研究院发布的《国家创新指数报告 2015》中，美国更是高居榜首，是全球最具创新能力的国家。

（一）基本情况

从研发投入看，美国国家和企业研发投入均位居世界前列。美国制造业创新能力为品牌影响力提供了强力支撑。在国家层面，美国是世界上科技研发投入最大的国家。根据《国家创新指数报告 2015》显示，2014 年美国国家 R&D 经费排名第一，占世界总额的 31.1%（见图 3-1）。2014 年美国的研发经费为 4569.8 亿美元，R&D 经费投入强度为 2.74%。在企业层面，美国企业的研发投入力度和规模更是全球领先。根据欧盟委员会发布的"2016 全球企业研发投入排行榜"，2016 年美国企业研发投入占全球的 38.6%，排行榜前 100 名中有 35 家美国企业，其中英特尔、Alphabet（谷歌重组后的母公司）、微软等技术型公司的 R&D 投入分别达 111.40 亿、110.54 亿和 110.11 亿欧元，分别位列第三、四、五位（见表 3-2）。

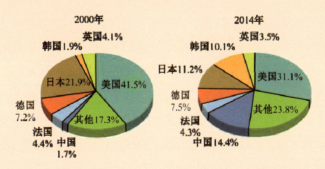

资料来源：中华人民共和国科学技术部，2016 年 7 月

图 3-1 部分国家 R&D 经费占世界总额比重（2000 年，2014 年）

表 3-2 "2016 全球企业研发投入排行榜"前十名

排　名	公司名称	总部所在地	研发费用/亿（欧元）	所属行业
1	大众	德国	136.12	汽车及零部件
2	三星电子	韩国	125.28	电子、电气设备
3	英特尔	美国	111.40	科技：硬件和设备
4	Alphabet	美国	110.54	软件、计算机服务
5	微软	美国	110.11	软件、计算机服务
6	诺华	瑞士	90.02	制药和生物技术
7	罗氏	瑞士	86.40	制药和生物技术
8	华为	中国	83.58	科技：硬件和设备
9	强生	美国	83.09	制药和生物技术
10	丰田	日本	80.47	汽车及零部件

数据来源：赛迪智库整理，2017 年 1 月

　　从创新的成果看，美国在知识和技术输出方面领跑世界。虽然美国只有全球 5% 的人口，却雇用了全球三分之一的理工科研究人员，全球 35% 的理工科论文在美国发表。美国企业创新成果数量更是遥遥领先，在专利数量和增速上均优势明显。根据美国专利商标局数据，2014 年美国专利局授权专利数量达到了创纪录的 326 182 件，其中授权专利数量最多的国家是美国，达到 173 738 件，占全部数量的 53.2%。而到了 2016 年，IBM 被授予了 8 088 项美国专利，比 2015 年的数量增长了 10%，连续 24 年蝉联第一；英特尔公司和微软公司 2016 年专利授予数量更是分别增长了近 36% 和 23%。此外，企业作为各产品领域的领跑者，引领创新方向。例如苹果公司，截至 2015 年 11 月，其 iOS 设备总销量已超过 11 亿台，并不断推出新的功能，颠覆大众对手机的定义；谷歌的超高速宽带服务 Google Fiber、谷歌眼镜、机器人、智能隐形眼镜、无人驾驶汽车等也都让大众惊叹。

从创新的推进机制看，美国已形成完整的创新推进体系。美国构建了以国家创新部署为引领、创新制度环境为保障、创新人才培育为支撑的三位一体的创新推进体系。美国以鼓励和推动创新为核心要素，涵盖政府、产业部门、非盈利性机构、高等教育机构等多个部门，以分享共同认可的目标和价值观为系统存在的基础，从而实现以繁荣市场为导向的创新，如图 3-2 所示。

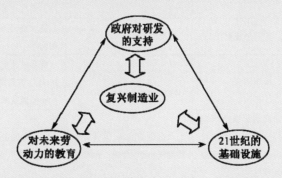

资料来源：美国商务部《美国竞争力与创新能力》报告，2012 年

图 3-2　美国创新推进机制

（二）主要举措

注重国家创新战略前瞻部署。美国在国家层面进行前瞻性的产业创新战略部署，扶植和推进新一轮的产业发展。二战后，美国政府始终将科技创新作为国家发展战略的核心，并根据不同时代背景进行调整，完善科技创新体系，大力发展军民两用技术，并逐渐设立阿贡、洛斯阿洛莫斯、劳伦斯伯克利等国家实验室。1993 年 9 月，美国政府宣布实施 "国家信息基础设施" 计划（National Information Infrastructure，NII），旨在以因特网为雏形，兴建 "信息高速公路"，使所有美国人能够方便地共享海量信息。2008 年全球金融危机后，美国出台《重振美国制造业政策框架》和《先进制造业伙伴计划》，实施《美国创新战略：推动可持续增长和高质量就业》，提出建设 "国家制造业创新网络" 等（见表 3-3），进一步推动创新，引导壮大先进制造业。

表 3-3　美国"重振制造业"战略的主要政策措施

发布时间	发布者	文件名称	主要内容
2009 年 2 月	美国国会	美国经济复兴和再投资法案（ARRA）	颁布 7870 亿美元的经济刺激方案，投资重点领域包括基础设施建设、可再生能源和节能项目、环境保护和医疗、信息化等
2009 年 4 月	美国总统奥巴马	乔治城大学演讲	首次提出重振制造业的战略构想
2009 年 6 月	美国国会	清洁能源与安全法案（ACESA）	综合性的能源法案，投资 1900 亿美元发展清洁能源技术和能源效率技术
2009 年 9 月	美国总统执行办公室、国家经济委员会和科技政策办公室	美国创新战略:促进可持续增长和提供优良工作机会	提出美国发展创新型经济的完整构想
2009 年 12 月	美国总统执行办公室	重振美国制造业框架	论述重振制造业的必要性、紧迫性以及由 7 个方面构成的框架
2010 年 3 月	美国总统执行办公室	国家出口倡议(出口倍增计划)	成立由美国总统直接管理的"出口促进办公室"，并提出到 2014 年出口额翻番
2010 年 8 月	美国国会	美国制造业促进法案	对美国本土制造业企业所需的原材料进口削减关税，对投资于本土的美资企业提供税收优惠
2011 年 2 月	国家经济委员会、经济顾问理事会和科技政策办公室	美国创新新战略:保护我们的经济增长和繁荣	重点发展智能电网、先进汽车、清洁能源、航空与航天器、新一代机器人、生物和纳米技术、先进材料等
2011 年 6 月	美国总统奥巴马	"先进制造业伙伴"设计（AMP）	美国官、产、学、研协同振兴制造业的一项重大举措。重点在于关系国家安全的关键制造产业、新一代机器人、创新型的节能制造工艺及先进材料等

续表

发布时间	发布者	文件名称	主要内容
2012 年 2 月	美国总统执行办公室、国家科技委员会	先进制造业国家战略计划	提出加快美国先进制造业发展的三大原则，明确了五大目标：加快中小企业投资、提高劳动力技能、建立健全伙伴关系、调整优化政府投资，以及加大研发投资力度
2013 年 1 月	国家科技委员会、先进制造业国家项目办公室	国家制造创新网络计划（NNMI）：初步设计	建立全美产业界和学术界间有效的制造业研发基础，解决美国制造业创新和产业化的相关问题

资料来源：赛迪智库整理，2016 年 12 月

以政策和法律激励和保护创新成果。主要体现在重视专利保护，以及加速科研成果向产品的转换两个方面，有效地调动高新技术企业、高等院校、科研机构等创新主体参与创新的信心。专利保护方面，美国建立健全了著作权、商标权和专利权法律体系，以及能维护相关权利的法官、法院等法制系统，保护创新主体的权益，提高国家创新竞争力。如在 1789 年颁布的宪法中就有对知识产权的规定，其后出台了《商标法》《版权法》《软件专利》等法案。为了全面执行世界贸易组织《与贸易有关的知识产权协定》规定的各项义务，1994 年美国政府制定了《乌拉圭回合协议法》，进一步修改和完善知识产权法律。加速科研成果向产品的转换方面，美国出台《拜杜法案》，为高等院校参与科研成果转移并分享因此而获得的经济收益提供法律依据。高等院校在美国政府科研经费有限的情况下，能够从企业获得研发投入，这成为科研发展的外部激励手段，促进了从技术研发到成果转让再到产业化和商业化，从而启动新一轮技术研发良性循环的形成。此外，《联邦技术转移法案》《史蒂文森·怀德勒技术创新法》《国家竞争力技术转移法》等法律对创新活动中的利益分配、技术转移等问题进行了更为详细地规范。

营造有利于小企业创业创新的环境。美国政府通过提供创新资金、税收优惠和服务方式创新等，支持企业的技术创新。比如通过《小企业经济政策法》和《小企业创新发展法》，成立美国联邦小企业管理局，为小企业创新创业提供投融资、政府采购和商业咨询服务。美国政府分别于1982年和1992年设立了"小企业创新研究计划"（SBIR）及"小企业技术转移计划"（STTR）。在政府所有资助项目计划中，影响最大、效果最好的是"小企业创新研究计划"（SBIR），即美国政府部门每年约投入25亿美元支持初创公司的高风险创新项目。截至2012年年底，SBIR累计支持小企业项目数量超过13万项，支持金额超过320亿美元。2012年后，美国政府进一步采取新举措，如制订新计划支持地区创新集群（如鼓励联邦实验室与企业分享专门技术）、鼓励在联邦实验室附近落户孵化器和研究园区，以及推动联邦实验室和其他研究机构参与公私合作研究等。

高度重视创新人才的引进和培养工作。二战结束后，美国一直把引进科技创新型人才作为其引进移民的重点工作之一。早在1946年，美国就制定了吸引外国留学生的"富布莱特计划"。20世纪60年代，美国推出国际教育，为外国留学生取得永久居留权、加入美国国籍打开了大门，每年发给外国留学生和高技能人才的签证超过70万个。美国还多次修改《移民法》，不断放宽对技术移民的限制。如今美国的科学家和工程师约有三分之一来自国外。在人才培养方面，美国建立了一套以政府、企业、高校和非营利机构为主体组成的教育科学研究体系。美国拥有世界上最好的大学，将世界上最优秀的人才吸引到美国进行培养教育。美国前总统奥巴马曾承诺：确保学生掌握21世纪需要的世界一流的知识和关键技能，建立一个有助于每个孩子在新的全球经济中取得成功的教育体系。美国政府计划到2020年时，美国高校毕业生人数占总人口比例将重回世界第一的位置。

专栏 3-3 美国制造业领域创新的杰出典范——硅谷

硅谷位于美国加利福尼亚州，是美国重要的电子工业基地，也是世界最为知名的电子工业集中地。其每年创造的财富超过了韩国国民生产总值。于 20 世纪 50 年代兴办的硅谷，最初只有 32 家公司，现在已拥有上万家高新技术企业、66 万工程师和 48 位诺贝尔奖获得者。现在，硅谷每年新创办的企业数量在 5 万家左右，每年获得的创业投资约占全美总额的三分之一。总结起来，硅谷有以下几个方面值得借鉴。

一是产研学结合，发挥联动效应。其一，发挥靠近高校的位置优势，产研学互动。硅谷所在的加利福尼亚州拥有斯坦福大学、伯克利大学和加州理工大学等知名学府，便于学术界和工业界的交流与互动。美国的大学也提倡学界研究要以工业需求为基础，并鼓励师生创业创新。例如，斯坦福大学鼓励创业的学术氛围浓厚——以"赋予学生以直接有助于社会实际应用和个人事业成功的教育"为办校宗旨，并通过一系列措施推动了大学适应产业发展的需求：斯坦福大学创立了世界上第一个科技工业园区——斯坦福研究园；政策上鼓励教师和研究人员兼职创业等，诸如惠普、思科、雅虎等高科技公司都是由斯坦福师生创办的；斯坦福大学成立了技术转移办公室，帮助大学教师实现科研成果向产品转化，并给予资金激励。其二，硅谷企业将研发置于核心地位。硅谷的企业一般都实行科学研究、技术开发和生产营销三位一体的经营机制，研发成果显著。以专利输出为衡量标准，硅谷自从 1988 年以来就一直是美国创新实力最强的地区，2012 年该地区的雇员人均产生 12.57 项专利。

二是引进风险投资，推动科技产品产业化。硅谷创业公司由小壮大，创新的点子由想法变为产品，风险投资和创投孵化器在其中起了非常大的作用。可以说，没有这些风险投资，就没有苹果、微软、思科、朗讯、雅虎、Amazon、Google 这些 IT 巨人和互联网霸主。1972 年，第一家风险资本在紧挨斯坦福的 Sand Hill Road（沙丘路）落户；1980 年，随着苹果公司的上市，更多的风险资本涌入硅谷；20 世纪 90 年代，风险投资随着互联网的普遍应用和空前发展而达到辉煌；2000 年，投入互联网相关领域的投资达到了 750 亿美元；2005 年，投入硅谷的风险投资总量占据全美的四分之一。

三是发挥科研人才在企业创新中的核心作用。一方面，企业重视创新，在利益分配模式上鼓励员工创新。例如，硅谷企业会通过财富激励（如期权激励、为员工提供健康检查和免费用餐等）解除员工工作的后顾之忧，激发员工工作、创新的热情。另一方面，在企业的管理结构上，创新部门往往被赋予较大的自由。创新部门一般和其他传统部门完全分开，尽量从制度上赋予创新部门自由，促进思想的流动。例如，谷歌公司中，员工有了创新想法后即可自行组织研究小组，如此推动了许多新产品的面世。

四是利用互联网优势和行业组织，促进知识共享。作为信息技术企业的集合地，硅谷一些企业寻求与其他企业、研究人员和公共机构合作，组成新的生态系统，分享和优化资源。2014 年 3 月，通用电气（GE）、思科（Cisco）、英特尔（Intel）、AT&T 和 IBM 发起了工业互联网联盟。它是一个开放性的会员组织，现在已经有超过 130 个组织成为会员。工业互联网联盟旨在打破技术壁垒，利用互联网激活传统工业过程，促进物理世界和数字世界的融合，带动中小企业的创新。

五是独特的创新氛围和商业模式。自下而上的创新模式。不同于很多企业采用"工作饱和度"的标准约束员工，硅谷许多公司允许员工将 20% 的工作时间用在自己选择的技术项目上，以兴趣带动创新。比如谷歌公司，在规定的时间分配制度下，新的创意常常从谷歌的基层员工中产生，并自下而上传递。

二、推行国际技术标准，掌握全球产业竞争主导权

美国是当今政治和经济强国，也是世界贸易大国，其中制造业占据了出口贸易的绝大部分份额。标准是国际贸易的基石，也是国际通用的技术语言。美国国际贸易的强大，制造业影响力的强力，与其完善的技术标准化体系，以及在全球范围内有效推行其技术标准密不可分。通过输出国际技术标准，美国在世界产业竞争格局中处于主导地位，有效维护了其全球经济利益，而这与美国国家、行业协会组织、企业等多方面对技术标准的重视是分不开的。

（一）基本情况

国际贸易出口全球领先。根据世界贸易组织统计数据，2013—2015 年，美国国际贸易额占 GDP 的 14.5%。2015 年，美国出口的商品达 1.5 万亿美元，占据了世界贸易出口总量的 9.13%，位居全球第二；出口的服务达 0.69 万亿美元。在贸易出口中，制造业出口占比大。在 2015 年出口的商品类型中，制造业产品占据了 74.8%（见图 3-3），出口对象主要有中国、加拿大、欧盟和墨西哥（见图 3-4）。其中，出口的制造业产品以汽车、汽车零部件、电子集成电路、自动数据处理设备为主。大量商品的出口，有效地拉动了美国制造业的发展。如今，美国在化工、航空航天、机械和半导体等制造业领域仍然占据着全球领导者的地位。

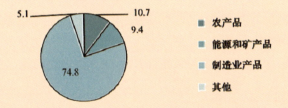

■ 农产品
■ 能源和矿产品
■ 制造业产品
■ 其他

数据来源：世界贸易组织，2016 年 12 月

图 3-3　2015 年美国出口商品的类型

■ 加拿大
■ 欧盟
■ 墨西哥
■ 中国
■ 其他

数据来源：世界贸易组织，2016 年 12 月

图 3-4　2015 年美国商品出口目的地

主导大量国际贸易协定。长期以来，自由贸易一直是美国对外贸易的主导思想。美国利用自身在全球强大的经济和政治地位，推动大量多边区域贸

易协定的签订。这些贸易协定的范围非常宽泛，包含货物贸易、服务贸易、投资保障与争端解决等各个方面。根据美国贸易代表署公布的资料显示，美国至今签署并通过了包括 20 个国家的双边或多边自由贸易协定。由于在众多工业领域拥有技术优势，美国会在这些国际贸易协定中推行技术标准化。比如在协议中规定技术贸易壁垒，利用其自身的科技优势，为发展中国家出口至发达国家的产品设置严格的进口标准，从而限制发展中国家产品的进口。

掌握众多全球行业技术标准。美国在通信、移动互联网领域拥有众多世界顶级的公司，掌握了行业领先技术，主导了所在行业的技术标准。比如美国数字电视 ATSC 标准、2G 时代的 CMDA 标准，以及私有协议。以私有协议为例，2011 年，高通公司通过大量申请国际专利，奠定其在 CMDA 标准中的主导地位，此后凭借专利许可授权模式，推动 CMDA 标准在全球范围内推广。此外，美国众多行业协会制定的技术标准国际影响力巨大，已成为区域或全球的通行标准。通过主导大量行业技术标准，美国掌握了全球制造业发展的主导权。

（二）主要举措

国家将标准制定提升至战略高度，给予经费和政策保障。标准和技术指标是产业增长和成熟的关键。美国政府自 1998 年开始出台并修订国家标准战略。例如"美国标准战略"（2005），美国政府、工业界、标准制定组织、联盟、消费者群体和学者都参与了战略的制定，体现了美国在全球化背景下对标准制定活动的重视，在此之后又出台"美国标准战略"（2010），重点领域向战略新兴领域倾斜。此外，美国政府对标准化项目提供大量资金支持。比如，美国政府于 2002 年拨款 7 亿美元支持美国国家标准技术研究院（NIST）的活动。美国国家标准技术研究院隶属于商务部，提供标准、标准参考数据及有关服务。2015 年 NIST 有 469 名员工加入 160 多家标准组织，这使科技人员可以直接将 NIST 技术和专有知识引入标准制定体系之中。又比如，2013 年 10 月，美国制造（America Makes，由"国家增材制造技术研究所"改名而成）与美国材料试验国际协会（ASTM）签署谅解备忘录，推动制定增材制造和3D打印ASTM标准。

企业保持技术优势，以先发技术成为行业标准制定者。美国之所以能够在众多领域推广其技术标准，在于其国内众多企业全球领先，掌握先进的技术，能够利用先发优势。美国政府在前瞻性部署（如建立"信息高速公路"，优先发展互联网技术等）的基础上，引导企业在其他国家未发展的领域开拓技术，成为行业的领导者。以私有协议为例，互联网时代技术发展速度快于标准制定速度，于是出现了没有合适的通信标准可循的局面。而美国互联网发展远优于其他国家，Cisco公司的路由器因支持TCP／IP协议得以迅速发展，并拥有很大的市场份额，而网络在扩容、升级的同时，新进的设备必须与原有设备相兼容，才能保证互联互通，这导致消费者只能选择Cisco路由器组网及其他厂商对Cisco路由私有协议的兼容，致使Cisco私有协议成为事实上的标准。如今，美国通过投入大量资金保持企业技术优势。据统计，美国研发投入占经合组织国家总支出的40%以上，是世界上科技研发投入最大的国家，约为第二大投入国日本的2.7倍。

国家标准与国际标准接轨，并实质掌控国际标准化组织。一方面，美国注重国内标准与国际标准接轨。1918年，美国材料试验协会（ASTM）与美国机械工程师协会（ASME）、美国矿业与冶金工程师协会（ASMME）、美国土木工程师协会（ASCE）、美国电气工程师协会（AIEE）等组织共同成立美国工程标准委员会（AESC），协调企业和专业技术团体的标准化工作，制定统一的通用标准。AESC也就是如今美国国家标准学会（ANSI）的前身（于1969年更名）。ANSI对于国家标准的基本要求（如公开性、公平性、关联性、一致性、相关性等），很大部分与世界贸易组织贸易技术壁垒委员会（WTO/TBT）规定的制定国际标准的准则相符合，为美国标准成为国际通行标准提供了基础。另一方面，美国积极加入国际标准化组织，并主导国际标准化技术委员会的活动。国际标准化组织（ISO）和国际电工委员会（IEC）是目前世界上最大、最权威的两大国际标准化专门机构。而美国国家标准学会（ANSI）参与了79%的ISO技术委员会（TC）的活动、89%的IEC技术委员会（TC）的活动，主导制定事关国家利益的国际标准。

推进标准化教育，储备国际标准化高级人才。美国在高校的工程系、法律系和经营管理系等开设了标准化教育课程，以提高民众特别是企业高层领导人的标准化意识，并通过理论和案例教育培养具有标准化专业知识的人才。美国非常注重培养熟悉 ISO 或 IEC 国际标准审议规则的专业人士，在培训课程中特别注重培养以下技能：英语水平；掌握某一领域的技术或标准化专业知识，以及整个国际技术和经济状况，并了解相关产业；了解国外企业的技术动向，外国产业的发展战略及政府法律和政策等。目前，美国已有3000 多名国际标准制定修订专家。

第三节 日本：先进的企业质量管理体系

二战之后，日本的工业基础遭到严重破坏，30%～60%的工业设施被毁或待修。经过 70 年左右的发展，日本工业实力大大提升，步入世界工业强国之林。由于资源相对匮乏，日本制造业十分注重生产质量和效益的提升，其严格而灵活的科学管理制度对提升制造业竞争力发挥了重要作用。石川馨、田口玄一、狩野纪昭、大前研一等世界著名品质管理专家名噪一时，由日本品质专家开发总结的新旧七大工具也成为全球品质管理的通用方法。1951 年，日本设立了世界上最早的质量奖——戴明奖，该奖项迄今仍是世界上最为著名的三个质量奖项之一。日本能将美国的统计质量管理发展为全面质量管理，并取得了卓越的成效，这与其开展"质量救国"战略、构建标准化体系，以及拥有大量的忠诚员工、从下至上开展质量管理有很大关系。

（一）基本情况

质量管理理论和方法丰富完整。日本企业强调自主、主动的质量管理模式已成为世界许多国家学习和效仿的对象。二战后，日本在引进美国的统计质量管理理论基础上，结合自身文化特点和企业实际，形成了"管理为王"的理念，探索出丰富完整的日式质量管理体系，为日本精益制造提供重要的管理理论基础。日本形成的质量管理理论和方法主要有基础能力管理（QCDSS）、5S 管理、价值管理（VE/VA）、鱼骨图管理（又名石川图头脑风暴法，BS）、全面生产维护（TnPM）、快速换模（SMED）、办公流程改善（OPI）、看板管理（kanban）、全面质量管理（TQM）、精益生产（JIT）、全员生产保全（TPM）、长期方针管理（PD）、奖励建议制度（ISS）、目视管理（VM）、品质功能展开（QFD）、企业范围品质保证（CWQA）、田口方法（TM）等。比如，鱼骨图为日本的质量管理之父石川馨先生发明，是查找生产中质量变化关系的溯源图表，用于优化质量。当前，管理已经成为一门科学，集中体现了日本的工业软实力。

专栏 3-4 丰田汽车公司：全面推行质量管理

丰田汽车公司在 2008 年正式取代美国通用汽车公司成为全球排名第一的汽车生产厂商。丰田汽车公司在质量管理方面，有以下几个方面值得借鉴。

实施"精益生产"，保障产品质量。精益生产是丰田公司缔造的独特生产方式，由两大支柱组成：准时化和自动化。其中，准时化生产由日本丰田公司的副总裁大野耐一在 1953 年提出，即保持物质流和信息流在生产中的同步，实现以恰当数量的物料，在恰当的时候进入恰当的地方，生产出恰当质量的产品。自动化生产则强调"包括人的因素的自动化"，所有的机器都装有自动停止装置，生产线上一旦发生故障，机器设备就会自动停止，防止生产不合格品，确保不使次品流入下一流程的系统，最终保障产品质量。

管理者层深入基层，自下而上提升质量。丰田汽车公司的高层对质量的追求不仅仅停留在战略和规划制定层面，而是能够深入到基层和现场，积极推动人、方法、材料、设备、计策达到精益效果，最终提升产品质量。此外，企业的中层管理者职能就是在现场把握种种产品状况，每月召开不少于两次的质量小组会议，讨论提升产品质量的措施。

鼓励员工创新，持续改进产品质量。丰田公司建立了合理化建议制度，鼓励员工创新，对提出创新建议的员工给予高额回报。丰田员工每年提出大小 200 万个新构思，平均每个员工提出 35 项建议。这些建议涉及产品质量、成本及技术等方面，有 85% 以上被公司采纳，有效地推动了产品质量不断完善。

日本产品质量享誉世界。日本制造以精细著称，大到造船、造飞机，小到每个人衣服上的拉链，包括国人争相购买的电饭煲、马桶盖，日本制造无处不在，现已成为品牌、技术、质量的代名词。日本制造业品牌的国际影响力在汽车和电子产品方面得到集中体现。丰田、本田、日产等汽车品牌，日立、松下、索尼、佳能、尼康等电子产品品牌在全球享有极高的知名度。2015年日本有 54 家企业进入世界 500 强，数量高居全球第三位，这些企业多为汽车企业和电子产品企业；在世界品牌实验室编制的 2014 年"世界品牌 500强"排行榜中，日本有 39 个品牌入选，有 6 家车企进入 500 强排行榜，在入围汽车品牌数量上位列全球第一。日本文化蕴含了一种精致和专注，这是日本汽车业乃至整个日本产业界所出产的产品的一大特质，也是日本产品在国际市场备受欢迎的最大资本。

日本企业及人员质量意识高。日本是世界上最讲质量的两个民族之一（另一个是德国），质量文化深入人心。日本人具有"国民大质量"观念，认为质量是企业的生命，也是一个民族生命力的体现。在企业理念层面，日本企业推崇"极致"的文化。日本文化在艺术层面体现为唯美，而落实到企业经营和产品研发，就形成了一种"匠人"情结和产品技术至上主义，以及对产品本身品质的无限追求。在企业人员层面，日本劳动者树立了较高的产品质量意识，尤其是一线操作人员，以对质量的追求和对工作的严谨态度而著称。

（二）主要举措

以国家战略重塑产品质量。二战以前，日本产品"质次价高"，二战结束后，为振兴国内经济，扩展国际市场，日本逐步重视产品质量，实施"产品质量振兴计划"，并将"质量救国"确定为国家层面战略。在这一战略的引领下，日本派员学习外国先进理论和方法。在日本科技联盟的组织下，引进美国质量管理理论和方法。1949 年日本科技联盟成立海外技术调查委员会负责引进国外先进质量管理方法，之后邀请美国质量专家戴明、朱兰等来日本讲授统计质量管理（SQC）和其他经营质量管理方法。日本由此将 SQC应用到制造业中，并将其发展为全面质量管理（TQM）方法。为推动全面质量管理，1957 年日本推行"产业合理化运动"，将产品质量提升到与产业结构调整、贸易立国和贸易振兴等同等重要的战略地位。

引导企业提高质量管理。在日本的产业结构中，对产品质量影响最大、监管难度最大的是众多中小企业。为了引导企业提高质量管理，日本于 1951 年设立戴明奖，引导和激励企业和其他主体实施全面质量管理，不断创新质量管理方法。此外，日本通过政府采购的方式对企业尤其是中小企业开展质量培训，促进企业从策划、设计、制造到售后服务全过程对产品实施质量管理。另外，由日本科技联盟主持，在全国开展质量月活动，开展了大规模的全员质量培训，鼓励企业成立质量控制（QC）小组，在制造业品质提升方面发挥了重要作用。到 70 年代末期日本国内已建立了 70 万个 QC 小组，有 500 万名员工参与，有效提高了产品质量，使"日本制造"成为全球产品质量的标杆。

专栏 3-5　戴 明 奖

日本戴明质量奖于 1951 年由日本科学家与工程师联合会设立，该奖项是日本质量管理的最高奖，也是世界三大质量奖项之一。戴明奖的普及和推广有效推动了日本质量管理和产业竞争力的提升。

戴明奖包括三个奖项：戴明本奖，授予那些在全面质量管理或应用统计质量方法研究方面成绩显著，或是在相关知识普及方面做出突出贡献的个人；戴明实施奖，授予实施全面质量管理并在该年度绩效有显著提高的企业；戴明事业部奖，授予通过实施全面质量管理，在该年度取得与众不同的卓越改进效果的企业事业部门。自奖项设立至今，已有 200 多家企业获得戴明实施奖。日本企业以申请戴明奖作为动力，积极运用和推广全面质量管理。

戴明奖自设立以来，其评选的标准一直在变化和完善。最新的评选标准于 2014 年由戴明奖管理委员会发布。其标准对质量管理活动的实施和创新十分重视，要求参选组织要能够根据自身的实际需求，通过创新与改善活动不断探索最有效的质量管理水平，并对未来的发展产生积极有效的作用。此外，戴明奖还注重考查企业高层领导的质量观、质量管理知识水平和质量工作热情，这有助于高层领导在企业有效推广和运用先进质量管理理念和方法，这一点是戴明奖区别于世界另外两个著名的质量奖项——美国波多里奇质量奖和欧洲质量奖的地方。

完善工业标准化体系。 标准化的实施和应用，有利于企业进行设计、制造管理等活动，提高了企业的生产效率和产品质量水准。日本标准化体系分为国家级标准、行业协会标准、企业标准等三级，其中，国家级标准是主体，行业协会标准化活动主要是协助国家工业标准调查会的工作，企业标准公司根据自己的产品情况制定企业标准。日本政府在促进日本标准化体制建立和完善的过程中扮演了极为重要的角色。1949 年，日本正式颁布《工业标准化法》，并根据国内外形势不断修订，完善其工业标准化制度，有效促进了日本企业开展质量管理活动。日本工业标准制定方式和内容特点显著：一是日本政府高度重视并直接参与产品标准制定，如 2006 年日本首相亲自主持制定《日本国际标准综合战略》，这在国际上非常少见；二是日本的标准化审议机构——日本国家工业标准调查会（JISC）由 30 人以内的学识经验丰富的人组成，日本政府任何主管大臣都无权越过日本工业标准调查会制定工业标准；三是日本高度重视民间企业和社会团体提出的原始标准方案，约80% 的原始标准方案都是由这些团体提出的；四是日本注重将标准的制定与产业发展战略相结合，以推动战略性产业发展。

全方面培训"工匠型"人才。 一是日本借助民族文化开展终身雇佣制。日本的"和魂"文化和集团主义促使日本员工自动融入企业中，甘愿牺牲，勇于奉献，因而二战后，日本企业对劳动者多实行终身雇佣制，只要员工不选择离开，就可以在企业一直工作到退休，这为企业持续开展员工技能和知识培训、从下至上开展质量管理、提升产品质量奠定基础。二是开展职业教育，提升技术工人的技能和质量意识。通过学习借鉴德国"双元制"职业培养模式，20 世纪五六十年代日本通过《职业训练法》《新长期经济计划》《国民收入倍增计划》《职业能力开发促进法》《新经济社会 7 年计划》等政策或法律培养实践与理论相结合的"工匠"型人才；进入 21 世纪后，日本又建立"实践型人才培养体系"职业技能培训制度，即以雇佣关系为基础、通过企业实习及在教育机构学习理论知识的职业技能培训制度。日本政府还通过发放"试行雇用奖励金""中小企业雇用创造"等能力开发补助金的形式保障该制度的实施。三是鼓励企业建立教育机构。政府引导日本企业设立教育机构，面向生产一线培养高素质的"工匠"型人才。目前已有丰田工业大学、松下电器工学院、松下电器商学院、日立工业专科学校等为代表的企业教育机构。

第四节　英国：领先的工业设计和工业治理机制

英国曾经是世界第一工业强国，但随着新兴资本主义国家的崛起，也在主要工业强国竞争格局中谋求转型和发展。英国将工业文化充分融入工业设计之中，赋予了英国工业在世界工业强国竞争中的优势和特色。英国依托其悠久的工业发展历史和深厚的英伦文化底蕴，并融入现代设计元素，让工业设计大放异彩，伦敦甚至被誉为"世界设计之都"。此外，作为工业传统强国，英国也曾面临工业化带来的很多问题，在解决这些问题的过程中，英国逐步形成了完善的工业治理体系，促进了工业的可持续发展，为其他国家发展工业避免出现相似的问题提供了诸多借鉴。

一、工业设计提升竞争力

英国是工业革命的发源地，也是工艺美术运动、设计运动的发源地，其工业设计领域持续处于世界前列，突出展示了英国工业软实力。19 世纪 80 年代英国开展了"莫里斯工艺美术运动"，并充分发挥其深厚的文化积淀和人文素养优势，造就了如今英国丰富、卓越的工业设计。此外，英国的贵族精神、主流的绅士文化强调对生活品质的追求，客观上推动了工业设计的精益求精。英国非常注重对文化产业的保护，拥有良好的文化消费环境，也在一定程度上带动了英国工业设计行业的繁荣。

（一）基本情况

工业设计源远流长。英国在世界设计史上拥有崇高地位，是世界上最先开展工艺美术运动和设计运动的国家。比如，英国是最早由政府主导开展"设计改革运动"（Design Reform Movement）的国家，早在 19 世纪 30 年代，政界，而非学界，就开始了最初对英国设计的思考，由此形成政府层面对设计行业产生指导性意见并进行规划发展的设计传统。1851 年，英国伦敦举办的万国工业博览会，催生了现代主义设计的萌芽。19 世纪末，拉斯金、莫里斯领导的"工艺美术运动"在世界现代设计的开启和发展中具有重要意义。1946 年 9 月，伦敦维多利亚与阿尔伯特博物馆举办了大型工业设计展——"英国可以制造"（Britain Can Make It），向世界集中展示了英国战后工业设计和消费文化的成果，推动英国以"工业设计"的全新概念发展制造业。

工业设计水平全球领先。撒切尔夫人曾说过"英国可以没有首相，但不能没有工业设计师"。从全球影响力来看，伦敦作为"世界设计之都"享誉全球，集聚全球最优秀的设计人才，涌现出了荣·阿拉德（Ron Amd）、汤姆·迪克森（Tom Dixon）、贾斯帕·莫里森（Jasper Morrison）等设计明星。从产业规模来看，英国工业设计产业体系位居全球第二。英国有近 3000 家工业设计顾问公司（著名的工业设计公司包括西蒙·鲍威尔、FITCH 等），2000 支独立设计团队。工业设计产业年平均增长速度达到 10.8%，远远高于英国 GDP 的年平均增速。

工业设计特色明显。与欧洲其他国家相比，如德国设计的严谨、法国设计的浪漫，英国的工业设计突出表现为创新与实用：一是创新，为了让设计更加与日益变化的生活相适应，英国工业设计公司常常开展调研，使设计师贴近生活，并在设计时注意将新技术融入其中，满足消费者的生理和心理需求；二是实用，英国工业设计一直追求实用性和艺术性的融合。1915 年英国设计与工业协会认为设计是以"适用为目的"的；成立于 1944 年的英国工业设计委员会，则以"处理每一个新问题的基础是实用性"的理念指导设计师与企业。

（二）主要举措

出台政策法规扶持工业设计产业。 英国采用政府扶持型的工业设计发展模式。"依靠工业设计，提升国家竞争力"一直是英国政府对工业设计的战略定位。第一次世界大战期间，英国就已经开始重视工业设计，并将其列入政府工作框架之中；1944 年英国成立工业设计委员会，其后出台优良设计标志计划；1982 年开始，英国政府通过开展"设计顾问计划""扶持设计计划"等，使工业设计逐步走向产业化、集成化；21 世纪以来，政府制定了"英国国家设计战略"（UK National Design Strategy），将其纳入国家发展战略。法律上，英国政府专门颁布了《设计法》《1988 年版权、外观设计和专利法》等，专门规范设计行业，为工业设计发展保驾护航。

有效发挥工业设计组织的支撑引领作用。 自 1914 年成立第一个设计行业组织以来，英国工业设计行业机构大量成立，目前已经形成了世界上最庞大的设计组织框架。其中，英国比较权威的工业设计行业组织有英国设计委员会和英国设计创新协会，这两个机构定期开展大规模的设计产业年度调查。英国设计委员会成立于 1944 年（1944—1972 年名称为工业设计委员会，1972 年更名为设计委员会），其目的是通过一切可行的设计手段全面促进英国工业产品的设计水平，为公共部门做规划，使设计更有效率，推进设计在企业中的最大运用。英国设计创新协会成立于 1993 年，成员涉及航空、生物科学、电子信息、医药、新材料、电信和交通等行业。此外，英国皇家特许设计师协会、英国设计及艺术协会等不同的工业设计行业组织各自具有不同的职能，有效地推动了英国的工业设计水平（见表 3-4）。

表 3-4　英国主要的工业设计行业组织

成立时间	组织名称	职能与作用
一战时期	英国设计与工业协会	改变英国的设计现状、传播新的设计思想
1920 年	英国工业艺术学会	促进工业产品的销售和参加以出口为目的的海外展览
1930 年	皇家特许设计师协会	保持设计师专业水准和专业设计的信誉度
1934 年	艺术与工业委员会	教育消费者，培训设计师，提高工业设计的总体水平

成立时间	组织名称	职能与作用
1962 年	英国设计及艺术协会	设立行业标准、教育和启发下一代、促进好设计和广告在商业中应用
1944 年	英国设计委员会	以所有可行的方式促进英国工业产品设计发展水平
二战结束初期	英国设计协会	促进设计水平
1981 年	设计博物馆	举办国际性设计展览和学术交流会
1991 年	英国欧洲设计联盟	促进当代英国设计、设计服务和教育在英国主要出口市场的商业出口潜力
1993 年	英国设计创新协会	提供工业设计咨询公司、促进英国设计发展
2002 年	创意出口小组	研究影响货物及服务出口的事项，研究如何提升出口表现
2011 年	创意产业委员会	针对产业发展中的具体问题提供专业指导与咨询

资料来源：赛迪智库整理，2016 年 1 月

完善工业设计教育体系。70 余年来，英国政府高度重视并不断完善工业设计教育体系。在小学和中学阶段，英国就将设计教育引入其教学之中，以提升学生设计意识和视觉素养，掌握基本设计知识。英国政府同时非常重视设计高等教育。1837 年，英国政府出资在伦敦建立了第一所设计类院校——设计师范学校（Normal School of Design），并积极推动地方性设计院校的成立。据统计，到目前，英国政府提供了艺术与设计高等教育 80% 的经费，有 8% 左右受高等教育的学生选择了设计及相关专业，这些比例均高于世界其他国家。此外，英国非常重视学校设计教育和社会设计教育的联系，推动学生积极参与设计实践，提升学生设计能力。

发挥英伦文化的带动作用。英国是一个远离大陆的岛屿国家，其独特的岛国文化，推动其形成保守主义思想，确保了英国工业设计 100 多年以来的稳步发展。此外，英国的贵族精神、主流的绅士文化强调对生活品质的追求，客观上推动工业设计的精益求精。最后，英国非常注重对文化产业的保护，拥有良好的文化消费环境，带动了英国工业设计行业的繁荣。

专栏 3-6　英国设计委员会

英国设计委员会成立于1944年，致力于全面促进英国工业产品的设计水平，是推动英国工业设计发展最为重要的行业机构。其特色表现为以下三点：

定位清晰，始终服务英国设计产业发展。英国设计委员会是由英国政府成立的非政府公共机构，是国家性的设计策略组织。自成立以来，英国设计委员会定位于"影响英国政府决策，确保设计处于核心地位"，向英国民众和企业推广工业设计，最终促进英国设计产业发展。

因时制宜，不断开拓工业设计服务。在保持总体定位不变的前提下，英国设计委员会根据不同时期的需求不断调整和开拓设计服务。二战后，英国设计委员会着眼于改革英国设计教育，培育工业设计师；1980年后，随着英国民众设计意识的提升，其针对公司提供设计扶持计划；1996年后，将重心转向促进英国工业设计向海外发展，提升英国在全球的设计地位；21世纪以来，英国设计委员会不断开发新的设计方法和工具，设置高水平的设计奖项，并与其他单位开展设计联合研究。

高瞻远瞩，推动完善设计产业标准。英国设计委员会虽然不是制定英国设计产业标准的官方机构，但在设计产业标准体系建立过程中发挥了不可替代的作用。它引导公众关注设计产业标准问题，整合其他工业设计产业机构、相关院校、企业共同商讨、确定具体的设计产业标准，将商讨的设计产业标准提交给英国标准协会，推动其成为国家设计产业标准，并推动标准的广泛实施。通过设计委员会和英国标准协会的合作，英国形成了较为完善的设计产业标准体系，为工业设计的长远发展打下坚实基础。

二、完善的工业治理体系

英国是世界工业革命的发源地。从19世纪开始，面对工业发展过程中出现的环境污染、生产事故、产品质量参差不齐等问题，英国开始探索并建立工业治理体系，配套的法律措施和政府机构改革，行业协会和民间组织的推动，加上企业对法律的贯彻，在多方主体的参与下，英国逐渐形成了完善的工业治理体系。2003 年，英国在政府文件《我们能源的未来：创建低碳经济》中正式提出"低碳经济"的概念，成为最先提出"低碳经济"的国家。英国工业治理的历程和有效的成果，为各国提供了宝贵的经验。

（一）基本情况

工业污染与能耗治理方面，开创绿色治理体系。英国曾经率先大力发展工业，成为世界最强的工业国家。然而从 19 世纪开始，工业化和城市化的发展带来了众多环境问题，同时煤炭、石油等资源也日益枯竭，英国开始重视工业治理并逐步形成了独特的绿色治理体系和机制，成为世界"绿色低碳节能革命"的引领者。从发展历程来说，英国从治理空气污染和水污染开始，绿色治理理念逐步增强，治理手段也日趋完善，努力实现经济增长、环境保护和社会发展的平衡。从治理的覆盖面来说，制碱业、煤炭、钢铁、机械等能源消耗和污染物排放较多的行业，覆盖面广，并在此过程中衍生出发展"低碳经济"的理念。从治理的参与者来说，形成了以政府为主导，组织协会、专家学者、生产者、普通民众共同参与的合理的治理格局。

工业生产安全管理方面，形成了完善的安全监督管理体系。作为第一个实现工业化的国家，英国 300 多年来积累了丰富的生产安全经验。尤其是英国煤炭工业发展过程中矿难频发，事故死亡人数居高不下，通过改进排水、通风等技术，后又通过法律将煤炭工业的发展固化，英国逐步形成以英国健康与安全执行局（HSE）与地方政府监管、雇主全面负责、社会中介机构专业化支撑保障、工会职工代表监督、全民积极参与的良性有效的运转机制。据统计，自 2008 年以后，英国每年十万雇员死亡率都低于 0.6，在安全生产方面持续保持世界领先水平。

工业质量管理方面，形成了全面质量管理体系。英国形成了以法律为保障，融合管理体制、认证标准、检测监督、追溯体系的质量管理体系。我们现在熟知的产品认证办法即为英国首创。英国负责国家质量认证工作的机构是英国标准学会（BSI），认证的种类包括"风筝"标志认证、安全标志认证、企业质量保证能力认证、BS9000/CECC 和 IECQ 认证（专门为电子元件进行的质量评定），以及库存能力的评定和注册等。尤其是在食品安全上，英国很早就重视食品质量安全，1202 年就诞生了最早有关食品安全的法律——《面包法》，19 世纪开始大量立法，严格打击假冒伪劣产品，形成了监管职责明确，集风险评估、风险管理、风险交流为一体的食品安全监管体系。现在英国生产的食品被认为是世界上最安全、最卫生的食品之一。

（二）主要举措

完善工业治理的法律体系。在英国工业治理体系的完善中，国家立法和政府引导起到了十分重要的作用。例如，在工业污染治理方面，英国积极颁布各种法律法规。这些环保方面的法律都不是独立存在的，而是颁布各种配套法律法规以确保环境立法的有效实施。比如为解决大气污染问题，英国议会于 1863 年、1874 年和 1906 年分别颁布《碱业法》，控制制碱行业排放毒气。1953 年通过《大气清洁法》，全面和系统地控制大气污染，包括规定禁止排放黑烟、煤烟，要求安装除尘和除硫设备等。又先后颁布《制碱工厂法》《机动车辆（制造和使用）规则》《烟雾污染管制法》《环境保护条例》《烟雾污染探测器法》《环境法》，降低有害气体的排放。此外，又通过《电力法》（1989）、《可再生能源义务（英格兰和威尔士）法令》（2002）、《能源法》（2004）、《可再生交通燃料义务法令》（2007）等，提高能源利用效率，形成了较完备的治理环境污染的法规体系。2008 年，英国通过《气候变化法案》，成为第一个对碳排放作出法律规定的国家。产品质量安全方面，英国在 1968—1972 年起草并颁布《交易说明法》，对产品交易过程中的欺骗性行为进行规制，后又颁布《炊事用具安全法》（1972 年）、《玩具安全法》（1978 年）等。又例如在食品安全管理方面，除了执行欧盟制定的《农产品品质管理法》《畜产品加工处理法》和《食品卫生法》等法律外，英国还结合自身实际情况制定了《食品法》《食品安全法》和《食品标准法》等基本法，以及《甜品规定》《食品标签规定》等必要的补充规定，为食品安全监管提供严密的法律支撑。

改革政府机构提升治理实施效果。英国政府不断进行相应的机构改革，以更好地适应工业治理的需求。如 1871 年，迪斯雷利政府将济贫部调整为地方政府部，统一规划指导地方政府工作，由此建立了现代政府架构。地方政府部对济贫、卫生、清理贫民窟、规划公园、供水排水和煤气供应等事务具有监督管辖职责，有利于中央政府统一治理河流污染问题。从 20 世纪 90 年代开始，英国政府实行行政改革，推行全面质量管理，开展竞争运动，以提高公共管理的质量与效率。为避免质量安全管理过程中出现政府部门之间推诿和扯皮的情形，英国还成立了独立的食品安全监督机构——食品标准局，该机构不隶属于任何政府部门，并监督中央、地方主管当局等执法部门的执法情况，每年向议会报告工作。2009 年 6 月，英国政府内阁改组，原商业、企业和制度改革部与创新、大学和技能部重组为商业、创新和技能部，重点关注英国企业，特别是如何提升新兴绿色低碳产业的创新能力。

发挥财税手段和市场机制的作用。在治理工业污染、推进节能环保过程中，英国政府通过气候变化税、碳基金等激励措施刺激"低碳经济"发展。2001 年开始，所有工业、商业和公共部门都要缴纳气候变化税。而设立碳基金的目标是帮助英国提高能源效率和加强碳管理，推动低碳技术的发展。其资金使用主要有三个领域：一是促进研究与开发；二是加速技术商业化；三是投资孵化器。此外，为加强企业对政府政策的合作与落实，英国于 2006年成立节能信托公司，它是由政府设立，以推广家庭节能减排措施为主的私人公司，通过企业融资，居民可以申请 400～2500 英镑用以购买太阳能光电池等小型科技产品，从而提高家庭使用环保能源的积极性。

广泛调动社会各界的参与。英国完善的工业治理体系离不开行业协会、企业和社会大众的共同努力。例如安全生产领域，英国标准协会（BSI）负责制定英国的各项安全生产标准，大部分标准已成为欧洲及国际标准。这些标准要求制造商设计与生产的产品达到健康安全的标准，并且必须保障员工的安全与健康，从而使英国建立起稳定高效的安全健康管理体系。此外，企业方面，英国法律规定了雇主对企业安全生产负全责，企业制定了涵盖安全责任、员工培训、危险因素、风险评估等内容的风险评估和隐患排查治理体系，并十分注重设施设备检修、工作人员培训工作。对于民众而言，由于政府开展宣传，欢迎大众提出建议并予以合理采纳，大众工会和商会等民间组织有动力为政府建言献策，尤其是专业领域的专家积极提出专业性建议，从而推动工业治理体系不断完善。

第五节　韩国：良好的文化与产业互促模式

韩国经济总量 2015 年全球排名仅第 14 位，却跻身世界五大文化产业强国之列。韩国原是一个资源匮乏、技术落后、国内市场狭小的国家，在经济发展过程中，"贸易立国"战略发挥着重要作用。但 20 世纪 90 年代亚洲金融危机的爆发及日本工业的迅速发展，使韩国工业面临前所未有的困难。为应对危机，韩国于 1998 年提出"文化立国"方针，充分发挥文化产业对传统产业的带动作用，一种新的注重设计的创新文化渗透到各行各业，逐渐把"韩国制造"推向"韩国创造"，韩国由此迅速走上"以文化产业刺激内需、拉动出口"的重振经济的发展道路。从某种意义上说，韩国文化的输出和文化产业的发展，极大地促进了传统制造业的转型升级，也将韩国制造产品带入了世界舞台。

（一）基本情况

韩国文化产业国际竞争力强。韩国是世界第五大文化产品与服务出口国，早在 2004 年，韩国文化产品就已占世界市场份额的 3.5%。"韩流"在全球流行度仅次于美国好莱坞。韩国文化产业的内容主要包括广播、游戏、动漫、卡通人物、网络、影视、歌曲唱片等。韩国通过"韩流"增强了文化产业对亚洲周边国家甚至全球文化产业的辐射力，如 2014 年韩国游戏产业以 33.6 亿美元的产值位居全球第六，是文化产业成功输出的典范。从文化产业的增长速度看，年增长率高，2010 年韩国文化产业规模为 72.58 万亿韩元，2013 年更是达到 91.5 万亿韩元，年平均增长率 8%。

专栏 3-7　韩国通过影视业输出文化

韩国文化传入中国，影视剧产业功不可没。与其他国家的影视业相比，韩国影视业具有独特优势，主要体现为原创、剧情新颖、符合大众尤其是年轻女性的心理，同时注重营销宣传。从 1993 年中国首次引进韩剧《嫉妒》，到后来的《星梦奇缘》《人鱼小姐》《大长今》等韩剧登上中国荧屏，"韩流"来势凶猛。近几年，《继承者们》《来自星星的你》《太阳的后裔》《请回答 1988》等影视剧又在中国"火"了一把。

此外，韩国电影在国际电影舞台上发挥着越来越重要的作用。韩国电影在国际市场好评度高、输出额大，其中尤以对亚洲国家的输出影响力最大。2014 年，亚洲地区输出额为 2087 万美元，占据了全球输出额的 79.1%，其中大部分贡献来自中国和日本市场。

2012 年韩国电影的海外输出总额达到 416 亿韩元，比 2011 年上升 8.4%。2011 年，时任韩国驻中国大使馆公使参赞兼韩国文化院院长金翼兼表示："20 世纪六七十年代，由于贫穷落后，韩国把重点放在了经济发展上，对文化产业的发展有一些制约。1986 年以后，韩国完全放开了，所以编剧、导演还有明星的思想都极大地发展了。"

伴随韩剧等文化产品席卷全球，各国消费者对韩国产品的好感度也在不断上升，极大地增加了韩国出口产品的附加值。以手机等信息技术产品为例，每 100 美元的文化产业输出，手机等信息技术产品就会增加 395 美元。韩国影视作品在前期策划时就注重"一源多用"，会把韩国的传统文化、饮食、服饰、旅游等融合在剧中集中展现，因而观众对影视作品的消费也是全方位的。

文化对韩国制造业产值拉动大。韩国的文化产业推动一种新的注重设计的创新文化渗透到各行各业，推动"韩国制造"到"韩国创造"。在工业产品中融入传统文化元素，并结合现代的设计风格，体现其独特的审美情趣，使其带有强烈的韩国风格。通过文化包装产品，制造业增加值大幅提高。文化产业出口每增加 100 美元，就能使韩国产品出口增加 412 美元。此外，韩国奉行儒家文化，并在社会上大力推广，逐渐形成了韩国人"身土不二"的消费观，即认为要吃和用生长地产出的东西，舶来品不适合韩国人。这样的观念保障了韩国人对本国产品的喜爱和对外来品牌的排斥，有效拉动了内需，推动了本国工业的发展。

文化提升品牌影响力。 通过文化输出提升产品品牌，有效地推动了电子产品、汽车等领域产品的全球影响力。据统计，韩国企业有51.9%的销售额，都是受到"韩流"的影响。在2009年诺基亚、摩托罗拉、索尼爱立信等手机品牌的市场份额出现下跌时，韩国手机依靠青少年和女性消费者的喜爱而"风景独好"。2016年"亚洲品牌500强排行榜"中，前100强中有7家韩国企业品牌，其中三星、LG位居前十强[44]。同时，韩国文化还推动企业积极进取，不断拓展全球知名度。比如三星秉承"三星第一主义"精神，力求在企业涵盖的所有领域都要做到最好，成为世界一流企业。

（二）主要举措

实施"文化立国"战略。 在战略上，受亚洲金融危机影响，韩国在1998年正式确定了"文化立国"战略，欲通过壮大韩国文化产业，提升韩国工业的整体竞争力。韩国1997年出台《文化蓝图2000》，将文化产业作为新文化的模式；2000年出台《文化产业蓝图21》，提出"文化产业成为21世纪国家支柱产业""文化产业成为知识经济中领先产业"；2005年颁布《内容韩国战略2010》，将"成为世界第五大文化产业强国"作为发展目标；2011年出台《内容产业振兴战略》，将文化产业视为加强国家竞争力的核心产业。在政策上，总体性的政策有《国民政府的新文化政策》（1998）、《文化产业发展五年计划》（1999）、《21世纪文化产业的设想》（2001）、《韩国文化产业对外输出促进方案》（2013）。此外，政府通过一些开放性、市场化的政策和制度壮大具体的文化产业，比如文化产业中的影视业，韩国政府早在1986年就开放了对进口电影的限制，并从2006年起取消了影片配额制，通过引入以上竞争机制，为影视业做大做强提供政策和制度环境。在机构设置上，为了更好地实施战略和政策，政府也相应设立和完善文创产业管理机构。如1994年设立"文化产业局"主管文化产业发展；2000年成立"文化产业振兴委员会",负责制定国家文化产业政策和规划;2001 年特别设立"韩国文化产业振兴院",负责全国文化产业的具体扶持工作,包括人才培养、出口促进、创意开发等。

完善法律法规促进文化产业。韩国文化产业方面系统法律体系是其他国家不能比拟的,它们有效地保障了文化创意产业的发展。首先是基础性法律,1999 年,韩国颁布了文化产业的基础法律《文化产业振兴基本法》,并在 2000、2002、2003 及 2009 年进行了 4 次修改,内容涉及资金支持、机构设置、流通、基础设施、人才等多个方面;同年颁布《文化产业促进法》,韩国也成为世界上最早制定《文化产业促进法》的国家,促进了文化产品开发、制作、生产、流通、消费等相关服务的开展。其次是针对不同文化产业领域的专门法,主要有《广播法》《影像振兴基本法》《游戏产业振作法》《电影振兴法》《地区报业发展支持特别法》等,并根据实际情况进行了较大幅度地修订,废止或修改的内容高达 70%,为发展游戏、电影等产业提供法律基础。此外,在其他类别的法律中增添配合文化产业建设的内容。如修改《中小企业基本法》,将演艺产业包括到中小企业的行业中,并对其实施减免税收的优惠政策;修订《建筑法》,将小剧场转变为第二种近邻生活设施,促进小演艺剧场的兴建;修订《城市公园法》,规定演艺剧场可建在体育公园内。

以全球为市场推广文化产品。为推动文化产业出口,其一,韩国政府加大了资金支持力度。如韩国文化体育观光部设立 2.2 亿美元支持韩国文化产品出口,未来创造科学部则设立 1.2 亿美元的电子信息产业支援基金,韩国进出口银行也计划将出口资金扶持提高到 2017 年的 2.5 亿美元。此外,对韩文翻译为外语和产品制作的费用给予全额补助,并为动漫游戏产业提供免费的全球测试平台。其二,根据各国文化产业具体情况制定针对性的战略。韩国政府重点将文化产业输往南美、中东、非洲等新兴市场;加强与亚洲地区文化合作;加强与美国和欧洲等成熟市场的商业网络运作和分工合作。通过文化输出提升产品品牌。韩国在韩剧中植入产品,并通过"韩流"引发的明星效应,有效地推动了电子、汽车等领域产品的影响力和附加值。其三,韩国通过签订多种国际条约促进出口。韩国已与美国、欧盟、印度、东盟等主要经济体签署了自贸区协定，成为东北亚贸易投资自由化最高的国家之一。韩国也是当今唯一与美欧均签订自贸区协定的国家。韩国与中国签订的中韩自由贸易协定（FTA）也于 2015 年 12 月 20 日生效，关税的降低更有利于韩国文化产品及带有文化附加值的汽车、电子、机械设备等行业的产品出口至中国。

教育改革储备文化产业人才。韩国成立汉城游戏学院、全州文化产业大学、大邱文化开发中心、网络信息学院、传统文化学校等高校，并在许多高校增设与文化产业相关的专业高达 80 多个，重点培养电影、卡通、游戏、广播影像等产业的高级人才。截至 2010 年，韩国高校开设的文化产业相关专业达到了 900 多个。2008 年以来，韩国教育科技部密集推出一系列以"培养创新人才"为宗旨的教育政策，包括以分层教学为目标的分科教学改革，去管制、去标准化的高中多样化改革，力推学科融合教育，设立以校企合作为基础的学校等。韩国产业通商部提出，将发展文化产业融合特性化研究院产业计划，以 360 余名硕士生为对象，培养创意融合型人才。以学校具体创新项目为例，韩国产业技术大学 2015 学年的"创新人才培养项目"以入学成绩优秀学生为对象，对其在大学期间提供体制化管理和定制型人才培养体系，课程包括领导力、创意挑战、全球化战略等，旨在培养其成为新时代的创意融合型领导人才。

专栏 3-8　韩国首尔数字媒体城"DMC"

DMC 位于首尔市麻浦区上岩洞千禧城。它由韩国首尔市政府开发和推广，于 1994 年开始规划，2002 年开始施工，现已经基本完工被首尔人称为"把梦想变为现实"的典型代表。

整合文化资源，发挥集群效应。一方面，DMC 依托首尔文化资源。20 世纪 90 年代，首尔就已经聚集了一万多家小型数字媒体创新型公司。DMC 依托规模优势，通过优化资源组合，在首尔原有的文化土壤上创造出特色的文化内容，打造国际竞争力。另一方面，DMC 将重点集中在媒体娱乐广播、游戏、电影与动画制作、音乐和网络教育上，通过集合相关领域的产业领导者，发挥优势的集群效应。比如，已经竣工的 DMC 聚集了朝鲜日报、东亚日报、SBS 电视台媒体中心、MBC 电视台媒体中心、YTN 电视台、KBS 广播公司、首尔新闻等韩国主要媒体公司。目前，DMC 超级盛典（DMC 文化节）是全球独创的电视广播文化庆典，已经成为备受瞩目的国际性文化活动。

与研究机构合作，推进科技创新。DMC 利用首尔有众多高校科研机构的优势，加快科研成果在媒体上的转化。此外，DMC 定位为世界第一个数字媒体技术研发中心，打造"信息技术与文化相遇"的概念，旨在让信息技术和文化融合，通过网络将先进文化内容连接起来。贝尔实验室等世界一流研究机构已经在 DMC 设立首尔分部，进行有关多媒体服务、融合服务、无线网络、高级光配件和网络应用方面的研究。

树立品牌，拓展国际影响力。DMC 通过集约化、规模化的产业经营，集中力量针对亚洲、美洲地区的差异开发不同的产品。此外，韩国企业大力开发自主品牌产品，并通过韩国明星、影视、参加国际展销等营销方式走出国门，拓展国际影响力。

第四章　提升中国工业软实力任重道远

经过多年发展，我国工业发展成就斐然，硬实力不断增强，软实力也具备一定基础和优势。但总体而言，我国工业软实力建设滞后于工业整体发展水平，在工业提质增效、由大变强的重要发展阶段，其影响和制约作用越来越凸显。工业软实力的塑造是一个循序渐进的过程，在从制造大国向制造强国迈进的新起点，要把握培育和提升工业软实力的重要机遇窗口，正确认识我国工业软实力的现状，分析不足，找出制约因素，更好地把工业软实力建设内化于制造强国建设的决策部署中。

第一节　新时期塑造工业软实力意义重大

工业软实力是国家软实力的重要组成部分，体现着一个国家工业综合竞争力与国际影响力，是实现中国制造实现由大到强的关键要素。

一、工业软实力是国家软实力的重要组成部分

党的十八届五中全会特别强调，要在增强国家硬实力的同时注重提升国家软实力，不断增强发展的整体性。国家软实力成为结构调整、转型升级新常态下提升国家竞争力的重要方面，也成为实现中华民族伟大复兴的战略举措。

工业是国民经济的主体，是立国之本、兴国之器、强国之基。我国工业增加值占 GDP 的比重将近 40%，在国民经济中占据举足轻重的地位。工业软实力是国家软实力重要组成部分，是国家软实力的基础。从近现代世界文明的发展历程来看，工业软实力强，能够在很大程度上对国家软实力起到支撑保障作用。

同时，工业产品和服务的国际贸易活动可以传递中国文化和中国价值，发出中国声音，展现中国形象，扩大中国影响，是彰显国家软实力的重要窗口，也是提升国际竞争力和影响力的重要途径。我国作为世界第一贸易大国，工业制成品在出口贸易总额中占 95%，是出口贸易的主体，对国家软实力传播起着主导作用。当前我国加快推动"一带一路"战略，积极推动高铁、通信设备、工程机械等工业行业开展国际产能合作，支持企业深度参与国际分工合作和全球经济治理，工业产品及其承载的软实力输出将极大促进我国国家软实力的增长。而随着经济全球化进程的不断深入，工业产业标准在国际竞争中的作用更加凸显，成为继产品竞争、品牌竞争之后一种层次更深、水平更高、影响更大的竞争形式。特别是在高新技术领域，产业标准往往成为产业进入的壁垒，对国际贸易产生重大影响。因此，一个国家在工业领域标准制定和主导的能力，也影响了国家的软实力建设。我国工业领域的国际产能合作和标准输出，将极大推动国家软实力的发展。

二、工业软实力是建设制造强国的重要内容

制造强国是产业规模、生产能力、产业结构、发展方式、运行模式、组织形式以及制度环境等多种因素长期综合作用的结果。制造强国应体现在硬实力和软实力两个方面。其中，产品种类、生产规模和市场规模等只是硬实力的部分体现，硬实力也包括对尖端技术、前沿技术的掌握能力和关键核心产品的生产能力等（见图 4-1）。当前，我国已是制造大国，随着技术创新能力的不断提升，硬实力也进一步增强。但是，工业发展整体上还停留在对

产品的生产能力的追求上，对于产品稳定性、质量把控性、品牌影响力、市场引领性等方面还相对落后，是我国工业软实力建设相对滞后的体现。因此，工业软实力直接影响硬实力的发挥，只有构建良好的制度体系，打造更加规范有效的生产体系，推动形成突出制造和创新人才的文化体系，并内化于制造过程中，才能推动制造强国建设。发达国家在建设工业强国的过程中都普遍重视工业文化培育和制度建设，并影响着全球工业化进程与价值体系。

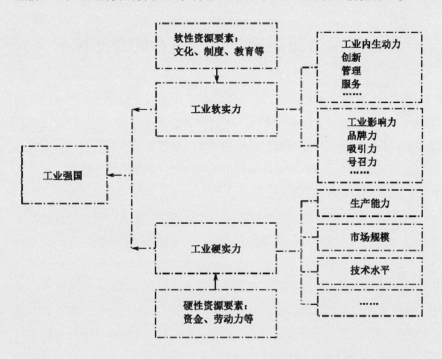

图 4-1 工业软实力和硬实力对工业强国的作用机理

改革开放以来，依靠后发优势，我国工业充分发挥资源要素优势，实现规模总量突破，推动工业发展的快速追赶。但随着后发优势红利的逐步减弱，国内要素价格不断上涨，资源环境约束进一步加剧，我国传统粗放的增长模式已难以为继。而国际市场需求的日渐式微、世界其他发展中经济体竞争的加剧也进一步倒逼我国工业的提档升级。目前，我国工业产能过剩、产业附加值低、关键技术领域受制约、产品国际认同度低等问题突出，亟需通过在产品的不断创新、质量的进一步保障、设计和服务的精巧周到、优秀品牌的崛起等方面发力，才能使未来我国工业保持和提升国际竞争力，实现长期健康稳定发展。因此，工业文化、制度及其孕育的创新设计、质量管理、产品品牌、制造服务等工业内生发展能力，是提高产品附加值、树立产品形象、提升工业整体竞争能力的关键。

三、工业软实力是适应新技术革命的必然需求

我国的工业化启动时间晚，制造业兴起于中国从计划经济向市场经济转型的过程中，发展普遍依赖于资源、劳动力等要素投入，以规模经济优势占领市场和获得收益，产业规则、技术创新等软要素带动作用不明显，没有形成先进的工业文化内涵，工业产品的价值多停留在器物、功能阶段，对产业发展的影响力和引领能力较小。

当前，以工业物联网、智能制造等为代表的新技术革命正逐步打破过去传统封闭的制造业生产型态，制造业创新、质量、服务、品牌等内生发展的推动模式也发生巨大变化。从创新看，全球宽带网络和无所不在的移动设备让创新者和用户拥有一个可以充分协作的世界，创新不再以一个人或一个集团为核心来完成全部工作，而是互相配合与加速的，消费者的消费意见也参与进来，很大程度上帮助改进了生产过程、产品与服务流程，创新力量源泉就是来自于互补、跨界、相互激发、多样化的合作与共生进化。从质量管理和品牌服务来看，物联网和互联网的应用，使产品的质量和服务问题更容易被监测和反馈，通过微博、论坛等社交媒体进行传播，从而督促企业进行改进和自我约束，优秀的公司容易脱颖而出，从而更易于打造品牌知名度，推动全民监督管理。因此，新技术革命下的制造业开放发展格局，有利于我国加速培育和建设以制度建设、管理提升、质量品牌等为抓手的工业软实力，不断释放和激发产业发展势能，加快赶超和引领步伐，重塑新型制造大国和强国形象。

第二节　工业软实力已具备一定基础

我国已建立规模庞大、门类齐全的工业体系，拥有较强的产业配套能力，2010 年制造业产出占世界的比重为 19.8%，超过美国成为全球第一制造业大国，涌现出华为、中兴、海尔等一批世界级制造企业，工业硬实力不断增强，为打造软实力奠定了基础。

一、工业创新能力持续增强

工业创新能力是提升工业核心竞争力重要组成部分，是实现由制造大国向制造强国转变的核心，是实现我国由价值链低端向高端跃升、加快推动增长动力向创新驱动转变的重要举措。近年来，在新科技革命和产业变革重塑全球经济结构的趋势下，我国工业整体创新能力持续增强。2016 年，美国国家科学基金会发布的《美国科学与工程指标》显示，我国已成为世界第二大研发大国，研发投入、高技术制造增加值及科技论文产出等位居世界第二位，理工科人才培养世界第一，风电能力世界第一，我国在全球创新中的地位日益突出。从研发经费的支出情况看，2000 年以来我国研发经费投入大幅提高，年平均增速高达 23%，2015 年达到 14 169.9 亿元，支出规模仅次于美国（见图 4-2）。其中，企业研发经费占全国研发经费比重持续上升，2015 年达到 76.8%，规模以上工业企业研发经费支出更是首次突破万亿元。从知识产权的产出情况看，我国专利的申请数量快速增长，质量不断提高，结构不断优化。2005—2015 年，我国专利申请数量实现了百万级跨越，由 17.3 万件增长到 110.2 万件，且超过美国成为申请量和授权量最多的国家，有效专利数量的排名仅次于美国和日本。其中，发明专利的申请量连续 5 年居世

界首位，成为世界首个年发明专利申请量超过百万的国家，国际 PCT 专利的
申请量连续两年位居全球第三。

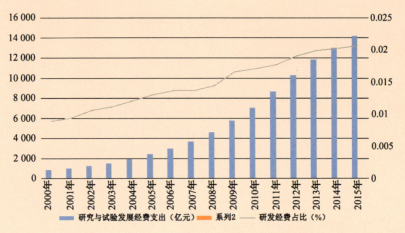

数据来源：国家统计局

图 4-2　2000—2015 年我国研发经费支出及占比情况

二、工业设计产业蓬勃发展

　　工业设计是企业实现创新的核心手段和重要方法，工业设计有助于促进
企业产品创新、增加产品附加值、提升企业竞争力。近年来，在国家战略规
划的指引下，我国工业设计产业发展迅速，工业设计创意产业基地、园区等
不断涌现，企业数量和规模增长表现突出，专业人才培养体系不断完善，以
环渤海、长三角、珠三角为中心的工业设计产业布局基本形成，工业设计正
逐步向高端综合性设计迈进。首先，工业设计企业数量高速增长。截至 2016
年年底，全国已有工业设计公司、工作室等相关企业数万家，其中职业工业
设计公司较 2000 年增长近 100 倍，国家级工业设计中心达到 64 家；国内一
些高科技企业如华为、小米、联想、方正等，都已开始布局工业设计并成立
了独立的工业设计机构。其次，工业设计园区数量快速攀升。目前全国已建

成的文化创意类或制造业服务类产业园区超过 1000 家，其中半数以上将工业设计纳入主体业务范畴。此外，如上海国际工业设计中心、广东工业设计城、无锡工业设计园等专业性工业设计产业园区也在近年持续出现。最后，工业设计人才培养规模不断完善。目前全国工业设计从业人员超过 50 万人，其中约 60%分布于华南、华东、华北等制造业集中地区；开设工业设计专业或者交互设计等工业设计相关专业的大专院校和专业院校数量急剧增加，分别达到 500 所和 1700 所左右，学生数量也急剧扩张。此外，一些代表先进设计品质的工业产品也在德国 iF 奖、红点奖、美国 IDEA 奖等国际知名大奖颁奖典礼上崭露头角。

三、工业品牌影响力不断提升

品牌影响力是一个国家竞争力和国际地位的重要体现，更是企业的生命所在、灵魂所系。21 世纪以来，我国越来越注重对工业品牌发展的统筹与谋划，制定出台了一系列相关政策，工业品牌发展的水平不断提升。如果说以前对"中国制造"的感觉是"低价、廉价"，那么现在许多"中国制造"的产品则属于"物美价廉"，在越来越多的工业行业和领域，中国品牌正在迎头赶上，华为、中兴、海尔等已经成为名副其实的国际品牌。世界品牌实验室发布的数据显示，2005—2016 年，我国入围世界品牌 500 强企业数量由 4 家增加到 36 家（见表 4-1），其中家电、食品、计算机与通信等行业中多家企业入选，华为手机的市场份额增长迅速，全球的市场占有率仅次于三星和苹果。此外，企业的品牌意识和品牌培育能力不断增强，4000 多家企业建立了品牌培育管理体系，一批企业实现了从代工制造向培育自主品牌的跨越。

表 4-1　2016 年《世界品牌 500 强》入选数最多的 8 个国家

排　名	国　家	入选数量			
		2016 年	2015 年	2014 年	2013 年
1	美国	227	228	227	232
2	英国	41	44	42	29
3	法国	41	42	44	47
4	日本	37	37	39	441
5	中国	36	31	29	25
6	德国	26	25	23	23
7	瑞士	19	22	21	21
8	意大利	17	17	18	18

四、工业治理能力稳步改善

　　工业治理体系和治理能力的建设是国家治理体系与治理能力现代化的重要组成，包括对工业行业运行中涉及的政府、社会、企业等主客体通过一系列体制机制安排及法律法规等，进行调整和管理。近年来，我国积极出台并采取一系列推进工业治理体系和治理能力现代化的政策措施，通过完善顶层设计、推进职能转变、优化治理手段等，有效提升了工业治理水平，主要表现如下：

　　一是工业管理部门治理能力不断提升。我国通过推进大部门管理体制改革与行政审批制度改革，不断优化和创新政府管理方式，加强制造业发展战略、规划、政策、标准的制定和实施，陆续出台了《中国制造 2025》、"互联网＋"行动计划及推动大众创业、万众创新的一系列政策措施，为产业发展、企业创新和行业治理提供了方向和路径，推动改善了相关政策和制度环境。

　　二是行业协会服务能力建设成效初显。例如，在推动信息化和工业化深度融合以及工业转型过程中,行业协会积极发挥熟悉行业、贴近企业的优势,积极发挥重大决策中的参谋作用,积极承接行业管理基础性工作和政府购买服务工作,为保障工业和通信业的健康发展提供了有效保障。

三是现代企业管理制度和管理模式迅速推广。例如,海信集团形成了"五位一体"现代企业管理模式和现代化管理理念,这有效促进了海信集团的技术创新,促使海信走在国内同行前列,也在世界市场中占有一席之地。

五、产业引领能力有所提高

标准化水平的高低,反映着一个国家产业核心竞争力乃至综合实力的强弱。只有技术标准先行,才能实现引导产品技术发展、提升产品质量档次、带领产品参与高水平竞争的目标。近年来,我国通过不断强化标准化发展的战略定位,深化标准化改革,加快标准化法治建设,主动参与国际标准化组织治理等工作,标准化国际影响力显著增强。一方面,积极参与国际标准化相关活动,国际标准"话语权"逐渐提升。例如,相继成为国际标准化组织(ISO)、国际电工委员会(IEC)常任理事国,电动汽车、高铁等先进制造业标准基本处于国际前列。截至 2016 年 5 月,我国提交并立项 ISO 标准提案达 340 项,其中 189 项已正式发布为 ISO 的国际标准。此外,我国还积极推进"一带一路"战略和跨区域经济协作,主动设置和引领议题和产业规则的能力不断增强。

专栏 4-1　我国自主 4G 标准引领世界
2012 年 1 月 18 日,我国的 TD-LTE 被国际电信联盟确定为第四代移动通信(4G)国际标准。它就像一条高速公路,能够快速带动上下游创新和突破,形成整个信息产业的"燎原之势",且 4G 产业的持续发展还将加快物联网、智慧城市等建设进程,催生更多的业务形态和服务模式,由此带来的经济效益和全球影响力难以估计。数据显示,2013—2015 年,TD-LTE 产值累计达到 1.29 万亿元,经济

总贡献超过 8000 亿元，占 GDP 增长的 9.6%。截至 2017 年 1 月，全球范围内已有 47 个国家和地区推出 85 个 TD-LET 商用 4G 网络，全球 TD-LTE 基站数量已超 130 万个，占全球 LTE 市场份额超过 50%，中高端 4G 手机国内市场份额达到 78%。此外，我国围绕 4G 标准牵头国际标准项目占比达 46%，授权专利近 3000 件，专利占比是 3G 时代的 3 倍之多。可以说，TD-LTE 国际标准的成功不仅扭转了我国移动通信核心技术和知识产权受制于人的被动局面，更是我国移动通信产业实现跨越式发展、由跟随者转变为领军者的重要原因。

第三节　工业软实力需要着力补齐短板

　　客观上讲，我国工业软实力较弱是由工业发展阶段和水平所决定的。工业软实力需依托于一国历史文明、地缘特征、人口等多种因素的培育和发展，是一个国家长期积累的结果。而我国工业发展时间短，加之快速赶超、粗放的发展方式，都决定了现阶段我国工业软实力滞后于美、日、德等世界工业强国。英国《经济学人》发布的 2016 年世界软实力排名中，我国仅居 28 名，处于英国、德国、美国、法国、加拿大、澳大利亚、瑞士、日本、瑞典、荷兰等国之后。当前，随着国际工业发展环境的变化、国内经济发展方式的转变以及《中国制造 2025》的指引，我国工业软实力已经进入了发展机遇期。分析和找出我国工业软实力发展中存在的不足和制约因素，对改进和提升工业软实力整体水平有重要意义。

一、存在的主要问题

（一）现代工业精神涵养不足

　　改革开放以来，我国坚持精神文明和物质文明两手抓，但客观上，精神文明建设、包括工业精神培育缺乏长期战略部署，导致现代工业精神涵养不足。一方面，企业精益文化不够。目前，我国大部分生产型企业虽引入并推行精益生产管理，但是由于欠缺对企业精益文化的建设和培养，所以很多员工并未树立精益管理的理念和思维，精益管理也只是停留在照搬照抄各种精益管理方式或工具上而已，无法起到实际的带动推动作用。特别是企业精益文化形成也需要时间，需要传承，需要认知和不断更新，但我国精益生产管理起步相对较晚，在观念培养和资本投入上还相对较弱，没有形成真正的可以反复适用或耳熟能详的观念，更不用说真正的精益文化。另一方面，契约精神和法制观念淡漠。工业化需要秩序，社会秩序来源于共同的契约和法律制度，而我国契约精神和法治观念方面还存在许多问题，导致失信和违法事件频繁出现。当违约或者违法收益远大于守约或守法利益时，企业往往会选择牺牲别人的利益，从而谋取自身利益。例如，部分企业为了盈利，违反国家有关环保规定进行排污或排放，或为了降低经营成本，在产品生产中故意掺加大量劣质原料或有害物质，损害人民群众利益。此外，职业文化欠缺也是我国现代工业精神涵养不足的重要表现，尤其是技术工人和企业家缺乏坚持精益求精、创新发展的信念，导致个人的职业能力和企业竞争力不能得到大幅提升，而这也正是我国制造业大而不强、产品档次整体不高、自主创新能力较弱、质量水平不稳定等问题出现的重要影响因素之一。

（二）创新并未成为企业的自发需要和自觉行动

改革开放三十余年，中国通过快速工业化实现了经济起飞。在这一阶段，企业依靠低成本的资源、劳动力等要素投入迅速做大，抢占市场，拼速度、扩规模、模仿赶超一度是产业竞争的关键词，创新未能成为企业的自发需求和行动。近年来，制造业面临着成本上升和订单减少的双重挤压，金融、房地产领域的高利润，一方面抬高了实体经济的融资成本和经营成本，恶化了实体经济的发展环境；另一方面行业间利润失衡导致资源错配，企业不是选择通过创新实现转型升级，而是想方设法追逐虚拟经济的高利润。制造业在面临资金供应不足甚至不可持续的困境下，创新投入则是难上加难。此外，市场竞争和监管机制尚不健全，导致"劣币驱逐良币"。知识产权保护是激励创新的最有效的制度安排，但我国知识产权保护不力，新产品一上市就可能被大肆"山寨"，也极大影响了企业创新热情。

（三）产品质量和精度控制能力薄弱

工业产品质量安全事件时有发生、关键装备与核心器件质量仍有较大差距、不合格产品占比较高等问题较为突出，是制约我国由制造大国迈向制造强国的重要因素之一。由于我国企业技术能力、管理水平、产业标准和产业监管等因素的限制，我国产品质量控制欠稳欠严，质量安全事件时有发生，不合格产品的总量依旧较大，出口海外产品召回率远高于其他国家同类产品，直接影响了国内的消费者对本国产品的信心和工业的国际形象。例如，欧盟 RAPEX 针对非食品产品安全统计周报显示，在 2015 年召回案例中，来自中国制造的产品多达 1100 余件，占比超过 60%。精度控制能力的薄弱，导致相当一部分产品在可靠性、核心技术、关键部件的制造精细化程度、工业水平、外观造型及稳定性等指标与国外同类产品仍有较大差距，"极端制造"水平不足。例如，我国高科技名牌的代表"中国高铁"，虽然技术很先进，实力很优秀，但是螺母却来自日本一家只有 45 名员工、号称"永不松动的螺母"企业——哈德洛克工业株式会社。

（四）工业品牌发展滞后，国际影响力较弱

我国虽然是制造大国，但我国企业生产能力主要集中在为国际知名品牌进行代加工制造领域，并没有形成像欧美、日韩等占有市场优势的自有品牌，品牌发展严重滞后于经济发展。一方面，工业品牌发展与工业规模和地位不匹配。虽然我国入围世界品牌 500 强的企业数量稳步增加，但是与美国、英国、法国、日本等国家的差距仍然显著。尤其是工业品牌的发展仍处于"第三世界"，数量和质量与我国第二大经济体的制造大国地位和身份极不相符，2016 年仅有海尔、华为、联想、长虹、青岛啤酒、茅台、台积电等 7 家制造业企业上榜，占我国上榜企业总数的 19%。相反，法国、日本、德国、意大利和荷兰等国家的代表企业多为国际知名度极高的工业企业。我国除知名品牌寥寥无几外，中低端产品过剩与自主品牌供给不足现象也愈演愈烈。另一方面，工业品牌的对外影响力较弱。由于我国工业产品在创新引领、文化搭载、质量控制及品牌打造和输出等方面整体水平较低，使工业产品在世界范

围的认同感不强。全球知名广告公司智威汤逊（JWT）发布的一份民意报告显示，"中国制造"给英美消费者最普遍印象是"海量生产"——高达60%以上的英美消费者认为"中国制造"的商品意味着"海量生产"；55%左右的英美消费者认为中国的商品给人的印象是"便宜"；45%的人认为"安全水平低"；35%的人认为"质量差"；35%的人认为"不可信赖"；33%的人认为"低档次"；20%的人认为中国商品"有趣"。相比之下，英美消费者对"日本制造"和"美国制造"普遍持正面看法。

（五）高级技工短缺，产业工人社会认同感弱

产业工人是工业实力高低的决定性因素之一。长期以来，我国产业工人受培育机制、社会认同、企业管理取向等因素影响，整体素质相对偏低、高级技工短缺、"工匠级"的产业工人严重断层等问题凸显。一是产业工业素质偏低，不能满足产业发展需求。数据显示，制造业从业人员中三分之二以上的人只有初中以下文化程度，高中文化程度的人刚达到20%，大专文化程度以上的人不到10%，三者比例为7：2：1，受教育状况呈"头轻脚重"型。二是高级产业技术工人数量的短缺问题限制制造业转型升级步伐。数据显示，我国高级工以上高技能人才约占技术工人总量的3.50%，中级工所占比例为35%，远低于西方发达国家30%和50%的比例。同时，由于高级技术人才培养周期长，企业在员工培训方面的投入过低，且以初级工层次培训居多，使得中、高级技工严重断档，"高级蓝领"短缺已经影响到企业对成熟技术的吸收应用，影响到中国制造业创新产品的开发。三是缺乏认同，加速产业工人流动。随着我国市场化程度提高和城镇化的推进，大批进城农民工、乡镇企业职工源源不断加入工人队伍中，成为产业工人的重要主体。但是，这些候鸟式的打工者容易受到环境、薪金等因素的影响，只要有更高的薪水、更好的发展机会，就会毫不犹豫地主动辞职。某人力资源网站发布的报告显示，2015年制造业离职率达20.9%，居首位。此外，由于企业对他们缺少凝聚力，他们对企业也缺乏忠诚度，敬业精神也普遍较差。

二、主要的制约因素

（一）我国传统制造文化缺乏合理传承且现代性转换不足

中国古代素以手工业发达著称，在金属冶炼、纺织技术和瓷器制作等领域处于世界领先地位，也造就了博大精深、蕴含着独特文化基因和民族情感的制造文化。近现代以来，我国有众多依靠勤奋肯干、诚信精神、"工匠精神"和品质保障立足的"老字号"企业和民族品牌，这些企业沉淀、积累了丰富的制造和商业文化，拥有世代传承的产品、技艺和服务，取得了社会广泛认同，形成了良好信誉，亦蕴含着中国早期的工业精神。

但是，随着经济社会的发展变迁部分"老字号"企业和品牌在市场的洪流中败下阵来，尤其是没有处理好传承与创新的关系，更是加速了早期工业精神的流失。20 世纪 90 年代初，原国内贸易部认定了 1600 余家"中华老字号"，但据不完全统计，这些老字号中目前有 20%长期亏损，面临倒闭、破产，70%勉强维持现状，只有 10%生产经营良好。这是我国传统优秀制造企业在传承特色工艺、特色产品、诚信质量、道德文化上力度仍然不够的结果。例如，由于产权不够清晰，导致产品的配方和制造工艺未能有效传承；由于品牌搭载的文化内涵未能进行有效的现代性转换，积极跟进和引导年轻消费者的价值观念和生活方式，导致品牌逐步受到冷落；由于未能与时俱进，在观念创新、技术创新、产品创新、管理创新上不足，产品在市场上的认可度减弱等。

（二）政府、生产企业和消费者对工业软实力的重视不够

政府是工业软实力发展环境的主要引导者和监督者，其通过出台各种政策、法规等方式引导企业在追逐利益的同时，也兼顾企业技术创新能力、质量品牌、社会责任等软实力的发展。生产企业是工业软实力的践行者，工业企业通过对日常生产经营活动各环节的合理管理和提高，达到国际领先水平的过程，就是一个企业软实力提高的过程，一国工业软实力水平就

是由工业企业软实力所构成的。消费者是我国工业软实力的推动者，其影响力主要通过购买行为体现，作为工业产品的消费者，其素质、收入的高低及其对产品的要求和反馈直接影响工业产品的品质、技术水平、价格、服务等。

目前，由于上述三个主体对工业软实力的重视程度不够，影响了工业软实力的发展进程。从政府主体来看，对工业软实力的认识起步较晚，虽然近些年相关部门陆续出台了科技创新能力培养、质量管理体系建设等工业软实力要素的政策规划，但对工业软实力这一概念仍然缺乏整体性的认识，也缺少在工业软实力方面有针对性和系统性的政策规划。从生产企业主体来看，我国大多数工业企业的发展理念停留在"赚快钱"上，许多企业将"转行"当"转型"，房地产热、互联网热、股市热让大量资金"脱实向虚"，没有形成打造百年企业需要的专注和深耕精神，缺乏提升软实力和推动可持续发展的相关做法，甚至出现企业诚信缺失等现象，阻碍了我国工业软实力整合和提高。从消费者主体来看，由于收入水平的限制，我国消费者整体上的品质追求还较低，对产品背后的环境问题、生产责任等的关注度较低。当前，我国一大批偏好性能、愿意为高品质埋单的消费群体正在兴起，消费理念正发生变革，但相应的国内生产企业理念还未跟上进行匹配。

（三）部分体制机制不健全影响工业内生发展能力提升

产学研用结合不紧密，阻碍创新能力发挥作用。一是产业研用结合不紧密。科研与市场脱节成为制约我国制造企业研发创新能力的主要体制性因素。一方面，专家主导的科研项目评定机制导致科研与市场严重脱节。我国的科研力量主要集中在科研院所及高校，长期以来设立科研项目的"裁判权"主要掌握在专家手中。另一方面，片面追求量化论文、奖项和科研经费的评价体系，也加剧了科研与应用的脱节。"重数量轻质量、重奖励轻实效"，导致科研人员和科研机构关心获奖胜于关心应用。大批研究成果往往在完成论文发表、专家评审、成果鉴定、奖项申报之后就被束之高阁。有资料表明，目前我国的科技成果转化率在 25% 左右，真正实现产业化的尚不足 5%。二是企业创新主体地位不突出。积极开展科技研发和技术创新活动是企业能够持续发展的基础和动力。与发达国家相比，我国制造企业开展技术创新的动力不足、活力不够，尚未真正成为技术创新的主体。三是现有政策体系对研发创新支持不足。为鼓励自主创新，国家陆续出台了多项政策措施，但部分政策措施在有些地方还没有真正落到实处。例如，对高新技术企业的税收优惠政策没有落实到位，实施过程中只针对高科技行业中被认定的企业，不仅受惠面小，而且还会导致大企业因得到制度性保护而养成惰性，最具创新锐气的新进入者却被拒之门外。

法治环境不够完善，阻碍质量管理水平提高。当前，法律法规和监管体制等滞后于社会主义市场经济发展需要。法律法规约束机制较弱，使得企业逃避对质量安全义务、社会责任的履行，即使受到法律的制裁，但是由于惩罚力度不够，违法成本低廉，仍难以有效遏制相关行为。受限于传统监管手段和监管理念的影响，监管更多停留在事后监管上，事中监管相对缺乏或监管不力。例如，在产品质量控制方面，事后查处力度远高于事中监管力度，甚至有些环节存在"缺位"。

（四）产品标准输出不足严重制约我国工业国际号召力

我国工业产品虽然在全球占有一席之地，但相较于欧、美、日、韩等国家和地区，我国工业产品的价值承载和产业标准的引领作用却依旧单薄，导致工业对外影响力与号召力相对较弱，尤其是技术标准输出不够，更是严重影响了我国工业国际竞争力。发达国家经验表明，掌握行业标准也就掌握着技术的未来发展趋势和丰厚的经济效益。例如，在数字媒体领域，以日、韩、欧、美企业为主要成员的专利组织，利用先发优势，提前布局专利和标准壁垒。我国绝大多数出口产品都是依据发达国家标准，国内的众多产业领域也采用发达国家标准。此外，技术标准国际化输出不但包括上述标准制定与运用，也包括国际化技术标准人才谈判队伍建设及针对国外技术标准状况的情报收集和处理等，后者也是我国标准输出工作的弱项之一。例如，在国际标准化组织中，设在我国的技术标准委员会或分委员会秘书处的数量仅 68 个，不到德国的 1/2。国内高科技产业技术标准化人才培养机制处于初始阶段，复合型标准化人才缺失严重。上述情况反映了我国在国际技术标准化领域的主导优势与制造大国的地位极不相称。产品标准输出不足不但限制了我国高科技产业的发展，更严重影响了我国产业在国际市场的影响力和竞争力，导致我国在产品出口和国际贸易处于弱势地位，企业"走出去"困难重重。

行 动 篇

第五章 培育工业精神，涵养制造强国的文化基因

工业精神与工业文化是工业进步最直接、最根本的思想源泉，是提高工业软实力的基石，是支撑制造强国建设的精神动力。加快推进工业文化建设，培育和发扬工业精神，已成为当今提升我国工业软实力的重要途径。

第一节 培育中国特色工业精神

文化建设的最高境界是精神的孕育和凝炼。工业精神对工业参与者的思维方式和行为活动有着深刻而长远的影响，是支撑工业从业者克服前进道路上的一切艰难险阻，取得辉煌成就的内在动力。工业革命以来，工业文化历经数百年沉淀，孕育出契约精神、创新精神、协作精神等至今都为世界推崇和传承的工业精神，指引工业建设者不断开拓创新，创造出更光辉灿烂的工业文明。因此，提升工业软实力的关键是要强化精神动力支撑，让具有中国特色的工业精神引领中华民族加快建设创新、开放、文明、富强的社会主义工业强国。

一、发扬中国优秀工业精神

在新中国工业奠基和成长过程中孕育出的"两弹一星"精神、载人航天

精神、"大庆精神"等具有中国特色的工业精神，经过一代又一代工业建设者的传承和发扬，成为工业建设大潮的强大精神动力。现阶段，必须深入挖掘老一辈人留下的宝贵精神财富，使之成为支撑新时期制造强国建设的重要精神支柱。

一方面，要运用先进信息技术手段传播"两弹一星"精神、载人航天精神、"大庆精神"等工业精神。对于 80 后、90 后等新生代工业建设者来讲，"两弹一星"精神、大庆精神等似乎太过遥远，虽然通过文献资料、图片等也可以让人知晓老辈工业建设者的情怀，但却难以深刻领会其精髓。因此，不仅要通过专题展览、宣讲等途径大力宣传"两弹一星"精神等优秀工业精神，更要将 VR、AR、3D、4D 和全息等信息技术运用到影视作品、展览展示及相关博物馆建设中，更真实地还原历史场景，让新生代工业建设者身临其境体验老一辈工业建设者们的艰辛，感悟老一辈人的精神，推动中国优秀工业精神的传承。

另一方面，要与时俱进，在新时代赋予"大庆精神"等工业精神新内涵。有人说，"大庆精神"今天已经过时了，这种认识是错误的。且不说"大庆精神"中蕴含的爱国情怀、奉献精神、求实精神在任何时期都不会过时，就当下来讲，制约中国工业发展的很多关键核心技术问题尚未解决，制造业被"低端锁定"局面还未打破，传统粗放式增长模式亟需转变，现今又面临发达国家"制造业回流"和新兴经济体抢占发展空间的双重挤压，其困难程度甚至要超出 20 世纪六七十年代，更需要像"大庆精神"一样的工业精神。未来要继续通过教育、宣传、培育等方式发扬传统的工业精神，还要融入艰苦创业、求真务实、开拓创新、团结协作等新时代精神，丰富其内涵，使之焕发时代生命力。

专栏 5-1　中国优秀的工业精神

"两弹一星"精神

"两弹一星"精神是广大科研工作者在"两弹一星"科研工作中所培育和发扬的崇高精神，即"热爱祖国、无私奉献，自力更生、艰苦奋斗，大力协同、勇于登攀"的精神，这是中国特色工业精神在尖端技术领域的集中体现。

载人航天精神

载人航天精神是"两弹一星"精神的传承、弘扬和发展，中国载人航天工程实施以来，广大科研人员、部队官兵和职工顽强拼搏，在挑战世界尖端科技领域的艰难征程中铸就了"特别能吃苦、特别能战斗、特别能攻关、特别能奉献"的精神，科学求实、严肃认真、锐意进取、敢于超越、默默奉献的一代代航天人书写了今天中国载人航天的神话。

"大庆精神"

"大庆精神"是一代石油工业建设者在开发大庆油田实践中逐步培育和形成的崇高精神，是为国争光、为民族争气的爱国主义精神，独立自主、自力更生的艰苦创业精神，讲究科学、"三老四严"的求实精神，胸怀全局、为国分忧的奉献精神等崇高精神的集合。

二、培育"工匠精神"

德国的"工匠精神"体现了德国人对完美产品的追求，这是一种信仰、一种态度、一种责任和一份坚持，与我国千古留传的"匠人精神"异曲同工。虽然传统小作坊已被现代化工业生产模式所取代，但沉淀下来的"工匠精神"已在现代生产制造中打下了深深的精神烙印，演变为群体性制造文化，成为推动现代工业发展的灵魂。当今，"工匠精神"的内涵更为丰富，体现在对产品的精益求精，对所从事岗位和事业的专注，对诚信和高品质的执着，对品牌和口碑的坚守，对法律和规则的敬畏，对契约精神和创新精神的信仰等方方面面。中国工业强国建设不仅要培养个人的"工匠精神"，更要让"工匠精神"融入企业乃至各种形式工业组织的文化建设，使之成为文化内核并传承下去。

要发挥榜样作用，建立完善工匠评比、表彰、宣传制度，集中开展工匠比武、表彰等活动，树立"大国工匠、能工巧匠"等标杆。鼓励影视传媒机构拍摄以宣扬"工匠精神"为主题，以大国工匠和能工巧匠典型事迹为线索的记录片和宣传片，推动电视台制作宣扬"工匠精神"的节目，号召全体工业建设者向大国工匠和能工巧匠学习，让"工匠精神"成为现代工业建设者们的精神追求。

要发挥企业在"工匠精神"培育中的主体作用，一方面推动企业培育职工的"工匠精神"，建立企业职工"工匠精神"终身教育制度，与专业院校、培训机构联合，共同培养职工爱岗敬业、执着进取、精益求精等职业素质，打造富含和推崇"工匠精神"的企业文化。另一方面引导企业树立"十年磨一剑"的精神，长期专注于所擅长的领域，依靠在细分产品市场的深耕，对产品的不断创新、产品质量和服务水平的不断提升及品牌的培育，走"专特优精"发展道路。

要发挥社会舆论引导作用，营造尊重劳动和崇尚技能社会氛围。重点发挥主流媒体的导向作用，并充分利用新媒体、自媒体等传播范围广、传播力度大的优势，借助微博、微信、客户端等传播平台，对"工匠精神"进行全方位、立体式传播，从不同视角、采取不同方式、依托不同渠道宣扬"工匠精神"，在全社会推动形成"劳动光荣、技能宝贵、创造伟大"的时代风尚，带动更多的劳动者争做工匠、做好工匠。

专栏 5-2 郝建秀——中国"工匠精神"的杰出代表

年仅 16 岁的郝建秀作为新中国成立后的新一代纺织工人，并不以年龄小、毫无经验为借口而放松对自己的要求，而是倾尽所能把技术搞上去，"不拖集体后腿"。为掌握岗位关键技术，郝建秀主动加班，向老工人学习，再自己实践。在学习和实践的同时，郝建秀针对遇到的技术问题也在不停地思考，如何通过技术或者工作方法的改进提高生产效率，最终摸索出一套可以多纺纱、多织布的"细沙工作法"，这套方法得到原纺织工业部和全国纺织工会的高度重视，1952 年的全国纺织系统大会将之正式命名为"郝建秀工作法"，并号召全国纺织企业学习，不仅"郝建秀工作法"得到推广运用，郝建秀的刻苦专研、追求卓越的"工匠精神"也得到弘扬。

三、弘扬企业家精神

工业企业是现代工业生产的主体，众多企业共有的价值观和精神取向往往会凝聚成为这些企业所在国家的工业精神，并引导新一代企业的成长。如美国苹果公司在创办者乔布斯和他的创新精神带动下快速成长，也因为抛弃乔布斯和创新精神而陷入困局，最终还是依靠乔布斯和创新精神取得了今天的辉煌。乔布斯等具有创新精神的企业家成为美国企业管理者的榜样，创新也成为美国工业精神中的一个重要精神特质。当前，全球增长动能不足，难以支撑世界经济持续稳定增长；我国经济发展仍然面临较大下行压力，很多工业企业生存出现困难。然而，越是艰难的时期，就越需要弘扬企业家精神，需培育一批敢于担当、勇于作为、把握时代脉搏、具有全球视野的企业家队伍。

一方面引导新一代企业家学习和传承国内外老一辈企业家们的优秀精神。创新、合作、敬业、执着、诚信等都是企业家精神的典范，从维尔纳·冯·西门子、卡内基、洛克菲勒到韦尔奇、乔布斯，从王国桢、张謇、荣氏兄弟到张瑞敏、柳传志，这些优秀企业家都是年轻企业家学习的经典范例。要将国内外老一辈企业家系统梳理，将体现其精神的事迹总结提炼出来，编辑成系列图书、慕课（MOOC）等，供新一代企业家学习领悟。同时，鼓励和加强以企业家精神培育为核心内容的企业家培训，支持老一辈企业家多向年轻的企业家传播企业家精神，鼓励和带动年轻的企业家更好地践行企业家精神。

另一方面要结合工业现代化发展要求，将协调、绿色、开放、共享等新的时代元素融入企业家精神，使企业家精神在传承的基础上得发扬，使之成为支撑工业强国建设的重要精神力量。既要发挥在国内外具有影响力和号召力的企业家的引领作用，使之率先将绿色、协调、开放、共享等理念融入企业精神文化建设，并联合向社会发起倡议，弘扬蕴含五大发展理念的新企业家精神，也要激发青年企业家弘扬企业精神的主动性和自觉性，鼓励企业家乃至社会各界对新时期的企业家精神进行交流、研讨，凝聚企业家精神的新内涵，发现并树立代表新企业家精神的榜样，通过各类媒体、平台进行宣传推广，让更多的企业家感悟领会新企业家精神，开辟中国工业强国建设的新篇章。

第二节 传播优秀工业文化

当前世界各国之间的竞争已经由资源、技术等方面竞争转向话语权竞争、舆论竞争、价值观竞争、品牌竞争等，这些归根结底都是文化的竞争。因此，加强我国工业软实力建设，不仅要打造中国特色工业文化、培育工业精神，更要向世界弘扬中国优秀工业文化，传播中国工业新形象，推动中国特色工业文化走向世界。

一、打造世界级工业文化交流平台

从欧美国家跨文化交流的主要做法和经验来看，世界级工业博览会、工业博物馆及高峰论坛、峰会等活动在跨文化交流方面发挥了重要的平台作用。我国向世界传播工业文化，也需要打造具有中国特色的世界级工业文化交流平台。

（一）打造世界级工业博览会

英国工业革命成功之后，为向世界彰显其繁荣强大，在伦敦举办了一次国际性博览活动，即万国博览会，这也成为工业史上第一次世界级的工业博览会。该博览会的成功举办使参加国充分认识到世界级博览会对文化、商贸、技术等交流和对话的重要作用，欧美工业强国借鉴其经验，积极打造具有本国特色的世界级工业博览会。如德国世界级综合性工业博览会——汉诺威工业博览会，被公认为世界工业贸易的"晴雨表"和全球工业技术发展的风向标。世界级工业博览会已成为当今各国展示和交流工业文化成果的重要平台。

专栏 5-3　德国汉诺威工业博览会与工业 4.0

汉诺威工业博览会（HANNOVER MESSE）始创于 1947 年，经过半个多世纪的不断发展与完善，已成为当今世界规模最大的国际工业盛会，它作为联系全球工业设计、加工制造、技术应用和国际贸易的最重要的平台之一，荟萃了各个工业领域的技术，引领世界工业的创新与发展。

德国政府借助汉诺威工业博览会的影响力，向世界传递德国工业的技术发展方向，形成对全球工业的强大引领力。德国于 2011 年在汉诺威工业博览会上提出"工业 4.0"概念，并将其定义为"第四次工业革命"。2013 年 4 月，德国政府将"工业 4.0"战略在该博览会上正式推出，并在 2015 年在该博览会上正式宣布启动升级版的"工业 4.0 平台"。2016 年汉诺威工业博览会进一步展示 100 多项全面的"工业 4.0"产品，同时，近 1000 场的同期论坛、研讨会和圆桌会议等提供了大量有关"工业 4.0"主题的信息。通过这样的宣传和推广，"工业 4.0"掀起了新一代信息技术与制造业跨界融合的工业发展潮流。

我国实施改革开放政策以来，对外商贸和文化交流活动明显增多，在学习借鉴欧美国家经验的基础上，也开始打造本国的工业博览会。如 1999 年第一次举办的上海国际工业博览会已发展成为我国工业领域最具影响力的展会品牌和跨文化交流的重要窗口。此外，中国国际航空航天博览会、上海国际汽车工业展览会、中国国际塑料橡胶工业展览会、中国国际纺织机械展览会等一批具有代表性的国际性工业专业博览会，有力地传播了我国诚信、质优、创新、绿色的工业形象。虽然，我国已成功打造了一批世界知名的博览会品牌，但与举办了 70 届的德国汉诺威工业博览会等世界级的博览会相比，我国的工业博览会仍然很年轻，参展国和国际参展商数量及来自世界知名跨国工业企业的前沿性展品相对较少，对国外专业观众的吸引力有限，打造我国的世界级工业博览会还有很长的路要走。

一方面可以将中国上海国际工业博览会等已经具有一定国际影响力的工业博览会打造为世界级工业博览会。借鉴德国汉诺威工业博览会筹办经验，探索成立专业运营公司，运用市场方式筹办工业博览会。推动国家设立专门机构，统筹负责协调和管理全国的工业博览会，加强对工业博览会申办、筹备、招展、举办等方面的规范。

另一方面可以在北京、广州、深圳等世界闻名的国际性大都市高水平、高标准打造世界级工业博览会，发挥行业协会、龙头企业作用，推动成立工业博览会战略合作联盟，集各方之力培育世界级工业博览会品牌。支撑有条件的地区运用现代信息技术、节能环保技术、智能技术等技术手段，建设高规格的专业展会中心，为举办世界级博览会提供场地支撑。

（二）打造世界级工业博物馆

如果将工业博览会视为各国展示和交流工业文化的软件平台，那么工业博物馆就是各国展示和交流工业文化的硬件平台。与工业博览会相比，工业博物馆在展示和交流工业文化方面具有长期性、持续性和稳定性等特点，既具有社会公益属性，也具有市场价值；既具有宣传、教育、科普等功能，也具有纪念、研究、旅游体验等功能。并且，工业博物馆也可以改造成为举办工业博览会的场馆，比工业博览会功能更加丰富。因此，欧美工业发达国家十分重视通过打造独具特色的工业博物馆向世界展示和传播本国工业文化。如英国在工业革命的发源地投资 2600 万英镑打造艾思布里奇侠博物馆，以纪念和宣传英国悠久的工业文明；在威士忌文化遗产基础上建立的苏格兰威士忌博物馆，不仅向游客充分展示了威士忌酒的历史和文化，还可以让游客亲身体验威士忌酒的制作过程，学习相关的工业技术。

由于我国有着 5000 年的文化传承，博物馆资源十分丰富，但是具有国际吸引力的高规格工业博物馆却寥寥无几，很多工业博物馆是企业自己建设的，其目的主要是展示和推广其产品，因而很多博物馆只是面向企业的目标客户，并不对社会开放，且展品质量、展示形式、工作人员的服务水平等与其他专业博物馆相比具有明显差距。目前，工业博物馆建设逐步引起各地政府重视，如沈阳打造的中国工业博物馆第一期工程于 2012 年 5 月 18 日竣工开馆，该博物馆既向世界展示中国手工业时代灿烂的文化，也展示了东北老工业基地建设取得的辉煌成就。然而，从展示和交流工业文化的角度，我国仍需要打造一批世界级的工业博物馆。

一方面鼓励各地结合本地工业遗产资源和产业特点，借鉴英国铁桥博物馆、苏格兰威士忌博物馆等博物馆建设经验，打造具有地方特色的博物馆。支撑地方将具有历史价值和纪念意义的工业老旧厂房、厂区改造成工业博物馆，支持地方培育工业博物馆服务、研究、设计等方面的人才和专业机构，引导地方政府和已经建有博物馆的企业联合打造高标准的博物馆，丰富博物馆的功能，提高博物馆展品质量，并推动企业博物馆向社会开放。

另一方面选择唐山、武汉、上海等有代表性的工业城市，依托有重大纪念意义和历史价值的工业遗存，打造若干个具有国际影响力的高规格工业博物馆。邀请国际博物馆设计师参与国家工业博物馆的设计，在设计风格上凸显中国工业文化的特点，同时为举办大型工业博览会及国际工业文化交流活动留有足够的空间。发动社会各方力量，广泛征集展品，鼓励企业将有历史价值的设备、产品捐赠给国家工业博物馆。运用虚拟现实、人工智能、物联网、全息等信息技术，创新展示形式和功能。探索成立专业管理机构和经营机构统筹负责博物馆的管理和运营。

二、创新和丰富工业文化产品

影视、戏剧、书籍、书法绘画、美术摄影灯、舞蹈音乐等文化产品能够最直接地向人们展示、传播、渗透文化的精髓，涵养文化基因，弘扬中国特色工业文化，关键要推动发展工业文化产品。工业文化产品与传统文化产品不同，不仅包括以工业题材为核心的传统形式的文化产品，还包括工艺美术作品及承载及衍生并支撑新文化形态的工业产品，比如汽车的诞生逐步衍生出汽车文化，追求速度、时尚、品位、个性等成为当今汽车文化的代表，今天的汽车已被赋予文化属性，成为典型的工业文化产品。此外，像智能手机、智能家居、可穿戴设备等智能产品除承载、传播和支撑其他文化外，本身也具有文化属性，属于工业文化产品范畴。因此，未来创新发展工业文化产品可以从以下两方面着手。

一方面鼓励发展以工业元素和题材为核心的传统形式的文化产品。美国《星际旅行》《魔鬼终结者》《碟中谍》等电影，以及日本《铁胆火车侠》等动画中融入了大量的工业元素，不仅丰富了电影和动画的表现形式，同时在满足受众娱乐需求过程中向之传播和渗透工业文化。比如《铁胆火车侠》是以日本新干线为题材设计的动画，融入了日本新干线安全、便捷等文化理念。我国传统文化作品偏向于从历史中找题材，而随着我国工业的发展，不仅在人物方面，在重大事件、工业产品、技术设备等方面也有很多题材和元素值得深入挖掘。因此，要通过大赛、作品征集评选等方式，鼓励以工业题材为核心或者更多融入工业元素的电影、电视、文学、剧本、作曲、舞蹈、书法、摄影、美术等文化产品的创作；结合当今网络传播和自媒体发展趋势，扶持一批传播工业文化、反映中国创造的网络剧、网络文学、微电影、网络动漫、网络游戏、网络音乐、网络演出等网络文化产品，支持此类产品的网络传播。探索组织工业企业及影视、娱乐、传媒、电视台等单位联合生产一批传承中国工业文化基因、具有大众亲和力的影视、动画作品及纪录片、宣传片和节目栏目。推动反映工业题材、传播工业文化的文化产品进入文化产权交易所交易。

另一方面鼓励运用文化的方式提升工业产品附加值并开发可以承载、传承中华文化或有助于催生新文化形态的工业产品。当前，消费者选择工业产品已不仅限于对产品功能和性能的需求，而逐渐看重其蕴含的文化，以彰显自身对文化的追求，向他人展示自己的文化品位。因此，在工业产品的设计和研发阶段，要引导企业将中华传统文化和中国特色工业文化融入工业产品，加大凝聚工业文化的工业产品研发推广力度，在品牌形象塑造和宣传方面注重文化的设计，鼓励企业创新发展智能手机、智能家电用品、智能机器人、虚拟现实设备等容易催生新文化形态的智能产品，通过工业产品将工业文化渗透到人们生产生活各个方面。

专栏5-4　大信橱柜将传统厨房文化融入产品实现产品创新发展

　　河南大信橱柜深入研究中国传统厨房文化，将现代整体橱柜理念与中国传统厨房文化相融合，在契合中国人烹饪需求的同时也促进了产品的创新。比如欧洲人烹饪使用的刀具很小，要求台面承载力度不大，厨柜柜体一般是"2个侧板+1个底板"的结构；中国烹饪使用的刀具大，切菜剁肉需要台面承载力大，大信公司依据中国人这种使用习惯，创造性地把厨柜的结构改为底板拖着侧板，彻底解决了欧洲厨柜在中国使用过程中台面断裂的问题。

三、塑造和传播国家工业新形象

　　国家形象是一个国家综合实力和文化影响力的集中展现，是国家软实力的重要组成部分。随着中国的崛起及国际地位的提升，国家形象对于推动中国在国际经贸、外交、军事等领域合作，弘扬中华文化，在国际上建立话语体系、增强话语权，提升中国在国际重大决策中的影响力等方面都具有重要作用。习近平总书记在十八届中共中央政治局第十二次集体学习时提出了四个"大国形象"的概念，指出当代中国形象应该是"文明大国形象""东方大国形象""负责任大国形象"和"社会主义大国形象"。国家工业形象作为国家形象的核心组成部分，已成为当今一国工业重要的无形资产，是一个国家吸引世界关注与投入的重要因素，是工业软实力的具体体现。从国内外民众的评价来看，我国工业形象存在一定问题，如"中国制造"在很多国家成为"低端廉价低质"的代名词；中国与非洲国家进行国际产能合作被认为是输出落后产能；在发展中国家进行工业投资建设被认为是软侵略、抢占市场、抢夺资源和工作岗位等。这些问题出现的一个重要原因是长期以来我国工业粗放式的发展模式和个别走出去的企业不遵守国际规则和东道国文化的行为，导致中国在世界民众心目中的工业形象不佳，加之个别西方国家利用掌控的国际舆论武器有意打压和抹黑，使我国工业形象的美誉度进一步下降。因此，塑造和传播国家工业新形象对增强我国工业软实力和实现工业强国建设目标尤为重要。

国家工业新形象的塑造和传播是一个系统工程，需要统筹设计和考虑。首先，要加强国家工业形象塑造的理论研究，结合中国国情、中华文化和工业发展特点，并针对当前国家工业形象存在的问题和工业强国建设的目标等设计一个总体形象，如习近平总书记提出的"四个大国形象"，再围绕总体形象，统筹设计工业行业形象、企业形象、从业者形象、产品形象、消费者形象、管理部门形象等，构成一个完整的形象体系。特别要将中国特色社会主义、中国创造、中国智造及绿色、创新、诚信等元素融合到形象设计中，向世界传播我国工业的发展理念和价值观。

第二，以中华文化和中国特色工业文化为依托，对国家工业新形象进行阐释，赋予国家工业新形象以文化生命力，并通过文化的传播和渗透使国家工业新形象深入人心。重点要推出一批代表国家工业新形象的标识和符号，比如打造一批代表新形象的品牌、产品和技术，推出一批代表新形象的企业、工厂和个人，建设一批代表新形象的工业示范园区等。

第三，做好国家工业新形象的传播工作，积极探索新形象传播的新思路、新理念、新策略、新方式和新手段，综合利用各类媒体和传播平台，构筑新形象传播的话语体系；坚持融通中外的传播新理念，把我们想讲的与国际社会想听的结合起来；用中国工业的发展理论和理念解释中国工业实践，用实践升华理论，明确而响亮地提出中国工业主张，鲜明地表达中国工业发展思想；用最朴素的话、百姓能听懂的话讲好中国工业故事。

第四，要将国家工业新形象的塑造和传播上升为国家战略，安排专门机构、设计专门工作机制统筹推进国家工业新形象的塑造和传播。由于国家工业形象塑造和传播涉及社会各个方面，任何一个环节出现问题，之前的努力都将付诸东流。因此，塑造和传播国家工业新形象需要社会各方共同努力，社会各界要根据职责分工和角色不同，主动在塑造和传播国家工业新形象方面发挥作用，并自觉维护国家工业新形象。

第三节　发展工业文化产业

　　工业文化产业集中承载了工业文化基因和工业精神，推动发展工业旅游、工艺美术等工业文化产业成为当今培育和传播工业精神、传承和弘扬中国优秀工业文化的重要途径。

一、加强工业遗产的保护与利用

　　工业遗产是承载工业文化和工业精神的现实载体，是不同时期工业文明的证物，是一个地区、一个国家工业发展史的真实记录，具有历史价值、技术价值、社会价值、经济价值，属于宝贵的文化资源。20 世纪 70 年代以来，对工业遗产的保护和开发利用引起国际上的高度重视。1972 年，联合国教育、科学及文化组织（联合国教科文组织）大会在巴黎举行了第十七届会议，会上通过了《保护世界文化和自然遗产公约》，工业遗产被列为应保护的世界文化遗产之列。1978 年，在瑞典首都斯德哥尔摩召开了第三届工业遗产保护国际会议，会议达成成立专门的国际性工业遗产保护机构的重要决议，国际工业遗产保护委员会（The Information Committee for the Conservation of the Industrial Heritage，TICCIH）由此成立，这标志着工业遗产的研究与保护进入国际化进程。

专栏 5-5　发达国家工业遗产保护和利用的主要做法和经验

　　德、英、法、美、日等工业大国、强国均重视对工业遗产保护和利用，采取了一系列行而有效的措施。

　　一是立法加强对包括工业遗产在内的文化遗产的保护。如法国于 1913 年颁布了《历史古迹法》，以保护有历史价值和美术价值的动产与不动产，1973 年颁布了《城市规划法》，旨在强调在城市改造的过程中，应对有价值的街区实行整体保护。

二是设立专门管理机构承担工业遗产的保护和利用相关职能。例如英国工业遗产保护管理采取分级管理制，由单一中央政府部门总体负责工业遗产保护管理，1970 年为环境部，1992 年由国家遗产部接替，1997 年该部更名为文化、媒体和体育部。

三是结合国情建立了专业的工业遗产组织。具有代表性的包括伦敦工业考古学会、英国工业考古学会、美国工业考古学会、澳大利亚工业考古委员会等。

四是通过对工业遗产的改造提升工业遗产的经济和文化价值。例如德国依托埃森关税同盟煤矿工业区的工业遗产打造工业博物馆和旅游景点，并将之整合成涵盖 25 个重要景点的工业遗产巡游线路。

五是将工业遗产积极申报世界文化遗产，以促进工业遗产的保护。例如 2007 年，日本战国晚期、江户前期最大的银矿——岛根县石见银山成功申请世界遗产。

从全球技术发展史来看，我国拥有一批重要的工业遗存，如湖北铜绿山古铜矿遗址、都江堰水利系统等。虽然这些工业遗存在世界工业发展史上并不占据重要地位，但对我国和亚洲的现代工业发展和技术转移来讲却有着深远意义，它们见证了我国和亚洲现代工业从无到有、从弱到强的一段历史，见证了我国工业建设者们永不屈服和艰苦奋斗的精神，见证了我国工业建设者们的爱国情怀，对这些工业遗产的保护和开发利用就是要重述这段历史，再现这段辉煌。

一方面要加强对我国工业遗产保护和利用的顶层设计，推动制定完善法律层级的工业遗产保护和开发利用条例。开展工业遗产国情国力调查，充分了解工业遗产的分布和保护利用情况，据此制定工业遗产认定评价标准，对工业遗产进行科学分类分级，按照不同等级进行针对性保护和开发利用。以省、市、自治区为单位，建立工业遗产名录，打造工业遗产数据库等信息资源平台，设立专项财政资金、基金等支持工业遗产保护和开发利用。

另一方面要创新工业遗产保护、开发和利用模式。组建工业遗产联盟，推动企业加强工业遗产保护方面的合作，引导企业加大工业遗产开发力度，培育一批专业进行工业遗产开发的机构，对工业遗产进行系统性开发。推动企业依托工业遗存建设的工业博物馆向社会开放，探索设立专业机构，采取信托等方式对诸如都江堰水利系统等重要工业遗产进行保护和开发，支持老工业城市打造工业遗产群并进行统筹保护和开发利用。发挥工业遗产对现代人的教育作用，鼓励各级院校到工业遗产所在地开展现场教育活动，推动企业向科研机构开放工业遗产，支持科研机构对工业遗产技术价值的深度挖掘。

二、高层次发展工业旅游

工业旅游是以产业形态、工业遗产、建筑设备、厂区环境、研发和生产过程、工人生活、工业产品，以及企业发展历史、发展成就、企业管理方式和经验、企业文化等内容为吸引物，融观光、游览、学习、参与、体验、娱乐和购物为一体，经创意开发，满足游客审美、求知、求新与保健等需求，以实现经营主体的经济、社会和环境效益的专项旅游活动。工业旅游于 20世纪 50 年代从法国汽车行业兴起，现已成为传播和弘扬工业文化的重要载体以及发达国家旅游产业的重要组成部分。工业旅游可以让参观者近距离了解工业生产，感受到工业建设者的艰辛，切身体会工业精神，领受工业文化，同时也可以满足人们的不同好奇心和求知欲，对于促进工业科普知识普及、传播工业文明和提高国民工业文化素养也具有重要作用。

我国引入"工业旅游"这一概念是在 20 世纪 90 年代，2002 年国家旅游局印发了《关于发布<全国农业旅游示范点、工业旅游示范点检查标准（试行）>的通知》，提出了工业旅游相关标准，并以示范的方式推动工业旅游发展。但由于 2003—2009 年正是中国工业快速发展一个阶段，重视工业旅游的企业相对较少，所以，国家旅游局于 2009 年停止了国家级工业旅游示范工作。天津、上海、北京、湖北、江苏、河北、四川等省（区、市）认识到工业旅游重要性，参照国家旅游局标准制定实施了地方工业旅游示范点评价实施办法或标准，继续开展工业旅游示范工作，北京和天津两市还专门制定实施了推动工业旅游发展的指导意见。今天，越来越多的工业企业意识到开展工业旅游对企业产品宣传、文化建设推广、品牌形象塑造等方面具有重要意义，青岛啤酒、东阿阿胶等企业专门设计了啤酒节、桃花姬评比等活动来丰富旅游产品，吸引更多游客参与。但与英、法、德等国家的工业旅游相比，我国在工业旅游产品和线路设计、管理服务等方面还存在一定差距，很多企业在发展工业旅游方面缺乏经验，对工业旅游的定位也不够清晰，需要加强指导和规范。

第一，要加强对工业旅游的规范和管理，重点要加强安全方面的规范和管理。工业生产本身具有一定的危险性，从事工业生产的人都会自觉遵守各项规章制度，而游客又具有较高的自由度，一般不会像工业生产者那样遵守相关规章制度。因此，就要求企业必须设计即便客户不遵守规章制度也不会发生危险的旅游产品，保证本质安全。同时，要加大对企业工业旅游业务的监管力度，着重从安全的角度对企业工业旅游产品进行评价，对合格的企业给予相关资格认证，允许其向社会开放，不合格的企业则应禁止对社会开放。

第二，要鼓励企业创新工业旅游业务模式。根据欧洲国家经验，目前工业旅游产品主要包括生产流程型、文化传承型、创意产业型、工艺展示型、工业景观型、工业园区型和商贸会展型等类型，英国、德国等国家还整合工业遗址、博物馆等资源打造主题公园，如英国 1992 年建成以展示莱斯特郡工业史为主题的斯尼伯斯顿发现者公园，这些都可以作为我国企业开拓工业旅游业务的模板和经验参考。因此，应该支持企业到欧洲国家参观学习，学习借鉴其经典的工业旅游产品，并结合企业自身文化和中国人文特点进行再创新。同时，鼓励企业引进国外专业团队设计高端工业旅游产品，支持扶持本国设计师和设计团队，引导企业与设计团队、游客共同设计创新工业旅游模式，推动企业工业旅游业务更大程度向社会开放。

第三，打造一批工业旅游精品路线。围绕弘扬中国特色工业文化、展示中国工业风采、打造中国工业新形象及强化工业科普教育和爱国主义教育等内容打造工业旅游精品路线。重点打造工业旅游精品线路展示平台，推动各地政府部门整合工业遗存、工业博物馆、工业博览会和企业旅游产品等工业旅游资源，围绕上述主题设计工业旅游路线，在平台上进行展示，由社会公众进行体验并投票选出最具特色的精品旅游线路作为示范进行宣传推广，引导其他地区学习借鉴。

三、推动工艺美术产业特色化发展

工艺美术品是以手工艺技巧制成的与实用相结合并有欣赏价值的工艺品。随着时代的发展，工艺美术已不局限于手工艺，而是与机器工业，甚至与大工业相结合，把实用品艺术化，或艺术品实用化。当今，工艺美术已经从概念发展为工业文化产业，它既有文化属性，也有经济属性，既是艺术形态，也是生产形态，具有较高的文化价值、经济价值、市场价值和社会价值。

中国作为工艺美术最早的发源地之一，工艺美术产业积淀深厚，陶瓷、玉器等工艺美术精品享誉世界。特别是中国的工艺美术浸透着中华民族的文化精髓，在留传下来的工艺美术品中，我们可以深刻感受到中华民族以和为贵的价值追求以及对自然天成和对美的理解。当代的很多工艺美术产品虽然都是由机器生产的，传统工艺美术产品那种灵动性、天趣性和工巧性有所欠缺，但这些工艺美术产品往往在设计之初就融入了中华文化理念，所以依然是传承和弘扬中华特色工业文化的重要载体。因此，传播工业精神、涵养工业文化需要推动工艺美术产业特色化发展。

一方面要推动发展工艺美术珍品。工艺美术珍品在设计环节会充分融入中华文化的精髓，在生产制造环节凝聚了中国工业建设者的精神，更能集中展示优秀的中华文化。当前，发展工艺美术珍品关键是要做好对工艺美术珍品的认定工作，要依据《传统工艺美术保护条例》，制定《工艺美术珍品认定办法》，定期组织对工艺美术珍品的认定，推出一批工艺美术珍品。推动建立工艺美术珍品档案，积极联合国内外博物馆和展馆，对认定的"当代国宝——工艺美术珍品"进行宣传推广，发扬光大"中华工艺美术"这一民族品牌。

　　另一方面要重视工艺美术产业的创新发展。加强相关领域研究，探索建立产、学、研相结合的工艺美术产业创新发展研究院。发挥工业企业在工艺美术产品设计、制造方面的主导作用，引导企业运用新技术、新工艺、新材料、新设计，生产消费者喜欢的工艺美术品。强化工艺美术方面的人才培养，通过举办工艺美术创新大赛等活动发现新人、培养新人。鼓励跨地区、跨行业的工艺美术交流，培育一批工艺美术产业创新交流基地、特色区域和大师工作室。

第六章　完善创新环境，强化产业创新能力

创新是引领发展的第一动力，是一个民族进步的灵魂，可以从根本上影响甚至决定国家和民族的前途命运。经过多年努力，我国经济总量跃居世界第二，但大而不强、臃肿虚胖体弱问题相当突出，主要体现在创新能力不强，实现创新引领和驱动发展已经成为我国发展的迫切要求。"十三五"时期是全面建成小康社会和进入创新型国家行列的决胜阶段，要深刻认识并准确把握经济发展新常态的新要求和国内外创新的新趋势，深入实施创新驱动发展战略，进一步培育和弘扬创新精神和文化，完善创新制度和环境，加快实现中国制造向中国创造的转变。

第一节　培育创新文化

创新文化是建设创新型国家和人才强国的重要基础和土壤，对于创新理念的凝练、创新习惯的养成、创新制度的完善、创新能力的提高起着关键性作用，是一个国家、一个地区、一个企业在竞争中获取优势、扩展优势、巩固优势的核心软实力。21世纪以来，人类正在经历信息革命，以互联网为代表的网络信息技术日新月异，基于互联网的创业创新蓬勃兴起，创新文化的内涵更加丰富。我们应顺应时代趋势，加快新时期创新文化培育。

一、培养自主、开放、协作的创新意识

适应新的形势，坚持与时俱进，增强创新意识，是实现更多发挥先发优势的引领型发展的关键。我国是一个发展中国家，虽然能够充分认识和高度重视自主创新的重要性，但由于基础薄弱，在很大程度上需要跟随模仿发达国家，依靠技术引进消化吸收，快速走过产业发展初期阶段。自主创新能力不强，仍然是制约制造强国建设的主要因素。经过几十年的发展，我国工业发展整体上已经进入工业化中后期阶段，正在向产业中高端迈进，一批优秀企业也已经逐步进入国际前列，迫切需要增强自主创新意识，敢为人先，敢于走入"无人区"，成为领跑者。同时，在"互联网+"快速发展的新形势下，开放式、协同化创新日益成为创新模式的基本方向。无论是个人创业者，还是国家和企业，都要以开放、协作、共赢的思维和意识，开创创新发展新局面。

要充分认识到自主创新的紧迫性和必要性，强化企业创新主体地位和主导作用，鼓励企业开展基础性前沿性创新研究，不断提高自主创新能力。营造鼓励员工勇于反思和提出质疑的企业文化，奖励在自主创新方面做出突出贡献的员工，通过增强员工的满足感和自豪感，激发再次创新行为的发生，推动创新行为的可持续。鼓励建设企业家创新培训机构，向中小企业传递优秀创新经验。加强企业与供应商、客户、高校、科研院所、第三方服务机构、政府等外部主体之间的交流沟通，利用外部资源提升创新能力。鼓励企业利用物联网、大数据等新技术，加强市场分析，开拓新产品、新服务、新模式。

专栏 6-1　宝钢集团大力培育创新意识

宝钢积极营造有利于创新创业的环境氛围，增强企业创新活力，引导广大职工积极投入岗位创新热潮之中，通过顶层设计不断提升科技人员和一线员工的创新能力，培育青年员工创新创业的意识与能力，推进全员创新。

设立"创意实践中心"。开展"蓝领创新"活动，为职工岗位创新提供更多样化的服务与支撑。举办系列新技术应用专题论坛，促进岗位创新成果质的提升。以"宝钢梦·创新美"为主题，以创新工作室示范引领为手段，举办宝钢"员工创新活动日"活动。实施"创新大篷车2.0"巡展，传递创新文化、激发创新潜

能，传承创新技艺，共享创新成果。

开展青年创业计划大赛。为搭建展示舞台、营造创新氛围、发现创业人才，宝钢于 2009 年 2 月起联合举办宝钢青年创业计划大赛，吸引了来自沪内外单位青年的热情参与，项目涉及节能环保、信息产业、新材料等多个领域。在大赛举办过程中开展"创业大讲堂"的专题培训、现场答辩会等活动，提升青年创新创业的意识和能力。青年创业计划大赛的实施，极大鼓舞了青年创新创业的激情，为宝钢二次创业奠定了人才基础。

二、塑造自由、专业、共赢的创客文化

以互联网为代表的信息技术推动创新模式从 1.0 升级到 2.0，从封闭走向开放，从少数专业机构和科研人员走向社会大众，从企业为中心走向客户为中心。创客（Maker）最早起源于美国麻省理工学院的个人制造实验室，创客是指出于兴趣爱好努力把多种创意转变为现实的人。创客以用户创新为核心理念，是创新 2.0 模式在设计制造领域的典型表现。创客是一群新人类，在全社会引起广泛关注。我国的创客运动正在蓬勃兴起，是激发大众创业、万众创新活力的不熄引擎。应加快推动创客文化在全社会的深入普及，推动企业更好地服务创客，让更多优秀乃至卓越创客快速涌现和成长。

要举办创客大赛，积极培育创客文化，营造更具责任感和使命感的创业创新氛围，使创新成为全社会的一种价值导向、一种思维方式、一种生活习惯。支持建设公共服务平台，大力宣传推广创客案例、经验、技能、产品，探索发展创客经济。支持企业加快技术和服务等双创支撑平台建设，开放创业创新资源，培育宣传企业内部创客文化，激发员工创造力，提升企业市场适应能力。依托互联网打造开放共享的创新机制和创新平台，推动创客与企业、科研机构、高校等创新主体协同创新。围绕推进"一带一路"建设等国家战略，加强中国创客与世界的交流与合作。

专栏 6-2 中信重工打造创客团队

中信重工"双创"以汇聚和培养专业化创业创新人才队伍为根本，利用创客空间模式搭建了技术创客、工人创客、国际化创客和社会创客群四个层面的创客团队，构建了完整的"内部+外部"创客队伍，实现人才的广泛集聚与使用。5个大工匠工作室创客团队 2015 年取得技术创新成果 98 项，创效 1586 万元。矿物加工核心装备技术创新团队开发出的新产品近两年海外订货约 40 亿元。社会创客群依托公司双创平台和创新项目合作开发的新产品新技术，实现经济规模超过了100 亿元。

三、营造鼓励创新、允许试错、宽容失败的社会氛围

失败是成功之母。科技创新特别是基础研究和原始创新，是在做前人未做过的事，走前人未走过的路，必然会遇到挫折，必然会经历失败。越是重大的突破性创新，成功的可能性越小，失败的可能性越大。爱迪生发明电灯的过程中，逐一试验了 1600 多种耐热发光材料，接连试验了 6000 多种植物纤维。硅谷的创新动力从根本上来自开放包容、宽容失败的文化氛围。无论是个人和企业，还是社会和国家，都应该不怕挫折，善于总结失败的经验和教训，以百折不回的勇气，不断翻越科学技术和产业应用创新的一座座高峰。

要破除成王败寇的观念，不以一时、一事、一人成败论英雄。在全社会积极营造鼓励大胆创新、勇于创新、包容创新的良好氛围，既要重视成功，更要宽容失败，为人才发挥作用、施展才华提供更加广阔的天地。通过电视广播媒体宣传引导社会舆论，弘扬尊重劳动、尊重知识、尊重人才、尊重创造的理念，倡导敢为人先、敢冒风险、鼓励创新、宽容失败的新风尚，使一切有利于社会进步的创业创新的愿望得到鼓励、行动得到支持、成果得到尊重，形成创业创新光荣的鲜明导向。重视科研试错探索价值，建立鼓励创新、宽容失败的容错纠错机制。研究制定国有资本创新投入失败免责规定，及时

修订审计办法和考核指标。法律、法规未明确禁止或者限制的事项，鼓励企业、个人等勇于开展创新创业尝试。

专栏 6-3　中关村营造宽容失败的氛围

2014 年 5 月，《中关村国家自主创新示范区小额贷款保证保险试点办法》下发，一旦高科技小微企业因经营不善难以如约还款，中关村管委会将承担 40% 的坏账风险。中关村管委会与保险公司、银行机构一同分担小微企业贷款风险，让小微企业急需资金时能从银行那里得到"救命钱"，这无疑为创业者提供了坚强的后盾。中关村管委会发布的创业发展报告显示，近四成中关村创业者有多次创业经历，毫不气馁、屡败屡战是其共同的精神特质。

第二节　完善创新创业服务体系

加强和优化公共服务是政府的主要职责之一。党的十八大以来，国务院陆续出台了"双创"系列重要文件，围绕完善创业环境、优化财税政策、搞活金融市场、扩大创业投资、发展创业服务、建设创业创新平台、激发创业主体活力、拓展城乡创业渠道等，对推进创业创新进行了全方位部署。社会各界对"双创"认知度日益提升，"政府支持、市场引导、政策激励、大众参与"的创业创新的工作格局加快形成。要加快完善创新创业服务体系，改善创业创新环境，进一步提升企业"双创"活力。

一、打造"互联网+"开放创新平台

当前，互联网正加快向经济社会发展各领域全面渗透。互联网企业普遍采用平台化发展方式，通过开放网络、计算、数据等资源，建立产业生态系统。阿里巴巴、腾讯、百度、华为、中航工业等互联网、信息通信和制造企业，在平台建设方面已经取得了显著进展，并正在持续升级平台开放战略。基于互联网的开放式"双创"平台实现资源的整合、分享和交易，正成为推动形成大众创业、万众创新的新动能。

支持龙头企业建设基于互联网的"双创"平台，完善科技评价、业绩考核、股权激励等机制，集聚、共享全球创新资源，探索基于互联网平台的众包研发、协同制造等新模式，营造鼓励员工开发新技术、新产品、新业务的创业创新环境。鼓励大型企业开放"双创"平台聚集的各类资源，发展专业咨询、人才培训、检验检测、投融资等创业创新服务，探索从创意到技术、从技术到产品和从产品到产业的多级孵化模式，形成大中小企业协同共进的产业创新生态。鼓励高等院校、科研院所等依托互联网平台向全社会提供专业化创新创业服务。支持大型互联网企业和基础电信企业，向小微企业、创业团队、创客开放更多的数据信息、计算能力、研发工具等资源。

专栏 6-4 中航工业"爱创客"平台

中航工业着力打造"爱创客"创新创业平台，依托中航工业的技术、研发、设计、制造、产业链配套等优势资源，构建"互联网+开放创新+研发协同+智能制造"为一体的众创、众包、孵化、合作与交易平台。线下在各地搭建众创空间、联合创新创业中心，并与线上平台相结合，为地方政府、中小微企业、传统企业、创业团队提供科技成果转化、资源对接、资源交易、众创众包、项目孵化、产业培育等服务，实现了企业自身的创新发展，带动了区域、中小企业和传统产业的创新转型。

中航爱创客线上平台汇聚科技资讯 3 万多条、创新创业资源 3000 多项，促成线上合作咨询 325 项。用户访问量呈爆发式增长，日均 PV 达 3.8 万，总访问量超过 550 万，注册用户数突破 25 万。汇聚创业导师 100 多名、创业团队 300 多个，落实定向创投基金超过 30 亿元。

二、积极发展众创空间

众创空间是市场化、社会化、专业化的新型创业服务平台，提供技术、人才、资本、组织管理等全方位的创新创业服务。当前，我国的众创空间建设活跃，国家自主创新示范区、国家高新区、高校和科研院所、企业等依托自身资源优势和有利条件，积极打造各类众创空间。如腾讯公司在全国各地布局 30 个腾讯众创空间，总面积超过 100 万平方米，"双百计划"成功孵化40 家市值超过 1 亿元的公司。北京、上海、深圳、杭州等重点城市和地区快速涌现出一大批各具特色的众创空间。多元化众创空间正推动创新创业服务不断完善。

要加快发展创新工场、创客空间、创业基地等创业服务平台，营造良好的创业创新生态环境，激发大众创造活力。鼓励国家高新技术产业开发区、国家级经济技术开发区、国家现代农业示范区、农业科技园区等结合国家战略布局和当地产业发展实际，发挥重点区域创新创业要素集聚优势，打造一批具有当地特色的众创空间。发挥行业领军企业、创业投资机构、社会组织等力量的主力军作用，构建一批低成本、便利化、全要素、开放式的众创空间，形成以龙头骨干企业为核心、高校院所积极参与、辐射带动中小微企业成长发展的产业创新生态群落。

专栏 6-5　中国电子"众创空间"

中国电子信息产业集团有限公司（简称"中国电子"）围绕核心主业，依托既有产业园区建立了多个孵化基地、创新工场、创业基地等平台，借助技术优势搭建了白细胞创业网、萤火工场等"双创"技术平台，汇集全社会创新力量，为创新创业项目提供知识、技术、融资等服务。旗下的浦东软件园着手搭建全新的众创空间平台，其中包含创业走廊、办公区域、创业咖啡吧、创业大讲堂等，一站式解决初创企业的物理空间需求。同时浦东软件园还将线上和线下平台紧密结合，开发"网上孵化"模式，建设超过 500 个线上创业空间孵化单元。

三、优化创新创业公共服务

创客、初创企业、中小企业创新创业的蓬勃发展，既需要"互联网+"平台、众创空间等重要的创新服务载体，也需要市场化、专业化、多样化的公共服务。当前，云计算、大数据、人工智能等新技术发展，提供了优化升级公共服务供给的强大手段。基于网络的新型公共服务平台能够有效聚集人才、技术、资本等要素，提供全面的创新创业增值服务。例如，中关村国家自主创新示范区通过创新与创业相结合、线上与线下相结合、孵化与投资相结合，逐步形成以中关村创业大街为标志，由创新型孵化器、国家级科技企业孵化器、大学科技园、海外人才创业园、特色产业孵化平台为代表的创业服务平台，有力推动"双创"发展。

要综合运用政府购买服务、无偿资助、业务奖励等方式，支持中小企业公共服务平台和服务机构建设，鼓励加强服务模式创新，灵活采取天使投资、股权众筹、创业社区、共享平台、供应链和生态圈等新型创业孵化模式，为中小企业、初创企业提供法律、知识产权、财务、咨询、检验检测认证和技术转移等服务。

被誉为创业国度的以色列，在这方面有值得借鉴的经验。在以色列，孵化器为创业公司提供会计、法务、行政，以及商业营销等较为完备的服务。同时，政府产业引导基金对孵化器内创业公司的资助也功不可没。孵化器一般对创业企业投资15%，其他85%由政府投资。如果公司成功上市或并购，政府资金原价退出，失败了就当作创新投入，这一机制很大程度上促进了以色列的创新。

要鼓励互联网平台企业为小微企业、创业团队、创客提供融资、营销、信用、法律等第三方服务。国家自主创新示范区、国家高新技术产业开发区等创新要素集聚区域积极探索支持众创空间发展的新政策、新机制和新模式，不断完善创新创业服务体系，开展先行先试，加强示范引导。对模式新颖、绩效突出的案例、优秀创业项目、创业人物加大宣传报道力度，在全社会弘扬创新创业文化，激发创新创业热情。

> **专栏 6-6　大唐创新港"泛 IC 产业孵化平台"**
>
> 　　大唐创新港通过发挥大唐电信在"芯""端""云"等产业领域的核心优势,依托大唐电信自营 12 万平方米的科技园区资产(内设 IC 设计园、IC 产业园、双创基地),充分协同政府、资本方、合作伙伴,灵活配置资产、资金、技术等资源,致力构建面向行业机构、中小微企业及创客的创新创业生态环境,打造一站式创业孵化及资源型产业协同发展的公共服务平台,为入驻企业提供全生态链创业指导、按需配置的移动互联网云服务平台、投融资特色服务等一站式服务体系。

第三节　强化创新激励制度环境

　　党的十八届五中全会提出,必须把发展基点放在创新上,形成促进创新的体制架构,塑造更多依靠创新驱动、更多发挥先发优势的引领型发展。制度创新是创新发展的保障,要加快创新体制改革,完善创新体系,加快知识产权保护、人才激励等创新关键要素制度建设,从根本上形成主要依靠人才、依靠知识、依靠技术的创新发展方式。

一、完善创新生态体系

　　加快体制机制改革和制度创新,进一步简政放权、放管结合、优化服务,降低创新创业制度性成本,是政府推动"双创"的重要使命和有效途径。与国际创新强国相比,我国的营商环境和创新环境还很不完善。2016 年 11 月,世界银行发布的《2017 年营商环境报告》显示,我国营商环境在 190 个经济体中位列第 78 位。当前,互联网日益成为创新发展的主导力量,"互联网+"创新创业加快发展,创新主体、创新模式、创新要素、创新速度呈现许多新特点新变化,需要政府在企业创立、登记注销、技术交易、技术转移和产业化等不同阶段，全面改进数据信息、市场建设和政策措施等服务，系统优化创新生态。

要加快商事制度改革，推动"一址多照"、集群注册等住所登记改革，开展个体工商户、未开业企业、无债权债务企业简易注销登记试点，推进全程电子化登记和电子营业执照应用，为创业创新提供便利的工商登记注销服务。建立统一开放的技术交易市场体系，推进国家技术转移区域中心建设，加快形成国家技术交易网络平台，鼓励地方完善区域技术交易服务平台，支持技术交易机构探索基于互联网的在线技术交易模式，提供信息发布、融资并购、公开挂牌、竞价拍卖、咨询辅导等线上线下相结合的专业化服务，形成以企业技术创新需求为导向、以市场化交易平台为载体、以专业化服务机构为支撑的科技成果转移转化新格局。

专栏 6-7　南京理工大学推动科技成果转化

为了更好地推进高校成果的转化，南京理工大学创新体制机制，于 2009 年成立了技术转移中心，并在江苏高校中率先注册成立了南京理工技术转移中心有限公司，开创了高校技术转移市场化模式，采取市场化运营模式，盘活学校无形资产，促进成果转化。利用专利转让许可收益的 20% 设立了学校内部专利运营基金，并与江苏泰格合作设立转移基金 5000 万元，专门用于孵化和培育专利项目。建设了国内第一家高校专利超市，探索高校职务技术处置模式。打造了首家面向高校知识产权领域的运营交易平台——中国高校知识产权运营交易平台，打通高校科技成果转化路径。通过体制机制和技术转移转化模式创新，成功转化实施了包括粉末乳化炸药、膨化硝铵炸药技术、人造胶原技术、氧化锆纤维技术等一批高新技术成果，推动了相应行业的进步。

二、加强知识产权保护

当前，新一轮科技革命深入发展，人工智能、数字经济、知识经济、"互联网+"、智能制造等新技术、新业态、新模式快速成长，知识产权加快成为国家发展的战略性资源和国际竞争力的核心要素,成为建设创新型国家的重要支撑和掌握发展主动权的关键。国家知识产权战略实施以来,我国知识产权创造运用水平大幅提高,保护状况明显改善,我国知识产权大国地位更加巩固。但仍面临知识产权大而不强、多而不优、保护不够严格、影响创新创业热情等问题。"十三五"时期是我国由知识产权大国向知识产权强国迈进的战略机遇期,国际知识产权竞争更加激烈,知识产权作为科技成果向现实生产力转化的重要桥梁和纽带,激励创新的基本保障作用更加突出。

要引导"互联网+"融合领域的知识产权战略布局,研究新业态、新模式创新成果的知识产权保护办法,提升产业创新发展能力。支持知识产权服务机构为创业孵化提供全链条知识产权服务。完善知识产权法律法规,加大对知识产权侵权行为的惩处力度,提高侵权损害赔偿标准,探索实施惩罚性赔偿制度,将侵权行为信息纳入社会信用记录。建立人才引进使用中的知识产权鉴定机制,防控知识产权风险。完善知识产权质押融资等金融服务机制,为人才创新创业提供支持。

专栏 6-8 "e 帮创"苏州首家众创空间知识产权保护项目

由苏州高新创业投资集团有限公司运营的国家级众创空间"e 帮创"于 2016年 9 月 2 日正式获得批复,成为苏州市首家、江苏省首批众创空间知识产权保护项目承担单位。该项目旨在推进众创空间知识产权保护工作的有效开展,提升众创空间知识产权保护水平,加强对创客创新成果的知识产权保护。"e 帮创"众创空间运营两年多来,在公共服务平台打造、知识产权运营体系搭建方面取得了一系列成效。下一阶段,"e 帮创"众创空间将进一步健全知识产权管理制度,加强与第三方知识产权中介服务机构合作的融合度,更好地为创客提供服务指导,并逐步建立创客知识产权信息管理系统,形成知识产权保护机制,加大知识产权宣传和培训工作力度,不断提高创客的知识产权创造、运用、管理和保护能力。通过对知识产权运营相关资源的整合运营,增强对实体经济的服务能力,助力区域经济和科技创新发展。

三、改革人才激励机制

人才是实施创新驱动发展战略的根本保障。美国、德国等发达国家为了推动先进制造、"工业 4.0"战略实施，纷纷将科技人才、产业技术人才培育作为关键举措。我国政府历来重视人才的重要作用，党的十八大以来，习近平总书记多次发表关于人才工作的系列重要讲话，指出人才是第一资源，要最大限度调动科技人才创新积极性，尊重科技人才创新自主权。我国有丰富的劳动力资源，已经建立起庞大的人才队伍，但领军、高端、复合型人才不足，人才培育、使用和激励机制仍需加快完善。

要深化人才发展体制机制改革，加快构建具有全球竞争力的人才制度体系，努力造就一批世界水平的科学家、科技领军人才、工程师和高水平创新团队，注重培养一线创新人才和青年科技人才。改进科研人员薪酬和岗位管理制度，探索高等学校、科研院所负责人年薪制和急需紧缺等特殊人才协议工资、项目工资等多种分配办法，推进实施绩效工资，重点向关键岗位、业务骨干和作出突出贡献的人员倾斜，营造与岗位职责、工作业绩、实际贡献紧密联系和鼓励创新创造的分配激励环境。探索高校、科研院所担任领导职务科技人才获得现金与股权激励管理办法。完善国有企业经营管理人才和科技人员中长期激励措施，鼓励企业通过股权、期权、分红等激励方式，调动管理和科技人员的创新积极性。改进科研项目资金管理，简化预算编制，下放科研项目部分经费预算调整审批权，改进结转结余资金留用处理方式。

专栏 6-9 　三一集团"众智新城"人才激励
长沙经开区投资 2000 万元成立三一"众智新城"项目专项资金，并从人才引进、项目补贴等方面进行扶持，以推动项目顺利发展。一是每年分配 10 个高级经营管理人才和专业技术人才（高级工程师）名额，由三一众智新城推荐，每人支持额度为 10~50 万元不等。二是对于入驻三一众智新城的工业生产及科技研发型项目，经认定后，给予每个项目补贴面积不超过 1000 平方米 10 元/m²/月生产或办公用房的租金补贴，期限为三年。三是鼓励中介机构加大对项目的支持服务力度，每年评选 10 名优秀创业人员，给予每人 10 万元奖励，并评出 6 家在支持创业方面成效显著的金融机构、风险投资公司、担保公司、人才服务机构等中介机构，给予每家 10 万元奖励。

第七章　提升工业品质，打造中国制造新名片

质量发展是强国之基、立业之本和转型之要，是国家综合实力的集中反映，关乎亿万群众的福祉。提升质量是推动供给结构、需求结构升级的重要抓手，为加快发展新经济、培育壮大新动能、改造提升传统动能提供有力支撑。中国制造需要一场"品质革命"，促使中国制造提品质、出精品，塑造中国制造新形象。

第一节　提高工业设计水平

工业设计主要是指以工业产品为主要对象，综合运用科技成果和工学美学、心理学、经济学等知识对产品的功能、结构、形态及包装等进行整合优化的创新活动。工业设计具有研发投入较低、产业化效率高、商业化周期短、时效性更强等特点，可以有效促进工业经济质量效益的提升。处于新常态下的中国经济，面临着从"中国制造"向"中国创造"的转变，亟需提高整体工业设计水平。

一、提高工业设计自主创新能力

工业设计创新是创造性的活动，是价值链中非常关键的增值环节，通过工业设计的创新能够为企业创造新的利润点。近些年来虽然我国工业设计已初具规模，但是与国际先进设计水平相比仍然较弱，重复性创新与产业链中低环节的创新占比较高，这在客观上要求我国工业设计提高自主创新能力，把握新产业革命的机遇，利用前沿的设计创新思维形成工业设计的发展动力。

一方面，要加快设计创新体系建设，提高自主创新能力。工业设计创新体系的建立有利于释放自主创新潜力、设计成果的产业化。要加强基础性、通用性、前瞻性等工业设计技术研究，开展设计标准、国民设计研究。建设一批工业设计创新能力强、管理规范、业绩突出的高水平国家级工业设计中心。设立创新设计基金平台，专注于支持以工业设计等为主要内容的创意设计产业重点项目，设立工业设计创新创业项目支持计划，推进工业创新设计的"产品化"及"商品化"；以创新、融合、集聚、规范、开放发展为目标和方向，着力提高装备、新能源、航空航天、消费电子、医疗设备等重点领域的设计创新能力，提升工业设计改造传统产业的能力。

另一方面，要推动互联网与工业设计融合创新。在互联网时代，传统设计产业的理念、实现方式和合作方式面临着前所未有的挑战，设计产业出现定制化、智能化、敏捷化和虚拟化等新特征。在此背景下要促进新一代信息技术与工业设计的融合，促进设计语言从单一的表达方式向多元化和综合化发展，以 3D 打印等新技术促进工业设计中的新产品开发，缩短工业设计中绘图和模型制作时间，提高模型制作的准确率，保证工业设计产品模型的整体质量，激发产品创新活力。通过互联网平台促进设计信息的流动和分享，将设计能力虚拟化，把设计发包商、服务提供商、设计承接方和最终使用者整合到一个平台上，促进创新设计的产出。推进工业设计企业通过互联网、云计算等技术打造智能服务系统和快速反应的生态系统，以提供服务为目标汇集各类资源，进行智能化的经营和管理，变革产业创新模式，提高自主创新能力。

专栏 7-1　梵天工业设计：助力中国机床行业发展

　　沈阳梵天工业设计有限公司是国内著名的机床产品工业设计公司之一。凭借多年来对全球大型机械装备设计趋势的深入理解和专业的设计团队，梵天工业设计先后为沈机集团昆明机床有限公司、重庆机床集团、武汉重型机床集团等十余家国内顶级机床企业提供了品牌化的工业设计服务，助力这些企业从传统品牌向国际化品牌升级。2014 年，梵天工业设计代表中国机床首夺德国红点奖和德国 IF 设计大奖，填补了中国机床产品在国际工业设计大奖中的获奖空白。梵天工业设计帮助中国机床企业重塑品牌的同时，也提升了企业的信心，为中国企业在激烈的国际市场竞争中争得了一席之地，用软实力赢得了用户的青睐和竞争对手的尊重。

二、提升工业设计产业发展水平

　　我国工业设计产业化程度低，但具有较大的发展潜力，近几年在北京、深圳、上海等地区已经形成了较为成熟的行业。2010 年工业和信息化部等 11 个部委联合出台的《关于促进工业设计发展的若干指导意见》，2011 年国务院出台的《工业转型升级》五年规划，以及 2012 年初国务院办公厅印发的《关于加快发展高技术服务业的指导意见》都强调了工业设计产业发展的重要性，未来要进一步释放我国工业设计产业发展的潜力，实现我国工业设计产业的腾飞。

　　要推动工业设计企业市场化、平台化、专业化发展。鼓励工业企业打破工业设计自我封闭模式，培育企业市场化思维，从消费者角度考虑产品、技术、工艺、结构、外观等设计。鼓励专业的设计机构及设计人员化被动设计为主动设计，摆脱传统的按照企业委托去从事设计工作的状况，主动设计产品或方案，向企业推介和推广。建立市场和用户导向的工业设计交易平台，让更多的设计产品能够通过交易平台进入企业，使得企业能够在交易平台上获得最符合自己需要的设计。鼓励工业设计企业加强研发和服务能力建设，创新服务模式，提高专业化服务水平。

专栏 7-2　猪八戒网众包平台促工业设计供需对接

猪八戒网是国内最大的服务在线交易平台，利用数年来积累的行业大数据，打通了设计、生产、营销环节，突破企业既有的刚性资源限制，更多整合社会资源来实现一个产品从创意产品到畅销产品的转化。该平台占据了80%的市场份额，为来自全球的25个国家和地区的中小企业及个人用户提供多元化、优质高效的解决方案。猪八戒网吸引了来自海内外的创意设计人才超过950万，日均交易额达400～700万元，平台交易类型中，工业设计、电子信息、园林景观设计等所占比重超过10%。上海奉浦生产性服务业功能区有限公司曾通过猪八戒网向广大"威客"发出征集令，进行"贝壳状"汽车模型创意外观设计方案征集，一个月内共收到创意设计方案158个，总赏金合计65 000元，用更少的钱获得了更多的方案。

要促进工业设计企业合作与集聚发展。鼓励工业企业将可外包的设计业务发包给工业设计企业，扩大工业设计服务市场。支持工业企业和工业设计企业在关键技术、关键工艺上进行技术合作以及其他多种形式合作，构建企业间技术转让的交易平台，逐步形成区域技术联盟和创新体系；推动工业设计集聚发展，鼓励各地根据区域经济发展实际和产业、资源比较优势，建立工业设计产业园区。建立具有辐射效应和竞争力的工业设计示范基地，在产业园区发展引导资金方面给予优先支持。

要培育专业化、开放型的工业设计企业。要加快扶持专业化开放型的工业设计领军企业，充分重视其对于整个产业发展的带动和辐射作用，发挥政府在工业设计产业化发展过程中的顶层规划、市场引导、规则制定与宏观调控职能，支持设计企业探索和构建"互联网+设计"商业模式。加快培养一批专业技术能力突出、具有高度社会影响力与责任感的工业设计领军人才，相应落实我国工业设计从业人员的专业职称评定工作，健全工业设计评价和奖励制度。

三、创造工业设计发展良好环境

我国工业设计在发展的同时还存在一些问题和制约因素，比如工业发展依附于其他行业的发展，行业间与跨行业、跨领域的合作是短板。数据显示，我国现有工业设计服务机构成立时间较短，58.3%的工业设计企业成立时间只有 4~10 年，只有 5.6%的工业设计中心成立在 20 年以上；又如我国工业设计知识产权保护不力影响产业的健康发展，尤其在电子商务快速发展的背景下工业设计中外观设计的保护难度更大；以及缺乏高层次和复合型的工业设计人才形成产业支撑，少有引领行业发展的国际知名的大师。在国际设计杂志《Walpaper》评选的全球最有影响力的 100 位设计大师中，中国大陆地区仅有 2 人。可见努力为工业设计的发展营造良好的环境是当务之急。

要完善工业设计公共服务。建立健全工业设计服务中介平台，推进技术平台及创意设计（项目）孵化，工业设计公共基础性开发平台，工业设计人才培训、资讯发布、用户体验、设计服务交易、知识产权交易等综合平台建设；建立国家级的工业设计数据库，开展工业设计的基础性、开发性研究，实现对工业设计产业的共性技术和资讯的开放和共享，推动全化会在工业设计的应用和推广；搭建工业设计人员的开放性交流平台，鼓励国内的设计人员参与与工业设计有关的国际学术研巧活动，及时获取最新的技术资讯。

要完善工业设计发展的法律和制度环境。建立并完善工业设计知识产权保护、管理和运用体系，在现有的知识产权法律体系的基础上建立健全与我国设计产业发展状况相适应的知识产权法律法规，如完善专利法中的外观设计申请制度，明确侵权判定的具体标准，加强知识产权的司法保护和行政执法力度，维护工业设计服务市场秩序。在融资、税收、合作等方面进一步加强规范，建立基于网络化、大数据的工业设计企业信用评级制度，在政府监管基础上实行行业机构的联合与协同监管机制，突破工业设计创新单一的外观形态保护，深入推动外观与产品功能、原型及使用方式等内容的结合性评定，维护创新主体的权责与实践积极性。

要建立工业设计人才的社会化培养体系。通过专业院校与企业联合建立人才实训基地，培养高素质的工业设计应用型人才；通过国际人才交流与合作，邀请国外设计大师到国内讲学、项目交流，或选派优秀设计人才到国外留学、短期培训，吸取国外先进的设计理念；加强工业设计的普及教育、全民教育，将工业设计的创造性思维方式融入中小学教育的始终，不断培养公民对设计的鉴赏能力、对美学艺术的高层次追求，培育高素质的设计消费者来激发未来工业设计的发展潜力。

第二节　提升产品质量

产品质量代表着一国制造业形象，反映整个国家制造业的市场竞争力。产品质量也是企业抢占市场的通行证。只有高质量的产品才能占领市场的制高点，提高市场占有率，企业才会有好的经济效益。产品质量低劣则会造成资源的大量浪费，又造成整个社会生产过程中总成本的增加，使整个国民经济效益受到损害，经济的增长和社会财富的积累要付出高昂的代价。提升国家工业软实力，要把发展的立足点转到提高质量和效益上来，用质量过硬的产品满足市场需求。

一、强化企业质量意识

质量意识是影响产品质量的关键因素，是在长期的生活和习惯中形成的，是保证产品质量的基础。我国很多企业以速度和效益为导向，忽视了对质量意识的培育，质量意识水平相对较低，没有形成很好的质量文化。2016年中央经济工作会议提出了"要树立'质量第一'的强烈意识"，对质量意识的重视度提高到了更高的层次。

企业在生产过程中要树立"质量即生命"的质量意识。在整个工业领域培育以质量为中心的生产理念，强化工业企业的质量意识，要把生产出优质产品的理念谨记于心。要鼓励工业企业从决策层、管理层到基层自上而下地树立起把质量放在第一位的意识。在领导重视的同时加强产品质量意识教育，将质量意识教育与质量奖惩制度联系在一起，配合奖惩、竞赛、考试等制度刺激员工对质量意识重要性的学习动机，确保全员时刻紧绷质量管理这根弦。培养精益求精的质量意识。鼓励借鉴行业龙头企业质量管理的典型做法，在不断模仿和超越的过程中强化质量管理质量控制以及精品意识。贯彻推行"全企业精益质量管理"理念，企业各部门都要参与质量管理工作，共同对产品质量负责。将产品质量控制理念延伸到生产经营全过程、各环节，确保产品生命周期全流程质量管控。

专栏 7-3　方太集团的"工匠精神"

　　方太集团从 1996 年初创入行到如今成长为中国高端厨电品牌领导者，离不开一直以来坚持的精益求精的"工匠精神"，始终如一，对每一款产品都精细打磨。方太水槽洗碗机精加工车间的工匠，对每一件产品都进行着手工精磨、抛光，他们每人每天只能完成约 5 台产品，每件手工打磨的产品上都刻有个人的编号，编号即生产者的名片，这种"物勒工名"的方式，保证了工人的责任心和匠心。在油烟机的研发上，一款油烟机被拆分为无数个细节，每一个细节都一遍又一遍地推敲，不断精进，做得好还不够，还要做到极致。为了找到"云魔方"的"黄金控烟区"，方太研发人员经常会在通风条件恶劣的实验室中不断地进行烹饪测试，一个月下来要炒掉几十斤食用油和辣椒。

二、健全质量管理体系

　　质量管理体系是指对质量方面进行指挥和控制的管理体系，是企业的质量活动得到切实管理的基础。全面质量管理能够确保企业质量提高和健康持续发展,包括完善质量制度建设中的重要方面。我国很多企业质量意识淡薄、管理方法落后,都是因为缺乏规范和严格的管理制度。我国《质量发展纲要（2011—2020 年）》《中国制造 2025》及《贯彻实施质量发展纲要 2016 年行动计划》中多次提到了健全质量管理体系的重要性。

要完善质量认证、监督体系。完善质量认证认可管理模式,综合运用质量管理体系认证、产品质量认证、实验室资质认定、进出口产品注册备案和实验室认可等手段支撑质量管理。推动自愿性产品质量认证健康发展,提升质量管理体系认证水平,稳步推进国际互认。建立完善具有高精确度、高稳定性、国际一致性的计量基准、量值传递和测量溯源体系。加强公共实验室和检测机构建设,建设一批高水平的工业产品质量控制和技术评价实验室、国家产品质量监督检验中心。鼓励建立专业质量检测技术联盟,并针对重点领域建立一整套质量安全监测制度。完善进出口产品质量把控体系。

要推广先进质量管理方法。随着国外先进的质量管理办法的引入,我国可以利用信息技术在企业中建立先进质量管理培训长效机制,组织开展重点行业工艺优化行动,根据细分行业特点优化生产管理方案,提升特殊过程工艺控制水平,开展卓越绩效、六西格玛、精益生产、质量诊断、质量持续改进等先进生产管理方法培训,提升质量管理水平,提高员工发现和解决质量问题的能力。引导员工认真学习和遵守质量规章制度,严格按照质量流程和标准手册的要求进行生产,严格依照质量管理制度对生产各环节的零部件以及最终产品进行质量检验,严控不合格产品流入市场,确保产品质量的稳定提高。

专栏 7-4 格力电器的质量管理

在格力电器看来,质量就是生命,浮夸精神和投机心理不可能成就优秀的企业,做好售后服务不是格力的终极追求,格力电器要静下心来苦练内功,做好品质,从售前、售中到售后,全程保护消费者的利益。格力电器认为,"对质量管理的仁慈就是对消费者残忍"。为此,格力电器"像修炼生命一样修炼质量",从设计产品的源头到采购、生产、包装、运输,以及安装、服务等,全过程实行严格的质量控制。

为了在设计开发的源头控制质量，格力电器在设计开发过程中要求经过"五方提出、三层论证、四道评审"，决不拿消费者做试验品。格力电器先后斥巨资建成了热平衡、噪声、可靠性、电磁兼容（EMC）、全天候环境模拟等 400 多个专业实验室，确保格力空调出厂前都经过千锤百炼。为了控制零部件的产品质量，格力电器在业内率先建立了筛选分厂。一台空调是由成百上千个零部件组成，每个零部件合格与否直接决定着整机的性能。筛选分厂不直接创造效益，进厂的每一个零配件，都要经过各种检测，合格后方能上生产线，连最小的电容都必须经受严格的测试。结果是格力空调的可靠性、稳定性大大提高，维修率大大减少。

此外，"零缺陷"工程、六西格码管理法、"三合一"管理体系、6S、"精益生产"、QC 小组、质量月等先进管理方法和手段的联合运用，确保产品质量得到稳步提高，售后故障率年年下降，在行业内奠定了"好空调，格力造"的良好声誉，先后荣获"世界名牌""国家出口免验产品""国家商标战略实施示范企业""中国商标金奖"等荣誉称号。

要健全质量建设标准体系。立足现阶段我国质量管理实践，以欧美先进标准为标杆，制定我国工业产品与服务基本质量强制性动态演进标准，鼓励并支持行业和企业以欧美标准为目标，组织开展先进质量管理标准的研制、宣贯与推广，及时将先进质量管理方法标准化。开展质量管理小组、现场改进等质量管理活动的示范推广，在重点行业和领域、高风险行业及行业龙头企业中探索开展质量对标活动，制定并实施逐渐与国际先进水平接轨的质量和安全标准，促进制定高于国家标准的产品与服务质量标准，逐渐缩小并适时超过欧美先进标准，提升行业整体质量水平，持续优化质量管理模式，将优秀质量管理手段向整个行业辐射。

三、营造良好的质量建设氛围

质量建设不仅要依靠企业质量意识的提高、质量管理体系的健全，更需要在全社会形成一种"质量共治"的社会氛围。如果社会中弥漫着不尊重工匠和质量的情绪，就会导致劣币驱逐良币，助长企业急功近利和不思进取的行为。因此要采取一系列的政策和法律措施，在全社会弘扬质量文化。

要强化"优胜劣汰"市场机制功能。推动形成支持精品制造、优品推广的市场环境是激发企业质量提升动力的关键，要健全优胜劣汰的质量竞争机制，加速假冒伪劣、坑蒙拐骗、不注重质量的相关企业退出市场，打造正向激励的市场氛围。推动建立市场化的质量品牌信誉评价机制，鼓励不同企业对产品与服务质量进行公开承诺，通过海量消费者评价数据形成全产品与服务质量评级。充分发挥市场主体和社会力量的监督作用，加大对违法建厂、违法排放、违法生产、违反合同使用投资人资金，以及制售假冒伪劣产品、侵犯消费者权益等企业行为的查处和惩罚力度，改善优质企业生存环境。

要提升全社会质高价实的消费意识。开展质量法制教育，不断丰富消费者质量知识，提高质量意识，引导消费心理和消费行为逐渐从"质廉价低"向"质高价实"转变，营造消费者重视质量发展的良好社会氛围。让消费者真正成为质量工作的参与者、建设者和管理者，强化消费者的维权意识，完善消费者权益保护法律法规制度，畅通"12365"等质量投诉渠道，完善推广汽车"三包"、产品召回等承诺，调动消费者维权积极性，鼓励消费者对不合格的质量问题发起挑战。

第三节　推动制造业服务化

服务型制造是制造与服务融合发展的新型产业形态，是制造业转型升级的重要方向，也是提高制造业服务能力的重要手段，是支撑制造强国建设的内在要求。未来企业间的竞争在产品质量与功能竞争外，将更多地体现在"服务"竞争上。要以产需互动和价值增值为导向，创新设计为桥梁，优化供应链管理，深化信息技术服务和相关金融服务，全面提升制造企业服务能力和服务水平，以优质服务打造中国制造新名片。

一、强化服务理念，增强服务意识

顾客是企业生存和发展的源泉，企业的努力由顾客做出评判。只有企业与顾客在一起才能获得发展的原动力。因此企业要把服务顾客、满足顾客作为出发点和落脚点，在与企业利益相关的人或企业的交往过程中体现为其提供热情、周到、主动的服务的欲望和愿望，并且这种意识要发自内心。服务意识要通过培养和教育养成。

增强企业"服务就是竞争力"的意识。政府要加强对企业家培训，让企业充分意识到市场竞争已经是"全方位"的竞争，以消费者为中心的高质量服务已经成为竞争的焦点。要引导企业加强服务理念培育和服务文化建设，针对行业属性和企业产品特征，对员工服务意识、服务内容、服务流程等方面进行全面培训，让"顾客是上帝"成为企业员工的潜意识。鼓励企业时刻把握消费需求演变趋势，持续更新服务理念、强化服务意识、调整服务内容、转变服务模式，牢固树立"服务就是效益""服务就是竞争力"的观念。努力打造企业服务文化，将其内化为企业基因，支撑持续的服务创新与服务质量的提升。

二、推进"互联网+"生产性服务，加快培育服务新模式

在"互联网+"行动的实施下，互联网对服务领域的渗透开始加速，互联网技术的普及和应用加上生产服务业本身包括技术创新在内的各种创新，相互融合，良性互动，有利于推动我国制造从生产性制造向服务型制造转型。未来的制造业不仅需要企业提供产品和设备，更需要企业提供一系列包括选择、维护、保养、回收等一整套解决方案。目前我国生产性服务业发展相对滞后，比例偏低，不及发达国家服务业占 GDP 70%左右的比重，在涉及互联网方面的生产性服务产业结构方面不均衡，市场化程度较低，但是未来的发展潜力和空间巨大。

加快发展"互联网+"生产性服务，提升企业服务竞争能力。紧紧围绕消费需求，基于互联网平台，开展产品研发设计、生产制造、产品配送、售后服务等服务化改造，鼓励制造业企业增加服务环节投入，发展个性化定制服务、全生命周期管理、网络精准营销和在线支持服务等。支持企业应用新兴互联网技术、协同研发平台、网络社交平台以及线下销售体系，逐步构建与用户协同设计、透明制造、及时配送与贴心服务的生产运营体系，在各个环节强化与消费者的沟通与互动。

专栏 7-5　红领集团——个性化定制服务典范

红领集团立足市场，以客户需求为"源点"驱动公司价值链协同，通过对业务流程和管理流程的全面改造，建立柔性和快速响应机制，实现产品多样化和个性化的深度定制（参与式定制的 C2B 模式），按照客户的个性化需求来生产产品，每一件产品都具有完全独立的特征。在这种模式下，红领集团已经积累了超过 200 万名客户个性化定制的版型数据，以互联网定制平台配合高度标准化和柔性化的生产线，工厂内 2800 名工人每天能够完成 2000～2700 件定制西装。红领集团的经济效益也得到大幅提升，生产成本下降了 30%，设计成本下降了 40%，原材料库存减少了 60%，生产周期缩短了 40%，产品储备周期缩短了 30%，实现了产值和利润的高速增长。

三、加强服务管理，健全服务体系

服务管理的目的是在市场经济下塑造顾客满意化和竞争的差别化优势，通过创造核心产品之外的价值吸引顾客，扩大产品的市场份额。加强服务管理水平可以拉近与客户之间的距离，有利于推动制造业服务化的深入。在顺应科技发展和市场变化的同时，应当不断创新管理方式，满足消费者需求。

支持建设"互联网+"用户服务体系，通过打造用户俱乐部、客户体验中心等用户互动平台，增强与用户的互动，激发用户参与体验热情，拉近与用户之间的距离，深度挖掘用户体验，及时了解用户的需求和诉求，为用户提供更贴心的服务。注重用户体验和服务过程中的每个细节，通过线下体验增强线上黏性。引导企业建立规范的服务体系和标准，对员工进行严格的服务管理培训。加强供应链企业服务协同，对所有客服人员定期举行相关的培训，确保给顾客一致的、高质量的服务。建立完善顾客关系管理系统，全方位覆盖客户，最大限度连接客户需求，加强客户满意度调查，完善评估体系，持续快速优化服务。

专栏 7-6 小米的"互联网+"用户服务

小米公司是一家专注于高端智能手机、互联网电视以及智能家居生态链建设的创新型科技企业。公司提出了"和用户交朋友""让用户省一点心"和"全员客服"的服务理念，提出"服务一个，High 一个"的服务目标，采用跨地区双中心、多渠道、全覆盖的形式，为用户提供个性化、差异化的现代互联网服务，不断尝试通过新技术、新产品的运用，倡导和发起"非标准化"服务，为移动互联网时代的服务树立起新的方向。小米客服中心始终将用户的需求作为首要服务目，真正为用户提供线上线下的全环节、高品质的客服服务。从渠道上来看，小米目前已经有了小米社区论坛、小米微博、小米微信、小米热线、小米在线、小米邮箱以及线下的小米之家等。小米商城 APP 植入在线客服的移动端客服应用，客户在哪里，服务就支持到哪里，以用户喜欢的方式，利用用户碎片化的时间来实现高效的客户服务，大幅度降低了运营成本，提高用户满意度。

第八章　塑造中国品牌，提高中国制造国际美誉度

品牌是企业售卖给消费者产品的产品特征、利益和服务的一贯性的承诺，不仅能满足或创造价值需求，而且能被感知和长期认同，是企业的无形资产以及生存和发展的核心要素之一。中国品牌承载着中国经济转型升级、引领时代的希望，只有培养和造就一批享誉世界的中国制造品牌，才能推动中国制造迈向形态更高级、结构更合理的全新发展阶段。要加强品牌建设，不断提升企业品牌价值和中国制造整体形象，加快实现中国产品向中国品牌的转变。

第一节　提升品牌建设意识与能力

品牌意识是一个企业对品牌和品牌建设的基本理念，是企业对其产品自觉维护并打造成名牌的意识，是现代竞争经济中引领企业制胜的战略性意识。树立品牌意识、打造强势品牌是企业保持战略领先性的关键，也是打造中国品牌的理念基础。必须努力在全社会树立品牌意识，丰富品牌内涵，推动中国民族品牌加快成长。

一、培育工业名品意识

我国制造业产值在 2010 年超越美国，成为全球第一，并且作为一个制造大国拥有 220 多种产量第一的工业产品、281 种销量第一的工业产品。然而与之对比的是，我国却少有在国际市场竞争力和影响力显著的知名工业品牌。近年来，虽然我国品牌的发展水平在有所提升，2005—2015 年入围世界 500 强的品牌企业数量从 4 家增加到 31 家，年平均增速超过 20%，但是与我国工业发展的规模相比，品牌发展有所不足。

促进我国工业品牌的发展，首先要全面树立品牌使用意识、品牌保护意识和品牌发展意识，提升企业对品牌效用与价值、使用品牌的重要性的认知和认同，对品牌施加有效保护。开展打造工业名品等一系列专项行动，推进国家品牌、区域品牌、行业品牌和企业品牌建设，大范围培育工业名品，加大名品推广和宣传力度，塑造我国工业产品精密、可靠、耐用等高质量新形象，提高优秀品牌市场认知度和影响力，提升国内外消费者对我国自主品牌的信心与认可度，破除国内民众对"洋品牌"的盲目崇拜。制定并推广工业品牌培育管理体系和评价准则。通过对外交流会、展览会，以及公益广告、宣传片等方式引导消费行为，为我国工业品牌营造声势、积累口碑。积极培育品牌消费理念，促进企业不断强化品牌产品质量更高、更可靠、更耐用和服务更周到等观念和标准。

二、提升品牌内涵

品牌内涵能够有效地把品牌完整地表达出来，将品牌具体化和形象化，是品牌附加值中的核心要素，是品牌能够引导和影响消费者的审美观、价值和行为方式的力量。我国许多企业的品牌缺少文化底蕴，没有足够的品牌感召力和影响力。以服装品牌为例，许多品牌只是在物质层面实现舒适和得体的功能，事实上富有内涵的品牌要求其体现消费者的身份、地位以及对美的追求，是一种生活方式的表达。

提升中国品牌建设能力，未来要注重增加中国品牌的文化内涵，将其向消费者普及和推广。通过专家培训，在企业中建立追求创新、提高质量、生产环保、顾客至上，以及企业需要承担社会责任的意识，使企业认识到提升品牌内涵的意义，并将其作为企业的战略目标，逐渐融入企业的文化中。鼓励企业增加产品创新成分，提高产品质量水平，降低生产能耗和污染，提供人性化服务，塑造原创、优质、绿色、人性化的企业品牌内涵。大力提升品牌文化底蕴和艺术品位，以过硬的质量、优秀的设计理念和深厚的文化积淀，打造具有历史性、世界性、艺术性的品牌。

专栏 8-1　爱马仕和 GUCCI：品牌的文化和艺术内涵

1837 年，爱马仕以生产马鞍和马具的手工作坊起家。发展至今，该品牌的每一件手工艺精品都秉承了尊崇传统、勇于创新的特质。爱马仕曾与 Nicolas Tourte 先生合作艺术巡展，共展出了 9 件各具特色的装置作品，包括《气喘吁吁》《飞翔的手套》《流动的钱包》《烟雾中的鳄鱼》《穹顶》等。每件作品中都巧妙地使用了爱马仕的钱包、手套、笔记本等小皮具，通过解构与重建，赋予了这些手工艺品新的生命，并以出其不意的形式呈现出来，展现了艺术家关于日常点滴的另类体验。奢侈品商还借助各种历史典藏展览活动宣传提升品牌内涵。GUCCI 通过历史典藏展览活动，展现自由浪漫又细致考究的意大利生活方式，通过展品将品牌经典标识历经岁月洗礼依然以无穷的魅力传递给消费者，使消费者感受到 GUCCI 的历史精髓和文化艺术内涵。

三、增强自主品牌保护意识

新中国成立以来，我国本土企业曾创造出许多优秀品牌，如永久自行车、英雄笔、春兰空调等，然而在市场经济的逐步深化过程中，越来越多的外国品牌不断侵蚀中国的市场，许多中国的老品牌逐渐销声匿迹，或者是作为一个地域的小品牌存在，或者因为有成长潜力构成对跨国公司的竞争威胁而被跨国公司兼并。

要塑造中国的品牌，首先要自觉保护民族品牌，建立对民族品牌的保护意识。对品牌进行合理的市场定位，增强民众对本土品牌的认同感。提升品牌文化，培养民族品牌保护意识，形成一种对民族品牌优先支持的社会氛围。在保证品牌的产品质量和服务的基础上，选择合理的品牌传播方式，打造个性化的品牌形象。用长远的、全局的眼光制定品牌发展战略，完善从品牌的创立、保护到发展的系统规划。采用品牌延伸策略，将品牌做强做大。重视品牌的无形价值，不轻易出卖品牌。提升企业商标国际保护意识，及时在境内外注册商标，并设立专门的、分工明细的知识产权部门，建立切实可行的各项管理制度和知识产权的保护措施，维护自主品牌利益。

专栏 8-2　隆力奇：民族日化品牌的旗帜

中国最早的本土日化企业可以追溯到 1830 年，但是改革开放后的第一批日化企业除了上海家化硕果仅存外，其他企业均被 20 世纪 80 年代登陆中国的外资日化品牌通过各种方式淘汰。本土日化企业需要抢占科研高地、注重转型升级和采取合适的品牌策略，才能从根本上增强与国际日化巨头竞争的实力。隆力奇在中国民族日化品牌危险的时候成为民族日化产业中的一面旗帜，公司梳理了自己的定位策略，加快了品牌定位与市场策略提升，启动了品牌和品类的升位战，其中蛇油膏、护手霜、花露水、蛇类保健品等经典产品以"隆力奇"品牌呈现，果木护肤品则以"果木肌密"品牌呈现，定制护肤品和彩妆以"雅璨"品牌呈现，保健食品以"保和堂"品牌呈现，使隆力奇品牌与品类定位更清晰。隆力奇在原有产品创新升级的基础上，积极研发面向不同消费群体的新产品，通过调查顾客对隆力奇产品和服务的满意程度，有效掌握顾客目前需求和未来期望，不断提升服务水平。

第二节 加强多层次品牌建设

品牌建设是从品牌创建到品牌生命终结对整个品牌生命周期进行管理的过程，是品牌创造过程中最为重要的工作之一。有效的品牌建设能够促进企业品牌资产保值增值，提高企业在市场上的影响力及综合竞争力。国务院同意从 2017 年开始，将每年 5 月 10 日设立为"中国品牌日"，进一步彰显了品牌建设在促进我国经济社会发展中的引领作用，体现了全社会对中国品牌的期望，为建设制造强国指明了方向。

一、提升企业品牌管理水平

当前市场呈现高度分散的特征，价格区间和产品种类增多，需求日益分化，很难有一个产品或者品牌能够满足所有客户的需求，需要企业根据不同的市场制定合适的品牌策略和实施品牌管理。品牌管理是要建立、巩固和维护品牌，要综合企业结构、市场格局等使品牌具有充实的理性元素以及企业责任、消费者心理等品牌的感性元素，升华出品牌的独特性。

在品牌管理中，要注重鼓励企业制定中长期品牌培育规划，构建企业品牌、产品品牌、母品牌、子品牌等品牌框架，指导企业制订和实施品牌建设管理体系，明确企业品牌建设改进需求和更新计划。提升多品牌管理能力，通过多元化的组合提升战略灵活性，选择合适的品牌，进入新的市场，扩大在欠发达市场的份额，在竞争激烈的市场中应对挑战，有效抵御竞争对手的产品，提高潜在对手进入市场的壁垒。在明晰自身优势和外部市场需求的基础上，进行准确的品牌定位，打造差异化的品牌形象，支持企业运用互联网平台和新兴传媒手段宣传企业品牌，不断提升品牌知名度。

专栏 8-3　TCL 的品牌重塑

TCL 根据业务、客户、市场以及营销等方面的变化，不断调整品牌定位，改进品牌建设方式。TCL 品牌团队将 2015 年定位为"品牌重塑元年"，开展了一系列品牌重塑、消费者关系重构的活动，打造与用户沟通的全新品牌形象。TCL 集中发力娱乐营销和体育营销，以精准的内容撬动巨量的舆论市场，最终达到刷新品牌形象、重塑品牌内容的目的。TCL 结合自身品牌基调，与乐视、滴滴等公司合作，整合各方资源进行跨界营销，以小博大，实现精准营销。推出了"用创意感动生活"三部曲，使目标人群通过对母品牌的内涵认知，了解 TCL 各产品的内涵与情感联系。2015 年，TCL 品牌价值达到 710.28 亿元人民币，居中国百强品牌第 7 位，连续 10 年蝉联中国彩电业第一品牌。

二、提高品牌危机管理水平

品牌危机通常是由品牌事件演化而来，导致品牌朝着不利的方向变化，比如导致企业行为与公众期望的冲突等。对于企业而言，每时每刻都有发生危机的可能，如果在危机处理中措施失当，企业的品牌和信誉将在很短的时间内受到致命打击，甚至危及生存，因此要把危机管理纳入品牌管理战略中已经成为相当多企业的共识。像我国企业中华为、海尔就很注重危机管理。海尔张瑞敏曾说，每天的心情都是"如履薄冰，战战兢兢"，他绝不允许海尔置身险地，小的危机一露头就要彻底铲除，并曾告诫员工"海尔离倒闭只有一天"。

在品牌的危机管理中，要做好品牌的保护工作，建立有效的品牌危机预警系统，及时捕捉企业危机征兆，并为各种危机提供切实有力的应对措施。建立高度灵敏、准确的信息监测系统，及时收集相关信息并加以分析、研究和处理，全面清晰地预测各种危机情况，为处理各项潜在危机制订对策方案，尽可能避免危机发生。建立品牌自我诊断制度，从不同层面、不同角度进行检查、剖析和评价，找出薄弱环节，及时采取必要措施予以纠正，从根本上减少乃至消除发生危机的诱因。

专栏 8-4　强生品牌危机管理

　　1982 年 9 月 29 日至 30 日，在美国芝加哥地区发生了有人服用强生公司生产含氰化物的"泰诺"胶囊而中毒死亡的严重事故，引起全美约 1 亿服用"泰诺"胶囊的消费者的极大恐慌，公司形象一落千丈。强生公司面临一场关系到生死存亡的巨大危机。强生公司立即抽调了大批的人马对所有药物进行了检查，将预警消息通过媒体发向全国。后来警方查证为有人刻意陷害。不久后，向胶囊中投毒的人被拘捕。至此，危机事态可说已完全得到控制。但善于"借势"的强生公司并没有将产品马上投入市场，而是推出了三层密封包装的瓶装产品从而排除了药品再次被下毒的可能性，并将事态的全过程向公众发布。同时，强生再次通过媒体感谢美国人民对"泰诺"的支持，并发送优惠券。这一系列有效的措施，使"泰诺"再一次在市场上崛起，仅用 5 个月的时间就夺回了原市场份额的 70%。

三、完善品牌服务体系

　　品牌建设需要自身的创新和坚守，也需要相关行业组织和部门的支持和服务。随着我国简政放权、优化服务改革的推进，政府为企业提供品牌公共服务的能力在显著提高。

　　要鼓励品牌进一步做大做强，培育优势品牌产业，营造良好的市场环境，政府更要加强对品牌的服务支撑。扶持一批品牌培育和运营专业服务机构，培育一批具有较强影响力的消费品品牌设计创意中心和广告服务机构。建立品牌人才培训服务机构，形成多层次的品牌人才培养体系。完善品牌价值评估体系，为企业品牌创建提供咨询评估。深化品牌消费集聚区建设试点，支持地方和行业协会办好博览会、时装周、设计大赛等重大品牌活动，培育一批具有国际渠道、拥有核心竞争力的品牌展览展示机构。

四、建立完善品牌侵权执法体系

品牌侵权案件近来呈现出多发易发趋势，2015 年前 11 个月，全国工商和市场监管部门共立案查处侵权假冒案件 4.6 万件，案值 6.5 亿元。品牌侵权行为会扰乱正常的市场秩序，使商家的利益受损，而且会误导正常的消费群体，使消费者对品牌失去信心，甚至会激发更多非法厂商的出现，不利于优质品牌的培育。大力促进品牌建设必须要加强品牌侵权执法体系的建设，国务院出台的《国务院办公厅关于发挥品牌引领作用推动供需结构升级的意见》和商务部出台的《商务部关于品牌促进体系建设的若干意见》都在品牌建设中提到了加强知识产权保护。

要加大制售假冒产品和商标侵权等违法行为惩处力度，确保这类违法行为不再有二次违法的动力和机会。强化生产经营者的主体责任，完善消费环节经营者首问和赔偿先付制度，建立企业产品和服务标准自我声明公开和监督制度。严厉查处仿冒名牌、虚假宣传、价格欺诈、商业贿赂、违法有奖销售、商业诋毁等不正当竞争行为，开展打击侵权假冒工作绩效考核，完善大案要案督办制度。建立违法违规经营主体的"黑名单"，曝光违法违规企业的典型案例。

第三节　稳步推进中国品牌"走出去"

中国品牌"走出去"是中国企业将品牌由国内推广至国际，使中国品牌在本国以外的范围得到广泛认可并获得影响力，实现对全球市场的渗透。伴随着经济全球化进程，企业竞争越来越具有全球性质，品牌构成了企业国际化经营的核心部分，有必要将中国品牌推广到全球范围，提高中国品牌的国际影响力。

一、鼓励企业品牌国际化

品牌国际化是指品牌成为拥有悠久历史、引领行业发展方向并且具备支撑品牌专家和团队的国际品牌。按照国际化的标准，目前只有少数中国企业成功创建了真正的国际品牌。要想在全球范围内成就一个国际品牌困难重重，不仅面临更多更强的竞争者，而且有进入当地市场的本地化障碍。在世界经济一体化加快的背景下，中国企业要想在多变的海外市场立足，从产品出口到实现全方位的扩展，深入品牌国际化，一定要在将产品做扎实的同时提高品牌黏性，以加快品牌国际化的进程。

要鼓励品牌国际化，加大力度支持鼓励企业积极通过国家商标局、世界知识产权组织国际局、马德里体系等途径申报和注册国际商标。引导企业创新对外投资和合作方式，开展国际化经营，逐步建立国际化的研发、生产、销售和服务体系。引导企业以品牌为纽带进行资产重组和企业并购，支持品牌企业与国际品牌企业合作，在品牌合作中注重培育国际知名品牌。充分利用跨境电子商务综合试验区等机遇，打破国际商业巨头对商贸流通渠道的垄断，推动企业利用跨境电子商务渠道培育自主品牌和品牌国际化。

专栏 8-5　伊利打造国际化品牌

在创新和国际化战略指引下，伊利集团打造具有全球影响力的中国品牌之路取得了丰硕成果。通过实施"全球织网"的国际化战略，伊利搭建了覆盖亚洲、欧洲、大洋洲和美洲的全球资源体系、全球创新体系和全球市场体系，利用全球优质资源更好地服务消费者，创造了"金典""金领冠""安慕希"等一大批明星产品。2015年，伊利集团升级了全新的企业文化价值观，力求用企业软实力助力企业创新和国际化双轮驱动战略布局。伊利集团正用开创性和前瞻性的举措，引领中国乳企乃至中国品牌在全球创造出更大的影响力，表达出"竭诚尽责，以最优质的产品和服务，为世界带来健康、营养和活力，让生活更加美好"的态度，并从"卓越、担当、创新、共赢"四个维度升级核心价值观。升级企业文化价值观是伊利创新和国际化战略的重要体现之一，将形成具有强大感召力的企业软实力，进一步密切伊利和国际同行、合作伙伴、相关方的关系，对提升企业品牌的全球影响力具有积极作用。

二、营造企业品牌国际化的良好环境

随着我国经济发展进入新阶段，我国企业走出去步伐明显加快。2015年我国对外直接投资流量跃居全球第二，超过同期吸引外资规模，实现资本净输出。国家出台一系列政策大力支持企业品牌国际化，在 2014 年发布的《关于推进文化创意和设计服务与相关产业融合发展的若干意见》中专门指出要"打造一批具有国际影响力的品牌"，在 2016 年《国务院办公厅关于发挥品牌引领作用推动供需结构升级的意见》中也再次强调在世界市场上扩大自主品牌的知名度和影响力。品牌国际化离不开政府的支持，政府要为品牌国际化创造更加有利的环境。

要加强对国际化品牌的政策支持。积极制定与完善支持企业品牌国际化的财政、金融、税收等配套政策，鼓励银行、保险等商业机构按照市场原则对国际知名品牌企业给予支持。引进国内外知名咨询机构，鼓励社会咨询机构为企业提供商标注册、运营管理等品牌国际化相关专业服务。开展品牌国际合作交流，积极为企业解决品牌国际化进程中遇到的困难和问题。加大品牌国际保护力度，对国内品牌"走出去"遇到的问题和纠纷，积极予以协调与帮助。

要加强产品标准化建设。加快重点出口消费品与国际标准的对接，建立消费品标准比对共享数据库，同时优化标准供给结构，发展个性化定制标准，建立产品绿色标准体系，健全智能消费品标准，完善售后服务，优化物流标准体系。推动生产性服务业积极采纳国际标准，使其与国际先进标准接轨，提高品牌国际竞争力。

要做好知识产权保护。保护知识产权，推动国家知识产权机构和相关部门加快审核和修订我国品牌国际化相关的知识产权法律法规。深化同主要国家知识产权、经贸、海关等部门的合作，逐步建立国内外统一的知识产权保护体系。在国际专利申请、国际商标注册、商业秘密保护等知识产权相关领域发挥专利代理机构的中介作用，为我国品牌国际化企业提供咨询、申请、调解、行政保护和诉讼服务。借鉴和推广发达国家知识产权保护创新经验，加强与世界知识产权组织、世界贸易组织及相关国际组织的合作交流。建立完善企业海外知识产权问题及案件信息提交机制，加强对重大知识产权案件的跟踪研究，及时发布风险提示，为品牌国际化企业提供切实的知识产权保护，提高企业的抗风险能力。

第九章　加强多方协同，提升工业治理能力

完善和发展中国特色社会主义制度，推进国家治理体系和治理能力现代化，是党的十八届三中全会提出的全面深化改革的总目标。工业领域是推进国家治理体系和治理能力现代化建设的重要环节。工业治理体系和治理能力是影响工业软实力的重要因素，包括政府治理、行业服务、企业管理等三个层面，需要政府、行业组织、企业等各方主体协同推进。

第一节　提高政府产业治理能力

党的十八届三中全会通过的《中共中央关于全面深化改革若干重大问题的决定》明确要求，要全面正确履行政府职能，加强发展战略、规划、政策、标准等制定和实施。"十三五"规划纲要指出，实现发展目标，破解发展难题，厚植发展优势，必须牢固树立和贯彻落实创新、协调、绿色、开放、共享的新发展理念。要将五大理念全面贯彻到制造强国建设的全过程。按照五大理念要求，创新政府服务，完善政府职能，提升战略、政策、规划和标准建设水平，加快工业治理体系和治理能力现代化，优化制造强国建设的政策环境。

一、强化"五大理念"

发展理念是政府意识，是政府软实力的核心，是工业软实力的重要方面。发展理念决定发展思路、发展战略和发展措施。我国长期以来采取粗放型发展方式，一方面受到技术和产业发展阶段的客观约束，另一方面在很大程度上缺乏先进的发展理念指导。创新、协调、绿色、开放、共享的新发展理念是具有内在联系的集合体，是"十三五"乃至更长时期我国发展思路、发展方向、发展着力点的集中体现，必须贯穿于"十三五"经济社会发展的各领域各环节。

全面贯彻十八届五中全会精神和"十三五"规划要求，在工业领域深入学习和践行"创新、协调、绿色、开放、共享"五大发展理念。在工业发展战略、政策、规划和标准中，全面充分体现五大理念的要求。开展五大理念与制造强国建设系列活动，在"中国制造2025"重点任务执行、工业治理体系创新、制造业创新体系建设、工业发展方式转变等各个方面，全面贯彻落实五大理念。

二、提升战略引导力

企业由于受到能力和目标的局限，通常无法单独解决全局性、基础性和长远性问题。政府代表国家的整体和长远利益，具有集聚资源和智慧的能力，在制定发展战略方面具有不可替代的作用。在新一轮产业变革加速发展的新形势下，技术、产业、经济、社会、文化和环境问题相互渗透、相互交织，更加需要政府从总体上分析判断发展形势，加强战略统筹部署。

要加快提升政府在经济产业发展上的战略引导力，增强战略思维，提升战略能力，扩大战略影响。全面提升行业管理部门的宏观形势综合分析能力，提升战略掌控力。同时，要提高政府科学决策水平，必须重视和发挥智库作用，将中国特色新型智库建设作为提升工业软实力的重要支撑和展示平台。
要充分整合高校、研究机构和民间资源，支持建设高水平的工业高端智库，
鼓励智库发挥专长和优势，加强对工业战略性、前瞻性重大问题研究，更好
地发挥理论创新和咨政建言作用，并不断提高中国工业的社会认知度和国际
影响力。按照五位一体的发展要求，加强文化发展与经济发展的战略协同，
促进文化软实力、工业软实力和国家软实力的协调推进。

专栏 9-1   《关于加强中国特色新型智库建设的意见》

习近平总书记指出，我们进行治国理政，必须善于集中各方面智慧、凝聚最
广泛力量。改革发展任务越是艰巨繁重，越需要强大的智力支持。2015 年 1 月，
中共中央办公厅、国务院办公厅印发了《关于加强中国特色新型智库建设的意见》。
《意见》指出，中国特色新型智库是党和政府科学民主依法决策的重要支撑，是国
家治理体系和治理能力现代化的重要内容，是国家软实力的重要组成部分。到
2020 年，统筹推进党政部门、社科院、党校行政学院、高校、军队、科研院所和
企业、社会智库协调发展，形成定位明晰、特色鲜明、规模适度、布局合理的中
国特色新型智库体系，重点建设一批具有较大影响力和国际知名度的高端智库，
造就一支坚持正确政治方向、德才兼备、富于创新精神的公共政策研究和决策咨
询队伍，建立一套治理完善、充满活力、监管有力的智库管理体制和运行机制，
充分发挥中国特色新型智库咨政建言、理论创新、舆论引导、社会服务、公共外
交等重要功能。

三、完善产业政策体系

"十三五"规划纲要指出，必须以提高供给体系的质量和效率为目标，
实施宏观政策要稳、产业政策要准、微观政策要活、改革政策要实、社会政

策要托底的政策支柱。产业政策是治国理政的重要方式和手段。根据经济和产业的发展状况、阶段、竞争能力和目标，世界各国都以不同方式，不同程度地实施产业政策。美国、日本等发达国家和新兴工业化国家，都有很多成功的产业政策实践。根据技术和产业发展的新形势，借鉴国际经验，完善政策体系，是正确履行政府职能的客观需要。

按照适应和引领经济发展新常态的根本要求，完善新时期产业政策体系，营造有利于实体经济和工业发展的政策环境。根据新时期产业发展体系的新趋势与新特点，全面系统改进政策主体职能定位、政策原则、政策目标、政策领域和政策工具运用，正确看待和处理政府与市场、供给与需求、当前与长远、创新与发展、传统与新兴、自主与开放、跟随与赶超等重要关系，加快形成产业政策新体系，完善政策决策机制，提升政策制定水平，提高政策执行效率。

四、完善标准体系，实施战略性标准政策

标准是科学、技术和实践经验的总结。在知识经济、信息经济迅猛发展的今天，标准化的战略意义更加突出。标准是产业和市场竞争的重要手段，谁掌握标准制定权，谁就掌握发展主动权和主导权。"一流企业定标准，二流企业做品牌，三流企业做产品"，越来越成为社会共识。总体来看，我国标准缺失、老化、滞后的问题仍然突出，难以满足经济提质增效升级的需求。特别是当前信息化和工业化融合、节能降耗、电子商务等领域对标准的需求十分旺盛，但标准供给仍有较大缺口。我国主导制定的国际标准仅占国际标准总数的 0.5%，"中国标准"在国际上认可度不高。应加快完善标准体系，改进标准制定和实施，更好发挥标准化在推进国家治理体系和治理能力现代化中的基础性、战略性作用。

要深化标准化工作改革，围绕使市场在资源配置中起决定性作用和更好

发挥政府作用，着力解决标准体系不完善、管理体制不顺畅、与社会主义市场经济发展不适应问题。建立政府主导制定的标准与市场自主制定的标准协同发展、协调配套的新型标准体系。把该放的放开放到位，培育发展团体标准，放开搞活企业标准，激发市场主体活力；把该管的管住管好，强化强制性标准管理，保证公益类推荐性标准的基本供给。通过市场自主制定标准的增量带动现行标准的存量改革。让标准成为对质量的"硬约束"，推动中国经济迈向中高端水平。

要实施战略性标准化政策，推动中国标准"走出去"，提升国际话语权。强化标准作用，将标准政策提高到战略性政策高度，选择优势和重点领域，率先推进标准战略和国际化，树立中国标准的国际形象，提高中国标准的国际认可度和接受度。推动"中国标准"与"中国设计""中国生产"和"中国资本"的深度融合。提升中国标准的国际化能力。采用国际市场认可的方式组织标准制定，运用国际规范术语进行表述，推动国内标准化专业人员大规模进入国际标准化机构。围绕优势产业和优势技术，针对整个产业链制定标准，在企业之间建立战略合作伙伴关系，共同进入国际市场。

要积极开展行业标准互认合作，增进国际社会对中国质量的信任。积极推动我国与发达国家签署标准互认协议。协定实施后，互认范围内的产品将不再进行重复检测认证，可节省大量费用，并显著缩短贸易通关流程，从而惠及企业和消费者，树立中国制造在国际市场的良好形象。随着协定的实施，将深化贸易互信，促进在市场监督、技术研发等多领域的合作，对我国与其他国家或地区开展标准互认合作具有重要的示范意义，能够推动更多国家和地区实现与我国互认。

第二节　发挥行业组织作用

行业组织是工业治理体系的有机组成部分，是推动我国经济建设和工业发展的重要力量。改革开放以来，我国行业组织发展迅速，在为政府提供咨询、服务企业发展等方面发挥了积极作用。在新一轮产业变革形势下，要加快推动行业组织破解发展瓶颈，提升自身能力，实现转型发展。

一、加快推动行业组织的现代化转型

协会商会等行业组织是我国经济建设和社会发展的重要力量。在新形势下，要坚持市场化、服务化、社会化、全球化发展方向，加快转型升级，更好地服务于我国企业创新、开放发展。

加快形成政社分开、权责明确、依法自治的现代社会组织体制，创新行业协会商会管理体制和运行机制，激发内在活力和发展动力，提升行业服务功能。积极完善支持政策，加快立法步伐，细化行业协会扶持保障政策，健全政府购买公共服务机制，建立行业协会和政府部门之间便捷、顺畅的沟通协调机制。加快推动行业组织提质转型和市场化发展，大力发展核心业务，推进品牌建设，提高综合服务和自我发展能力。提升产业协同作用，打造行业公共技术服务平台，推动科技成果转化，促进行业技术创新与共享。完善企业合作机制，促进网络经济和实体经济跨界融合，互利共赢。打造融资服务平台，协调推进金融机构支持实体经济。推动行业组织走出去，建设国际化服务平台，在技术标准制定、行业秩序规范、国际市场开拓、贸易摩擦应对等方面发挥积极作用。

专栏 9-2　《行业协会商会与行政机关脱钩总体方案》

为加快转变政府职能，实现行业协会商会与行政机关脱钩，促进行业协会商会规范发展，2015 年 7 月，中办国办印发《行业协会商会与行政机关脱钩总体方案》。《方案》要求加快形成政社分开、权责明确、依法自治的现代社会组织体制，理清政府、市场、社会关系，促进行业协会商会成为依法设立、自主办会、服务为本、治理规范、行为自律的社会组织。《方案》提出四大原则，即坚持社会化、市场化改革方向，坚持法制化、非营利原则，坚持服务发展、释放市场活力，坚

持试点先行、分步稳妥推进。《方案》提出五大任务：机构分离，规范综合监管关系；职能分离，规范行政委托和职责分工关系；资产财务分离，规范财产关系；人员管理分离，规范用人关系；党建、外事等事项分离，规范管理关系。

二、加快建设创新型、融合型行业服务平台

公共服务平台是连接政产学研的纽带，是促进基础研究、应用研究、技术转移和扩散的重要载体，是促进信息流动和资源优化配置的重要渠道。德国弗劳恩霍夫协会、美国制造业创新中心等服务平台在推动技术创新和产业发展方面，都发挥了重要作用。在网络信息技术加速突破的形势下，要从体系、功能和治理结构等方面，加快新型服务平台建设。

加快完善公共服务平台体系，建立和完善"中国制造+互联网"融合创新综合信息平台，提供全方位、广覆盖、高质量的信息服务。建立各类融合创新实验平台，为新技术、新产品、新业务研发测试提供实验网络、验证环境等。加快建设工业互联网、智能制造、高端装备、云计算、大数据、人工智能等前沿核心技术和新兴产业发展联盟。着力打造重点产业技术联盟，推动构建区域性联盟。加快完善产业联盟和服务平台的治理结构、组织模式和运行机制，建立合作研发、收益分配、信息交流、人才培养、知识产权和成果扩散机制，提升平台综合服务功能，支撑重大战略研究和政策制定，加快核心基础技术创新突破，加强关键标准研制，组织试点示范，推广共性解决方案，搭建企业对接平台，促进跨界合作，开展专业培训，促进向中小企业的技术转移。

专栏 9-3　德国弗劳恩霍夫协会

德国弗劳恩霍夫应用研究促进协会是欧洲最大的应用科学研究机构，成立于1949 年。协会下设 67 个研究所，致力于面向工业的应用技术研究。协会在政府资助下，以企业形式运作，官产学研相结合，公益性地进行应用科学研究，是沟通基础研究、应用研究、开发研究的高效平台，是联结科技界、教育界、产业界、政府

界的纽带。协会是公助、公益、非营利的科研机构，为企业，特别是中小企业开发新技术、新产品、新工艺，协助企业解决自身创新发展中的组织、管理问题，具有多元化的科研投入转化机制、全面系统的人才培养机制、开放完善的专利保护服务机制。主要研究领域包括微电子、制造、信息与通信、材料与零部件、生命科学、工艺与表面技术和光子学等。近15 000名科研人员一年为3 000多家企业客户完成约10 000项科研开发项目。2016年汤森路透最新发布的全球最具创新力政府研究机构25强榜单中，弗劳恩霍夫协会名列三甲。弗劳恩霍夫协会具有很大的国际影响力，美国的国家制造业创新网络就是以该协会为样板建立和发展的。

三、推动行业信用建设和企业社会责任建设

行业协会作为行业自律服务的主体，是我国市场经济的重要支撑力量。行业协会在抓好行业基础服务的同时，应积极推动软实力建设，在先进企业文化建设、行业信用建设、企业社会责任履行等方面发挥主体推动作用。

要推动行业诚信体系建设。现代市场经济是信用经济，社会信用体系是社会主义市场经济体制和社会治理体制的重要组成部分。建立健全社会信用体系，是完善社会主义市场经济体制的迫切要求，是加快转变发展方式、实现科学发展的重要前提。我国社会信用体系建设虽然取得一定进展，但与经济发展水平和社会发展阶段不匹配、不协调、不适应的矛盾仍然突出。2014年6月，国务院印发了《社会信用体系建设规划纲要（2014—2020年）》，明确了社会信用体系建设的基本规划领域，指明了行业组织责任担当、发挥作用、体现价值的空间。行业组织要积极发挥行业信用建设的自律和自组织作用，以先进文化建设推动企业诚信发展，培育和规范信用服务市场，在观念转变、战略规划、科技导向、标准制定、文化建设、诚信发展、政策推动、国际合作等方面真正体现对企业、行业转型发展的服务引领作用，形成全社会共同参与和推进信用体系建设的合力。

要促进企业社会责任建设。加快建立促进企业履行社会责任的体制机制，加快企业社会责任建设立法，完善激励政策，引导企业积极履行对职工、

消费者、客户、社会、政府等利益相关者的社会责任。鼓励和引导企业守法经营和公平诚信，自觉履行法律法规规定的各项义务和责任，保障利益相关者的合法权益。增强重信守诺意识，坚守社会公德和商业道德，公平交易，反对不正当竞争。自觉抵制商业贿赂，营造良好的行业环境。支持社会第三方专业机构从重点行业和特殊领域入手开展企业社会责任评价工作。鼓励企业自愿参加社会责任评价，主动发布社会责任报告。广泛开展企业社会责任建设的基础培训，充分发挥行业协会等各类社会组织在促进企业履行社会责任中的作用，鼓励和引导社会各界积极参与。

专栏9-4　行业协会推进社会责任建设

中国电子工业标准化技术协会（简称：中电标协）组建社会责任工作委员会（简称：社责委），试点推进电子信息行业社会责任建设。坚持"政府指导、行业（协会）引导、企业主导、社会参与"的工作方针，以"建标准、做评价；抓实践、重推广；广合作、促融合"的工作思路，搭建行业社会责任的建设、服务和交流平台，做好行业社会责任建设的服务者和推动者，不断推动电子信息企业社会责任意识与能力提升，取得积极成效。

近年来，在广大电子信息企业的支持下，中电标协社责委秉承创新、协调、绿色、开放、共享五大发展理念，立足制造强国和网络强国战略大局，围绕"一带一路"国家战略的实施，加快推进电子信息行业社会责任建设。一是开展标准评价体系建设，推进行业社会责任共识的形成。组织行业力量借鉴国内外社会责任成果于 2016 年制定完成了 SJ/T16000–2016《电子信息行业社会责任指南》行业标准，并积极推动配套的行业社会责任管理体系和治理水平评价指标标准的研制等。目前中国电科、三星、松下、英特尔、百度等多家企业已参考指南完成了企业社会责任报告编写。二是开展推广合作体系建设，推进行业社会责任理念实践的传播及国内外交流合作。成功举办了连续四届"中国电子信息行业社会责任年会"，搭建企业社会责任报告集中发布和交流平台，电子信息行业主要央企、民企和外企在年会上发布社会责任报告。走进企业组织开展行业责任"行"等系列活动，相互交流学习社会责任理念和实践经验。开展标准国际合作网络建设，推动社会责任标准的国际间互融互信。三是实施行业社会责任意识能力提升工程，为企业提升社会责任意识和管理能力服务。面向行业组织开展了指南标准的企业试点示范工作，推动标准在企业的落地，中国电科、中国电子、苹果、松下、阿里、腾讯等 12 家企业成为首批标准试点示范企业。开展行业"社会责任实践基地"建设，通过树典型示范带动相关方共同关注，并积极参与行业社会责任议题的解决，推动负责任制造，推动互联网治理，推动各方联合起来共同打造电子信息产业绿色、可持续供应链和价值链，不断为促进电子信息产业可持续发展，促进电子信息产业软实力提升贡献力量。

第三节　提升企业经营管理水平

培育壮大一批有国际竞争力的创新型领军企业，是制造强国建设的重要任务之一。经过几十年的发展成长，我国企业竞争力已经显著增强，在《财富》杂志 2016 年世界 500 强名单中，我国上榜企业达到 110 家，稳居世界第二位。但是与先进国家企业相比，我国企业还存在差距，在制造业特别是高技术产业领域，差距尤其明显。当前，互联网与工业深度融合加快发展，正在全面变革产业组织形态和企业组织形式，应加快推动企业形成新型发展观，加快组织、管理转型步伐，提升产业发展领导力。

一、推动企业加快形成新型发展观

企业发展理念、价值观和愿景是企业软实力的核心，从根本上决定企业发展战略、道路和方向，决定企业发展格局和高度。当前，平台生态系统加快成为产业发展的主导组织形式，全球互联网、工业巨头积极打造开放发展平台，建立共生、共创、共享、共治的数字化生态系统，形成融合发展新优势。同时，绿色发展理念更加深入普及，成为优秀企业品牌的核心内涵之一，成为企业开拓增长新空间、建立竞争新优势的重要途径。要加快推动更多优秀企业形成引领方向的新型发展观，赢得世界认同和尊重。

强化生态系统观，从产业生态系统的全局，确立企业的发展定位、战略方向和战略目标，从生态系统角度，考虑企业的组织架构和运作方式，提升生态系统资源整合能力。强化开放发展观，建立开放式的研发创新模式，建立平台化的研发组织，鼓励企业内部创新创业，形成开放式的发展领域和方向，鼓励企业加快国际化发展步伐，提升市场开放发展能力。强化融合发展观，推进企业技术创新、产品与服务的融合发展，加快互联网、大数据、云计算等新一代信息技术与制造技术的融合，加快制造与服务的融合进程，提升研发设计、供应链管理、售后服务等生产性服务能力，创新企业与用户互动方式，提升产品的数字化、网络化和智能化水平，提升产品的服务附加值。强化和谐自然观，加强企业社会责任建设，促进企业公民与全社会的和谐共生，大力发展绿色制造，注重生态环境保护，实现经济发展与生态文明的同步发展，促进人类社会与自然的和谐共生。

专栏 9-5 华为践行绿色 ICT 理念

华为将绿色 ICT 的理念融入产品的全生命周期，持续创新提高产品能效，打造绿色通信网络。2014 年，华为的无线接入设备能耗仅为 7 J/Mbit，较 2012 年下降约 25 %，处于业界领先水平；华为参照业界标准建立了产品水足迹分析能力，率先在手机产品上开展水足迹评估，关注水资源的管理与保护，其中荣耀 6 plus 成为全球首款发布水足迹声明的手机，对于产品环保设计，提供了重要参考；在自身运营方面，华为积极引入清洁及可再生能源，全年在杭州和东莞基地共计完成约 15MW 太阳能光伏电站建设，截至 2014 年年底，已经累计建成 19MW 太阳能光伏电站，全年可发电约 2000 万度，减少二氧化碳排放 18 000 多吨。

二、支持企业的战略转型升级

当前，互联网与制造业融合正在加快深入发展，智能制造、工业互联网、线上线下融合等新业态新模式不断涌现。谷歌、Facebook、微软、亚马逊等信息技术公司正在加快在智能硬件等领域布局，通用电气、西门子、博世等工业巨头全面实施互联网战略，加快数字化、网络化、智能化转型，深刻变革企业组织架构，采取收购、兼并等方式，不断开拓新领域，建立融合发展新优势。通用电气宣称，未来每一个工业企业也必须是一家软件企业，计划到 2020 年跻身全球 10 大软件公司。博世公司 2016 年宣布启动互联网新战略，加强传感器、软件和服务等持续创新。在产业发展模式深刻变革和竞争格局深度调整的关键阶段，政府应更好地发挥统筹协调作用，引导和支持工业企业加快战略转型。

产业转型升级建立在企业转型升级的基础上，企业要重视技术、厂房和机械设备等硬件升级，更要重视企业文化和制度的战略升级，鼓励企业面向互联网、面向全球、面向产业生态系统的全局，加快企业愿景、发展战略、管理体系的战略变革。宣传推广先进制造企业的组织战略转型经验，建立企业组织战略转型案例库，全面推动制造企业的组织转型，建立更多"平台化、智能化、国际化"的创新型现代企业。

专栏 9-6 吉利汽车的战略转型

吉利开始造车时采取的是价格策略，以价格优势争抢市场。然后随着收入增加，中国消费者在购车方面的心态开始了变化，从"拥有一辆车"转变为"拥有一辆高品质的车"。在此背景下，2007 年 5 月，吉利提出了战略转型，在车型开发设计、安全、环保节能、车型品质保障等方面，进行脱胎换骨式的变化，将竞争策略由"价格领先"转变为在保持成本优势下的"技术领先、品质领先、全面领先"。从产品体系的改造、品牌体系的确立，到渠道形象的转型，吉利打出了一整套组合拳，果断停产豪情、美日、优利欧"老三样"，让自由舰、金刚、远景"新三样"主导产品体系，掀起了对包括研发、技术、设计在内的全球造车资源，尤

其是优势造车资源的大整合，而全球鹰、帝豪和英伦品牌的发布，成功收购沃尔沃等，则将品牌提升进一步深化。现在的吉利已逐渐从"造老百姓买得起的车"到"造最安全、最环保、最节能的好车"，从"有知名度"的品牌向"有影响力"的品牌过渡。

三、推动企业加快建立健全现代企业制度

企业是经济发展的主体，建立现代企业制度是完善基本经济制度的基础。现代企业制度是一个完整的制度体系，涉及政府、企业、社会等各方面的责权关系调整，包括产权制度、组织结构和经营管理等各个方面。企业改革一直是我国经济改革的重点，改革开放以来，国有企业改革发展不断取得重大进展，企业制度不断完善，运行质量和效益明显提升。建立现代企业制度是一个永无止境的系统工程，需要政府、企业、社会共同努力，根据技术创新、产业发展和企业竞争的新形势，学习国际先进企业治理制度和管理方式，把握变革方向，灵活改革创新，形成具有中国特色和世界影响力的管理思想和企业制度。

依法理顺政府与国有企业的出资关系，坚持政府公共管理职能与国有资产出资人职能分开，实现政企分开、政资分开、所有权与经营权分离，确保国有企业依法自主经营，激发企业活力、创新力和内生动力。完善公司治理结构，对企业负债行为建立权责明确、制衡有效的决策执行监督机制，加强企业自身财务杠杆约束，合理安排债务融资规模，有效控制企业杠杆率，形成合理资产负债结构。鼓励企业与国际先进企业对标，加强企业标准化建设，推进企业研发设计、物流、采购、安全生产、销售服务等管理标准化，提高运行效率。

专栏 9-7　央企试水混合所有制改革

中国电子信息产业集团自 2015 年起就开始布局国企改革，并率先在二级子公司试水混改。2016 年 12 月，旗下全资子公司、国内可信计算龙头企业"可信华泰"正式对外宣布，已完成混合所有制改革，获得由中电创新基金领投，深圳证格股权投资、共青城瑞达股权投资跟投的 1.2 亿元人民币战略投资。可信华泰通过本次融资不仅仅获得资金，同时也得到了新股东在资本运作、管理经验及资金方面的支持与帮助，激发了企业活力，市场化的运作也增强了企业实力，提高了国有资本运营效率。未来将继续加大在操作系统安全和信息应用系统安全领域的投入，通过发展自主可控、安全可信的核心基础硬件和软件，解决关键技术受制于人的问题。

军工、石化、民航、电信、船舶等多领域央企都已经将混改纳入 2017 年工作重点。在石油领域混改方面，中石油集团审议并原则通过了《集团公司市场化改革指导意见》和《集团公司混合所有制改革指导意见》。集团公司混合所有制改革要按照不同业务单元进行分类指导，坚持突出主业、优化结构、搞活机制、提高效益的原则，并提出了分类推进、引入各类资本、完善公司治理等主要改革举措。中国船舶工业集团（中船集团）提出，将积极发展混合所有制，优先选择在纯民品、竞争性强的业务领域，引入各种所有制资本。具体包括：优化国有股权结构，积极利用资本市场配置资源，深入推进资产证券化工作，放大国有资本的杠杆效应，实现军民融合深度发展，规范骨干员工持股改革等。

第十章 强化人才支撑，夯实工业软实力建设根基

工业软实力建设，基础在人，关键在于培养建成三支高素质人才队伍，即一支倡导实业报国理念，具有战略眼光和全球视野，敢于担当、勇于作为、诚信务实的企业家队伍；一支倡导科研报国理念，拥有高尚的道德情操和精神追求，强烈的社会责任感，广博的知识面，且拥有较高文化素养的工程技术人才队伍；一支倡导劳动报国理念，爱岗敬业、甘愿奉献、精益求精、开拓创新、诚实守信、持之以恒的产业工人队伍。

第一节 培养高素质企业家队伍

企业家是市场经济环境下产品及生产设备、技术和工艺研发创新的推动者，是新商业模式、新业态、新领域的开拓者，是商业法则的保护者和市场秩序的自觉维护者，是市场机制中最基本的要素。我国发展社会主义市场经济、发挥市场在资源配置中的决定性作用，特别在当前我国经济转型升级、新旧动能转换的关键阶段，需要培育一大批有责任心、有创新精神、有报国情怀、有国际视野的高素质企业家。

一、完善老中青企业家梯队建设

我国一直重视企业家队伍建设，涌现出柳传志、张瑞敏、董明珠、任正非、鲁冠球、王传福、李书福等一批具有世界影响力的企业家。但他们大多出生于 1970 年以前，创业或接班成功的 70 后、80 后和 90 后等中青年企业家，多从事或转型从事金融、证券投资、房地产、IT、互联网等领域，工业领域 80 后和 90 后的青年企业家数量很少，很多制造业家族企业更是面临找不到接班人的尴尬局面。造成这一局面的原因是多方面的，如相较于 IT、互联网等领域，制造业工作条件比较艰苦，取得成功的周期相对较长，且当前制造业利润下滑严重、投资吸引力下降。在当前的社会舆论导向下，金融、IT、投资等领域对成功者的曝光率更高，且被定义为成功的年轻人也更多，这对其他年轻人来讲产生了榜样作用，带动更多的年轻人以之为目标制定自己的人生规划。未来工业领域企业家队伍可能会出现青黄不接的局面，因此必须强化老中青企业家梯队建设。

一方面通过不同层次的教育和社会舆论引导更多的年轻人热爱制造业、从事制造业，激发年轻人为实现工业强国建设目标而奋斗的责任感和使命感。从基础教育阶段做起，鼓励学校多组织学生到制造业企业参观，支持企业开发针对青少年的参观旅游项目，针对青少年的兴趣点和认知能力拍摄并推出一批制造业科教片，使青少年可以较早地接触制造业、感知制造业并爱上制造业，为其未来围绕制造业选择发展方向奠定基础。引导社会舆论多宣传工业领域青年企业家的事迹和成绩，让青年企业家成为明星榜样，带动更多的年轻人学习。在支持创业方面，应更多扶持依托自主研发的工业产品创业项目。

另一方面发挥老企业家传帮带作用。推动发起倡议，号召老企业家多扶持青年企业家，探索实行企业家培养导师制度，选择知名老企业家担任导师，对青年企业家提供指导咨询，传授经验方法，帮助青年企业家解决创业路上的困难，带动青年企业家快速成长。畅通老中青企业家沟通交流的渠道，在不同行业推动建立老带新的帮扶机制，支持老企业家结合自身经历对青年企业家进行宣传教育，引导青年企业家投身制造业。

二、重点培育新一代企业家

虽然我国企业家队伍不断扩大，青年才俊层出不穷，但与实现制造强国战略目标和"中国梦"相比，我国还需要更多高素质的新一代企业家。

第一，要培育新一代企业家的进取意识和国际竞争意识。特别是对于家族企业的接替者，要通过理论培训和实践锻炼相结合的方式，鼓励他们不断开拓创新、锐意进取，引导他们参与国际竞争与合作，组织新一代企业家多参与国际展会、交流会、企业家论坛等活动，畅通企业家与其他国家企业，甚至政府部门沟通交流的渠道，促进新一代企业家走出国门，走向世界。

第二，创新用人和发现人才的方式。重点在国有企业转变论资排辈的用人理念，建立竞争上岗、优胜劣汰的用人机制，鼓励综合素质好、决策能力强、经营业绩突出、发展潜力大的优秀人才担当重任，承担市场开拓、重大工程实施、重大改革推进等协调事项多、推动难度大的工作，促进优秀人才早日成长为优秀的新一代企业家。

第三，加强新一代企业家后备队伍建设。选送具有发展潜力的企业优秀管理人才到国外知名企业、大学研修，推动专业培训机构提升对现代企业经营管理制度、品牌战略、精准营销和服务、跨国并购和投融资、创新能力建设、知识产权保护及国际贸易等方面培训质量。建立健全企业经营管理人才职业能力开发体系，指导企业经营管理人才以成为新一代企业家为目标做好职业生涯规划。

第四，加强新一代企业家的社会责任意识培育。通过中华传统优秀文化的宣传教育，提升新一代企业家的文化素养，强化年轻企业家的责任意识、大局意识，引导新一代企业家在能力范围内多为社会作贡献。

三、营造适合企业家成长的环境

环境对企业家的成长尤为重要。2016 年，中共中央印发的《关于深化人才发展体制机制改革的意见》明确提出要进一步营造尊重、关怀、宽容、支持企业家的社会文化环境。未来培育高素质企业家的关键是要营造适合企业家成长的社会环境、市场环境和政治环境。

第一，营造适合企业家成长的社会环境。尊重企业家成长规律，既不能拔苗助长，也不能放任不管，要允许企业家在创新、业务开拓等方面的失败，特别是社会舆论方面不能对企业家一些还处于探索阶段的创新业务和做法过早地否定。要逐步建立完善企业家容错帮扶机制，引导各类中介服务机构、媒体等多帮助企业家，为企业家开展海外并购、争取合法权益、推进重大项目、开拓新业务等提供咨询、指导或力所能及的支持。支持企业公共服务平台建设，为企业家成长提供教育、培训、咨询、渠道、宣传等方面的服务。

第二，营造适合企业家成长的市场环境。尊重市场规律，打造公平竞争的市场环境和公开、透明、法制的营商环境。加强市场监管，重点加大对假冒伪劣、侵权产品的打击力度，避免劣币驱逐良币的现象发生；加大对恶意降价等恶性竞争行为，违规拿地等破坏公平竞争行为的打击力度，依法依规实施反垄断，维护公平竞争的市场环境。

第三，营造适合企业家成长的政治环境。强化企业家在企业发展战略决策中的主体地位，各级政府部门不干预企业家合法经营，稳定企业家预期。全面推进简政放权，进一步梳理并撤销不必要的审批和收费项目，为企业家减负。加快建设服务型政府，转变政府执政理念，缩短办事流程，减少不必要的办事环节和手续，全面推行一站式办公，提高工作效率，增强政府为企业服务的能力。

第二节　培育高端工程技术人才

从当今制造业发展趋势和制造大国和强国之间的对比看，高端工程技术人才的拥有量已成为衡量一个国家综合竞争力的重要指标和依据。我国工业化进程正处于由中期向后期迈进的阶段，工业转型升级对生产技术、工艺及效率、安全、环保、节能和质量等方面的要求大幅度提升。因此，培育大批高端工程技术人才，对我国走新型工业化道路，提升工业软实力，加快工业转方式、调结构，实现制造强国的战略目标具有重大现实意义和深远的战略意义。

一、完善工程技术人才培养体系

我国高度重视工程技术人才的培养，历经数十年探索，基本建立起以高校、企业和专业培训机构为主体的工程技术人才培养体系。建成的工程实验室、工程研究中心、企业技术中心等成为高端工程技术人才聚集的高地和展示才华的舞台。截至 2015 年年底，我国累计建设国家工程研究中心 132 个，国家工程实验室 158 个，国家认定企业技术中心 1187 家，未来需要继续加强工程技术人才培养体系建设，特别是高端工程技术人才培养体系建设。

第一，推动高校和专业培训机构建立学科专业动态调整机制。重点围绕《中国制造 2025》提出的重点发展领域、方向及人才紧缺领域的需求，调整专业设置，增设前沿和人才紧缺学科专业。强化 3D 打印、VR/AR 等特色学科专业建设，围绕制造业产业链、价值链和创新链升级及制造流程再造，面向电子、钢铁、石化、机械、轻工、纺织等传统产业高端化发展趋势，完善优化传统学科专业建设，增强相关领域高端工程技术人才培育能力。

第二，创新发展工程技术人才培育机构。发挥试点示范带动作用，探索推动有条件、有意愿的企业与高校和专业培训机构共同建设应用技术大学、学院，面向制造业共同打造一批一流学科，围绕当前产业融合发展趋势，加快发展交叉学科，孕育新的学科生长点，将应用技术大学、学院打造成为"工程师的摇篮"。鼓励高校、科研机构、工业企业联合建设一批制造业工程技术人员继续教育基地，对涉及《中国制造2025》重点行业和关键环节的工程技术人员实施专项培训。

第三，鼓励企业继续加强工程实验室、工程研究中心、企业技术中心等高端工程技术人才培育平台建设，建立完善国家级工程实验室、工程研究中心等平台的资源共享和人才交流机制。探索建立名师带徒制度，支持院士在工业企业建立工作站，帮助企业培养工程技术人员。围绕高端装备、新材料、新能源等重点领域，高水平、高标准建设一批制造业创新中心，使之成为培育和汇聚高端工程技术人才的新高地。

专栏10-1　新松机器人收购德国百年职教学院强化高端人才培养

2016年，由沈阳新松机器人自动化股份有限公司和沈阳安信咨询顾问有限公司共同出资成立中德新松教育集团，全资收购了德国陶特洛夫职业培训学院。陶特洛夫职业培训学院拥有百年的办学历史和国际最先进的实训设施，它采用德国特有的双元制教育体制，职教经验丰富，师资力量强大，是德国机械工程方面最为专业的再教育培训机构。此次并购是新松机器人面向未来培养高端人才的一次重要战略布局，一方面可以为新松机器人输送大量优质员工，破解其高级技师与工程师经常出现缺口的难题；另一方面也将促进中德新松教育集团汲取德国高水平的双元制教育经验，为其打造成为国际知名的中高端智能制造产业职业技术人才培育集团奠定基础。

二、拓展工程技术人员文化知识领域

当前，新一轮科技革命和产业变革正在蓬勃兴起，可穿戴智能产品、智能家电、智能汽车、服务机器人、智慧医疗等智能产品的不断推陈出新，加速了制造业与健康医疗、教育、养老、家居服务等民生产业的融合。当今时尚、个性的消费潮流则促进了消费者消费层次的不断提升，文化内涵成为影响消费者选择商品的重要因素，这些变化都要求新一代工程技术人员在工业活动过程中要更多考虑社会效益、民生效益，特别是产品研发设计人员要更多考虑消费者的心理预期和文化诉求。因此，未来要培养一批掌握社会学、心理学等跨领域知识，具备较高文化素养的新型工程技术人才。

一方面，加强对工程技术人员文化素质方面的培养，引导工程技术人员在产业研发设计方面多考虑当前消费者的文化诉求。重点培养工程技术人员的审美、时尚意识，鼓励工程技术人员利用闲暇时间多浏览历史、哲学、文学、艺术、美术等方面的书籍，增强文学艺术修养，支持企业和相关教育培训机构不定期组织工程技术人员到自然、艺术、美术博物馆参观，引导人文社科院校等配合工程院校、理工科园区、工业企业及相关培训机构共同培育工程技术人员，鼓励人文社科类院校安排专业讲师为工程技术人员讲授人文艺术、美术等方面知识，推动建立和畅通工程技术人员与文化事业工作者的沟通交流平台和渠道，鼓励工程技术人员之间的文化交流。

另一方面，启动实施工程技术人员民生知识更新工程。引导医疗、心理、教育等民生领域专业院校、机构与制造业企业合作，安排专业讲师为工程技术人员传授医学、教育学、社会心理学、健康学等方面的知识，便于工程技术人员在相关产品、设备和工程项目等设计和实施过程中加以运用。推动相关培训机构开设以传授社会民生方面知识为主的培训课程，便于工程技术人员学习掌握，鼓励工业企业联合专业院校和培训机构打造跨领域的知识交流平台，为工程技术人员了解更多的民生知识创造便利条件。

三、创新工程技术人才培养模式

面向制造业智能化、网络化、绿色化、服务化等发展趋势对高端工程技术人才的需要，推动高校、企业及专业培训机构等创新人才培育模式，加强复合型工程技术人才培养，培育一批适应先进制造业发展趋势的卓越工程师。

第一，推动高等院校与工业企业建立工程技术人员联合培养模式。鼓励高等院校面向工程技术人员的继续教育建立跨院系、跨学科、跨专业交叉培养机制，推动高校与工业企业探索建立工程技术人员终身教育机制，允许工程技术人员根据工作需要随时进校学习，学校图书馆、实验室等资源向工程技术人员开放。

第二，打造多元化的工程技术人员培养平台和通道。充分发挥信息网络在知识共享和传播方面的基础性作用，支持高校与工业企业面向工程技术人员培养联合设计网络培训课程，提供在线授课、可下载的视频授课等方式让工程技术人员学习。发挥国内龙头企业的带动和引领作用，推动龙头企业与跨国公司、国际专业研究机构、国外知名企业等合作，建立或畅通工程技术人员海外培育通道，为工程技术人员赴海外学习创造条件。强化大师工作室对工程技术人员的培育功能，支持企业、职业院校聘用国内外高级工程技术人员来大师工作室带徒传艺。发挥政府和行业协会组织协调功能，支持有条件的政府部门和行业协会组织工程技术人员赴海外学习培训。

第三，深化工程教育教学模式改革，转变"重论文、轻实践"的教育思路，加强工科学生实习制度建设，强化学生工程实践能力培养，重点围绕"四基"建设、智能制造、"互联网+制造"等领域，培养先进设计、数字化建模与仿真、工业控制及自动化、云制造和大数据运用等方面的工程技术后备人才。支持企业在职人员以非全日制方式攻读硕士专业学位，鼓励招生单位扩大工业重大基础研究、重大科研攻关方向的博士研究生培养规模，提高重点领域专业学位研究生培养比例。

第三节　建设适应工业高端化发展的产业工人队伍

产业工人是工人阶级的主体力量，是最富有组织性、纪律性的群体，是工业现代化建设的根基。没有强大的产业工人队伍支撑，无论是工业转型升级规划还是制造强国战略部署都将成为一纸空文。因此，未来我国工业向高端化迈进，亟需培养一批有理想守信念、懂技术会创新、敢担当讲奉献，适应制造业高端化发展的产业工人。

一、借鉴国际经验革新产业工人培养模式

我国现代工业起步较晚，虽然也涌现出一批像王进喜、郝建秀等具有崇高工业精神的产业工人，但在产业工人培养模式和机制设计方面还需向德国、日本等工业强国学习。特别是德国"双元制"产业工人培养模式，为德国培养了大量严谨认真、技能水平高、岗位基础知识扎实的产业工人。我国应借鉴德国经验，建立符合我国国情的产教融合培养模式。

一方面结合国情深入推进"双元制"教育模式改革。推动工业企业和院校成为产业工人培养的协同主体，完善职业教育相关法律法规，研究出台《校企合作促进办法》，明确工业企业参与产业工人培养的权利、责任和义务，打通职业教育和企业培训通道，并以立法形式支持"双元制"教育模式改革，开展"双元制"培养试点，鼓励针对紧缺人才的"订单式"培养。推进职业教育集团化办学，鼓励具备条件的工业行业组织、重点企业与职业院校共同组建一批深度融合、特色鲜明、效益显著的先进制造业职业教育集团，支持职业教育集团创新办学模式、培养模式、教学模式和评价模式，促进产业链、岗位链、教学链深度融合。

专栏 10-2　天津中德应用技术大学实践"双元制"办学模式

天津中德应用技术大学前身为 1985 年中国政府和德国政府合作建立的天津中德职业技术学院。2015 年，经教育部同意，建立天津中德应用技术大学。该学校涵盖了四年制本科教育、高职教育、技工教育、留学生教育等多个层次，近年来一直致力于创新国际合作和校企合作的办学模式。现已形成"德国合作为本、国际合作多元化"的办学特色，在中德、中日、中西政府级项目合作的基础上，成功拓展了与新加坡、加拿大、韩国、古巴、泰国等国的合作。同时，通过搭建高端合作平台、举办高水平订单班、共建企业培训中心等方式，与行业龙头企业和重点企业开展深度合作，主导建立了天津市国防科技工业高技能人才培养培训基地、保税区大众供应商工业园技能人才培养基地等实训基地，实现了"双元制"的本土化。

另一方面充分发挥企业在产业工人继续教育、再教育中的重要办学主体作用，面向《中国制造 2025》提出的制造业十大重点领域，推行校企联合招生、联合培养的现代学徒制和企业新型学徒制。鼓励工业企业在自动化、智能化改造过程中做好产业工人培训和转岗工作，对转岗工人给予更多关怀和培训指导。支持"走出去"的工业企业在当地设立职业学校和培训机构，培养、培训本土化人才。采取以奖代补的财税金融政策，激励企业加大在产业工人培养方面的资金投入力度，加强实习实训基地等相关基础设施建设。

二、提高产业工人科学文化素养

人工智能、大数据、云计算、物联网、移动互联网、虚拟现实、机器学习和深度学习等复杂技术及自动化、智能化等先进设备和生产线在工业领域的应用，不仅对工程技术人员的知识储备提出了新要求，也对产业工人的科学文化素养提出了更高的要求。当今的产业工人不仅需要掌握先进信息技术基础知识和应用技能、自动化设备维护基础知识和系统调试技能、大数据基础知识和数据分析技能等新知识和新技能，还需强化创新意识和责任意识。

培育新一代产业工人，首先要发挥社会舆论、政策引导作用，推动工业企业打破"我培养的产业工人只能为我所用"的传统观念，树立"为工业强国建设、为实现中国梦"培养新一代产业工人的意识，以开放、包容的心态培养产业工人。

第二，要鼓励和引导产业工人主动学习计算机、互联网、大数据、自动控制等方面的知识，高校、专业培训机构和企业应搭建平台、创造条件、开放资源，支持产业工人学习相关知识。职业院校、专业培训机构要针对产业工人增设信息技术应用、自动化仿真系统调试和操作、大数据分析、工业机器人操作和基础维护等技能培训项目，推动企业与职业院校、专业培训机构合作，定期安排相应的培训师分批对一线工人进行技能培训，或者允许一线工人分批分阶段参加相关培训。推动企业与职业院校、专业培训机构针对先进信息技术、工业机器人技术、智能生产技术等技术应用，联合编撰新的培训教材、设计专业培训慕课（MOOC），供产业工人自主学习借鉴。

第三，注重培养产业工人的创新能力。德国、日本等国家工业领域的技术改进和创新很多来自一线的产业工人，因此，要对产业工人的创新想法和活动加以重视，同时要激励产业工人有意识、有准备、有目的地进行技术改进和创新。重点要通过专业教育培训，培育产业工人发现问题、提出问题、研究问题、解决问题的能力，将创新教育融入产业工人教育培训的全过程，建立专业服务平台，对产业工人的创新想法和活动进行相关指导和服务。

第四，强化产业工人绿色责任意识。号召相关职业院校、专业培训机构及各工业企业面向产业工人开展绿色制造教育培训，引导产业工人树立绿色观念，增强绿色制造技术技能，养成绿色生产方式和行为规范，推动企业制订实施绿色生产标准和规范。

三、提升产业工人的社会地位

产业工人在20世纪50—60年代为新中国工业起步及逐步建立完整工业体系做出了突出贡献，在当时对工人模范的大力宣传和全社会对产业工人的推崇使产业工人具有较高的社会地位，工业一线生产岗位也成为热门就业岗位，大量年轻人争当产业工人，很多年轻姑娘也将工业领域的劳动模范作为择偶的第一选择。但进入 21 世纪以来，证券、金融、互联网、演艺、房地产、文化传媒等领域以其丰厚的待遇、现代化办公的优异条件和媒体曝光率带来的社会知名度牢牢抓住了 80 后、90 后这一代年轻人。而工业一线生产岗位工作条件艰苦，工人待遇增长缓慢，上升空间有限，加之当今社会拜金主义、拜权主义等不良思潮盛行，导致产业工人的社会地位下降，对受过专业培训和高等教育的年轻人的吸引力明显下降，很多接受过高等教育的年轻人进入工厂的目的也是想通过几年的生产实践为进入管理岗位积累资本。因此，当前制造业很多企业面临产业工人青黄不接的困境，虽然有广大农民工的储备资源，但与传统产业工人相比，农民工科学文化素质相对较低，企业培育成本较高，一般很难胜任操作数控设备、自动化设备等复杂工作，且他们更看重工资待遇，经常因为工资问题调换工作，不利于企业产业工人队伍的稳定。所以，未来亟需通过提高产业工人社会地位，来吸引更多受过高等教育和专业培训的年轻人加入产业工人队伍。

第一，建立产业工人薪酬待遇正常增长机制。建立完善科学合理的产业工人薪酬待遇决定机制、增长机制和支付保障机制。推行企业工资集体协商制度，完善产业工人最低工资增长机制，合理确定最低工资标准，精简归并"五险一金"，适当降低缴费比例。健全高技能人才薪酬体系，提高技术工人工资水平，在薪资待遇上让产业工人与管理者、技术人员享有同等地位。

第二，健全面向产业工人的社会保障体系，提高社会保障能力和水平。发挥工会保障产业工人合法权益的作用，提升工人就业安全感，对用工单位尤其是农民工劳务派遣中介组织加强监督，确保落实相关法律法规。完善居住证制度，加快解决农民工在住房、教育、医疗等方面的后顾之忧，推进有能力在城镇稳定就业和生活的农民工进城落户。合理确定不同工种工人退休年龄和领取养老金的年限，对劳动强度大、健康欠佳，但又未到退休年龄的中年工人适当放宽年限。

第三，拓宽产业工人上升通道。构建职业技能多元化鉴定和评价体系，突出在自动化、智能化条件下实际操作能力和技术工艺创新能力的考核和评价，鼓励农民工及从事简单一线生产操作的产业工人通过参加继续教育提升技能水平并参与相关职业技能鉴定和评价，力争成为高技能人才。推动鼓励企业建立首席技师制度和完善以技能考评为基础的产业工人职级晋升制度，将福利待遇、发展机遇与工人技能水平紧密挂钩。鼓励产业工人在生产过程中进行技术改进和研发创新，引导企业支持产业工人依托技术改造和研发创新进行内部创业，实现由传统工人向创业者的转变。

第四，提高优秀产业工人的曝光率并增强其社会影响力。积极推动劳动竞赛活动，办好全国职业院校技能大赛和全国数控技能大赛，推动电视台、网络媒体对大赛实况进行现场直播、转播或录播，加大对优秀产业工人的宣传力度，提高产业工人的社会认可度。劳动模范、感动中国人物等具有较高社会影响力评选活动多向为制造强国建设做出突出贡献的产业工人倾斜，加大表彰力度。

案 例 篇

创新驱动　人才为本

京东方：颠覆性创新与人才体系建设　企业快速发展的秘诀

贝达药业：创新引领企业发展

天津力神：构建软实力　加快转型升级

烽火通信：创新改变世界　责任助推发展

安徽合力：创新驱动世界五强之路

新松：聚力创新　缔造世界一流企业

京东方

颠覆性创新与人才体系建设　企业快速发展的秘诀

导读： 京东方科技集团股份有限公司（以下简称"京东方"）自创立以来，
始终坚持创新驱动发展，在以推动全方位颠覆性创新的发展战略指导
下，持续推动创新变革，不断强化创新理论、投入和体系支撑，深化
协同创新，经过多年不懈努力，现已发展成为全球半导体显示领域极
具活力和竞争力的领先企业。京东方的崛起，不仅极大地改变了全球
半导体显示产业格局，还持续推动了行业供给侧提升，成为以创新推
动供给侧改革的样板企业。同时，京东方始终重视人才体系建设，致
力于营造尊重人才的文化氛围、拓展人才发展空间、关爱人才，发掘
和培养出众多优秀人才，为半导体显示产业贡献了宝贵财富。

京东方创立于 1993 年 4 月，是半导体显示领域的领先者，是物联网技
术、产品和服务提供商，核心业务包括显示器件、智慧系统和健康服务。显
示器件产品广泛应用于手机、平板电脑、笔记本电脑、显示器、电视、车载、
可穿戴设备等领域；智慧系统为新零售、车载、金融、教育、艺术、医疗等
细分行业领域提供物联网整体解决方案；健康服务业务与医学、生命科技相
结合，发展移动健康、数字医院和再生医学，整合健康园区资源。

截至 2017 年 5 月底，京东方在北京、成都、合肥、鄂尔多斯、重庆、
福州、绵阳等地共有 11 条面板线（2 条在建中），包括 1 条 4.5 代、1 条 5 代、
1 条 6 代、4 条 8.5 代、1 条 10.5 代 TFT-LCD 生产线，1 条 5.5 代 LTPS/AMOLED
生产线和 2 条 6 代柔性 AMOLED 生产线。

半导体显示产业是技术变革迅猛、资金投入密集的高端产业。京东方进
入半导体显示产业时，全球半导体显示产业已形成韩国、日本、中国台湾"三

足鼎立"的格局,该领域的核心技术和大部分市场份额被韩国、日本、中国台湾的企业所垄断。而半导体显示产业又是关系国民经济和社会发展全局的基础性、先导性和战略性产业,其发展意义重大。当时,大陆相关产业基础十分薄弱,本土人才严重缺乏,真正具有经验的人才如凤毛麟角,核心技术掌握在海外企业手中。

　　面对技术、资金等带来的多重挑战,京东方负重前行,坚定走自主技术创新的发展道路。2003 年,京东方通过跨国收购进入液晶显示产业,通过消化吸收再创新,在国内利用自主技术建设生产线,并在此基础上持续投入更高水平的技术和工艺研发,不断为产业升级储备能力。对于从无到有发展半导体显示产业面临的人才问题,京东方充分认识到核心技术人才和优秀管理人才的重要性,始终高度重视培养有能力的人才团队。京东方充分尊重和信任人才,不断激发人才潜能,在成就人才发展的同时,锻造出有规模有实力的人才团队,并持续促进和加强人才培养。

一、创新是企业发展的灵魂

（一）敏锐洞察奠定发展先机

　　创新是一个持续、长期的过程,尤其在高科技领域,创新与发展是相辅相成、如影随形的。企业在发展过程中将会不断面临选择的岔路,只有拥有长远的产业洞察力,才能在各个岔路口,为创新和发展选择正确的方向。而产业洞察力来自产业内长期、踏实地深耕与钻研。

1）把握先机进入快速发展通道

20 世纪 90 年代中期，中国显示产业和彩电行业普遍认为 CRT 还有 10 年甚至更长时间的"黄金期"。彼时的京东方先于中国产业而觉醒，做出了 CRT 必将很快被液晶显示所替代的判断，成立了预研小组，在整个中国产业界，率先开始了对平板显示的研究。

90 年代末，京东方决定正式进军液晶显示行业。当时全球显示技术的研究方向主要围绕 TFT-LCD、PDP、FEP。京东方正确地选择了 TFT-LCD 领域，并立誓要成为"世界领先者"。自 2000 年开始，半导体显示在全球范围迅速替代真空显示，CRT 显示迅速被淘汰，TFT-LCD 在液晶显示竞争中脱颖而出成为市场主流。提前洞察并作出战略抉择的京东方主动参与到全球显示产业的大变革中，由此开始了快速成长之路。

2）历练积淀提出行业"生存定律"

在液晶显示领域的发展历程中，京东方董事长王东升通过对半导体显示技术特点和行业周期波动的多年研究，创造性地提出"显示行业生存定律"，即"若保持价格不变，显示产品性能每 36 个月须提升一倍以上。这一周期正被缩短。"该定律后来被业内公认并命名为"王氏定律"，成为显示领域的"摩尔定律"。

以"王氏定律"为指引，创新逐渐成为京东方构建核心竞争力的根本。"王氏定律"也为京东方的创新指明了方向和速度。

3）审时度势制定转型发展战略

京东方于 2003 年进入 TFT-LCD 业务领域，经过多年的发展，已成为该领域的全球领先者。进入 21 世纪 10 年代，物联网、人工智能和大数据正推动人类从信息社会迈向智能社会，京东方抓住第四次产业革命中生命科技和健康产业颠覆性发展的历史性契机，于 2014 年启动 DSH 战略转型，由原有的显示器件事业向智慧系统事业和健康服务事业延展，向软硬融合、应用整合和服务化方向转型。2017 年明确公司定位：为信息交互和人类健康提供智慧端口产品和专业服务的物联网公司。

根据这一战略，京东方提前布局物联网，为未来更广阔的创新发展奠定了基础。未来，京东方的业务将沿着三大业务方向转型升级：向着软硬融合、应用整合和服务化的三大产业趋势转型。

4）"芯屏气/器和"开创协同创新先河

在确定了战略转型方向之后，京东方又创造性地提出了"开放两端 芯屏气/器和"的物联网生态理念。物联网是由功能硬件、计算单元、传感单元、人机交互单元、通信单元、软件与内容等要素组成的系统。芯片是计算、通信、传感等单元的核心部件；显示屏是人机交互单元的核心部件，也是未来物联网最重要的信息出入口；软件和内容是无形的，如同空气一样存在或被传送，可以称之为"气"；各类功能硬件是有形的"器"，它们要成为物联网的节点或端口，需要加上芯、屏和软件。因此，物联网就是将相关的芯片、显示器件、软件和内容、功能硬件和谐地组合起来，形成一个人与人、人与物、物与物相连的价值创造系统。京东方把这一新系统及其形成过程称为"芯屏气/器和"。

为了实现这一融合，京东方决定全面开放技术端和应用端，并将与产业各界携手，全面推动半导体芯片、显示器件、软件和内容、功能硬件的和谐组合，创新应用，开拓市场新机会。

（二）完善体系提供创新发展保障

创新是当今中国发展的核心推动力，也是每个行业、每个企业持续成长的核心竞争力。但创新之路无比艰难，因为这是一条充满荆棘的长期之路，绝非短期、阶段性可为。

京东方自进入显示领域起，就为自己制订了长期发展计划并一直贯彻执行。

京东方根据自身状况和产业特性，明确了五个阶段的战略定位：进入者、追赶者、挑战者、领先者和领导者，五年一个阶段，为企业的发展树立了一步步的目标。这五个发展阶段就是京东方逐步构建并完善自主创新体系的过程。

2003 年，京东方通过战略并购韩国现代旗下 TFT-LCD 业务，在日本、韩国和中国台湾地区构建的全球显示产业格局中，撕开一条裂缝"杀入"液晶显示领域，成为进入者和追赶者。

并购为京东方带来了入场券，但无法让京东方在被国际大公司和老牌巨头所垄断的产业内异军突起。以并购为契机，京东方为自己找到一个平台：一个学习和搭建创新体系的平台。并购完成后，京东方顶住巨大的财务压力和竞争压力，通过消化、吸收、再创新，迅速在国内自主建设较为先进的第五代 TFT-LCD 生产线（简称 5 代线）。通过 5 代线的建设和运营，京东方建立了高强度的学习平台，为本土液晶显示产业培育了大量技术、管理和建线人才。中韩两国工程师融合再创新，使京东方形成了至关重要的三大能力——建线能力、产品开发能力、工艺创新能力。

历经 10 年的进入者和追赶者阶段，京东方实现了快速发展，市场份额强劲上升，原先全球显示领域的"铁三角格局"，也转变成中国大陆、日本、韩国和中国台湾地区"三国四地"的全球市场格局。

在进入挑战者阶段后，京东方不断完善其初具雏形的创新体系，提出技术、产品和管理的创新，不断加速和提升自己的创新能力，要在挑战者阶段内实现从追赶者变为赶超者的战略转折。

2008 年京东方就提出模仿性创新与颠覆性创新的比例为"七三开"，在 2011 年又提出两者比例为"五五开"，2014 年提出开始全面迈向颠覆性创新的新阶段。

2013—2015 年，京东方已经连续保持五个"第一"：毛利率全球业内第一，新申请专利数量全球业内第一，全球首发产品比例居全球业内第一，智能手机用液晶屏市场份额全球业内第一，平板电脑屏市场份额全球业内第一。从产能规模上，京东方已经排在全球前五位。

2016 年京东方已进入自身发展战略的第四个战略阶段——"领先者"阶段，全球半导体显示产业也呈现历史性转折：日本企业正在衰落，中国大陆企业的产能将很快超过台湾地区企业；全球市场格局将出现中韩"双雄对峙"。京东方也已经步入全面颠覆性创新的新时期。

从模仿性创新阶段迈进颠覆性创新阶段，首先是创新理念与创新方式的转变。以往，中国企业一般采取"从下往上打"的模仿性创新策略，仿照别人的新技术，仿制别人的新工艺，仿造别人的新产品，仿效别人的新模式，从价值链的中低端开始，以更低的成本和更好的品质，一步步拾级而上。但如此做法，中国制造业赚的是利润微薄的辛苦钱，而且屡次遭受各种各样的国际贸易制裁。如今，京东方致力的颠覆性创新的首要目标是自上而下的顶层设计，这种"从上往下打"的逆向思维方式并非凭空想象与闭门造车，而是以客户需求与用户体验为导向。互联网时代，决定性力量已彻底转到消费者手上。以用户体验为中心、以客户需求为导向的颠覆性创新，是一种系统性创新。技术创新是企业根基，技术行，不一定能赢，但技术不行，一定输。然而，仅仅在技术创新上的突破是绝对不够的。京东方要将产品创新、技术创新、管理创新、商业模式创新四个方面整合起来进行系统性的创新。

（三）携手各界致力共创创新价值

想实现颠覆性创新，特别需要营造全社会参与、互动、融合的创新生态系统与创新文化氛围。我们已经进入"创新 2.0 时代"，用户创新、开放创新、大众创新、协同创新等成为一种"新常态"，这是京东方这样的中国企业迈进颠覆性创新新阶段的必要前提与巨大机遇。因此，京东方既要借势"创新 2.0 时代"成为颠覆性创新典范，以示范效应影响与带动更大范围的社会性创新，更要以自身所积累的创新能力与创新资源搭建一种新的价值创造体系，支持用户乃至鼓励大众一起共同创新创业创未来。京东方还要携手社会各界，共同营造创新驱动发展的社会文化大环境，共同提升创新型国家的社会文化软实力。

2016 年，王东升董事长开创性地为京东方提供了创新思路："开放两端芯屏气/器和"。基于这一构想而构架的物联网宏大系统，京东方将专注三个重点：第一，不断提升新型显示技术和薄膜传感器技术，从显示屏（信息输出器件）向信息交互端口（器件）和相关传感器转型升级，为所有物联网终端设备提供最好的人机交互产品和服务。第二，不断提升智能制造服务、智慧能源、智慧车联和智慧屏联的核心能力，与各行各业合作拓展新应用，助力其转型发展为物联网系统不可或缺的一分子。第三，将半导体显示、人工智能和传感技术等电子信息通信技术与医学、生命科技跨界融合创新，实现颠覆性健康医疗服务，发展机器人医生、移动医学、再生医学、整合医药，建立以人为中心的健康医疗服务体系，提升人们健康寿命，改善生命质量。

为此，京东方携手各界开展了三大行动，开放应用端与技术端，与产学研各界携手，软硬兼施，共同致力于产业的协同创新与价值共创，共同开拓并分享以物联网引领的第四次产业革命的巨大市场盛宴。

（四）持之以恒创新成就硕果累累

1）创新助力业绩成长

2016 年，京东方（BOE）实现营业收入 689 亿元，同比增长 41.69%；

归属上市公司股东的净利润为 18.8 亿元,同比增长 15.05%。2017 年一季度营业收入为 218.5 亿元,同比增长 77.72%;归属上市公司股东的净利润为 24.1 亿元,同比增长 20 余倍。

2）技术专利硕果累累

2016 年京东方新增专利申请量突破 7570 件,继续保持业内第一。全球创新活动的领先指标——汤森路透《2016 全球创新报告》显示,京东方已成为半导体领域全球第二大创新公司。美国商业专利数据显示,京东方进入 2016 年度美国专利授权量 TOP50,排名第 40 位,年增长率超 200%,在 TOP50 中位列第一。世界知识产权组织（WIPO）发布 2016 年全球国际专利申请（PCT）情况显示,京东方以 1673 件 PCT 申请数位列全球第八。

3）迅速实现市场转化

2017 年 5 月 11 日,中国首条面向柔性显示的 AMOLED 生产线——京东方第 6 代柔性 AMOLED 生产线投产。目前,京东方已推出多款柔性显示亮点产品,并为国内外知名客户提供应用于智能手机和智能手表等可穿戴产品的 AMOLED 高分辨率显示屏。

2016 年奥运会期间,京东方 98 英寸 8K 超高清显示屏亮相巴西里约热内卢,这是全球首次采用 8K 超高清显示屏用于奥运会比赛的实况转播,也再次证明我国在大尺寸超高清显示领域的全球领先地位。京东方生产的大尺寸、超高清显示产品的全球最高世代线——合肥 10.5 代线预计将于 2018 年量产,届时,中国大陆将问鼎全球显示产业,京东方将成为液晶显示领域全球第一。同时,作为中国大陆唯一能够自主研发、生产和制造 1.5～110 英寸全系列半导体显示产品的企业,京东方也在积极推进 2022 年北京冬季奥运会用各类显示产品及相关服务工作。

4）细分市场稳步提升

2016 年京东方全球首发产品比例达 40%,继续保持业内第一。根据 2017 年 1 季度市场数据,京东方（BOE）智能手机液晶显示屏、平板电脑显示屏、笔记本电脑显示屏出货量均位列全球第一,显示器显示屏出货量居全球第二,液晶电视显示屏出货量居全球第三。

二、人才是持续创新的动力

多年来，京东方持续创新的源泉来自其不断优化的创新人才队伍。京东方把与人才的共同发展看做企业发展的重中之重，始终致力于为人才提供尊重、和谐、理想的工作环境，为人才搭建广阔的职业发展平台，使人才在京东方能够得到良好的成长环境、发展机遇和自我价值实现。京东方人遵循着共同的理想、信念和价值观开拓进取，为京东方不断实现又好又快的发展提供了不竭的动力。

（一）多元渠道广纳各界英才

京东方每年通过社会招聘、校园招聘、海外招聘等多种渠道广纳优质创新人才，2016 年，在新进管理和专业技术人员中 30 岁以下员工占 99.7%，年龄结构不断年轻化。京东方通过持续全方位以人为本的人才体系建设，已成为半导体显示产业的人才高地。截至2016年底,京东方技术人员超过19000人，高学历员工比例逐年增长，博士及博士后人员 250 余人，大专以上学历员工占全体员工的比例达到 61.3%，人员结构不断优化。

此外，京东方积极与各高校进行校企合作，通过 BOE 晶英计划、BOE 俱乐部、BOE 未来显示产品创意大赛等挖掘和培养高校创新型人才，通过企业夏令营体验式培训、在高校开展各种科技创新和职业发展类活动、研究生联合培养计划和技能人才培养计划。帮助学生成功跨越就业鸿沟的同时，也为企业输送了众多新型科技人才，形成了多元化的人才培养和输送体系，人才输送网络覆盖全国近百所大中院校、上万名学生。

（二）人尽其才拓展发展空间

京东方希望各类人才进入京东方能够人尽其才，充分发挥每个员工的潜能和创造力。因此，企业为广大员工搭建了广阔的职业发展平台，使人才在京东方能够得到良好的成长环境、发展机遇和自我价值实现，最终达到和员工的共同成长和发展的目的。

京东方秉承"人才的培养与发展要优先于企业利润的增长"的人才发展

理念，致力于建立一个能使组织不断优化、人才适配度不断提高、有利于员工快速发展的"人才辈出"机制，通过持续推动组织与人才发展计划项目（OHDP 项目），不断提升组织效能及领导效能、动态挖掘和储备各层级后备力量，提高人才发展的规划性和有效性，将领军团队建设与后备人才培养相结合，加快各级管理人员的成长，促进组织专业能力的提升，打造符合京东方战略要求的高素质国际化人才队伍。

在职业发展路径方面，京东方给予员工更多的选择和发展空间，为员工搭建了纵向和横向的发展平台，设立了多个序列的职级（职位层级）上升通道，员工可根据公司业务需要及个人兴趣进行职业发展规划。在专业技术方向，设立了以推动定岗定编、岗位价值及能力为中心的职级评价的专业技术发展通道，通过专业职级晋升以岗位深度为价值取向，开发与培养各细分领域的专业型人才。在管理方向，通过管理职务与管理职级的晋升，培养专业能力和管理能力兼备的复合型管理人才。职业发展双通道晋升平台的设计能使员工更好地从自身个性和专业出发选择自己的职业发展路径，确保了所有员工享有晋升和事业成长的机会，让员工在不同的岗位、在不同的发展阶段都能找到自己的位置。此外，公司还设立了轮岗制度，员工可根据自身的能力和兴趣按公司规定的流程申请实现跨序列的岗位流动，给予了员工更广泛的选择空间。

为了挖掘和传承具有京东方基因的智慧资产，形成京东方特色的人才队伍培养模式，京东方不遗余力地推进员工培训体系建设，为员工提供了完善的培训与发展体系及多元的专业学习与发展方案。针对中高层领导者，京东方培养企业家精神，打造产业领袖；针对广大专业人员，提升专业素养与创新精神；针对新进员工，提升职业化水平。2015 年 7 月，以"学术驱动、专业引领"为宗旨的企业研修机构京东方大学正式成立。共设九大学院、四大中心，从产业人、专业人、管理者和领军人四大方向出发，为不同阶段人才成长提供针对性解决方案，培训项目覆盖管理、专业及通用职业能力等各个类型。亮点培训项目包括产业人养成特训营、国际化人才培养训练营、领导力 TechMark 项目、营销 IPA 海外尖峰特训营等，形式多样，高效务实，使广大员工的综合素质向着进一步专业化、规范化和全球化的方向迈进。

（三）创造和谐环境关爱员工成长

京东方积极为员工创造以人为本的理想工作环境、倡导和谐健康的生活和工作方式，给予员工细致入微的关怀，提供有竞争力的薪酬和福利待遇（包括公司宿舍、奖励年休假、商业保险、企业年金计划等），使广大员工能够心无旁骛地将精力铺在创业创新和与企业共同发展上，提升员工的归属感。

京东方推行民主管理，倡导开放坦诚的沟通，构建多元化的沟通机制（如董事长信箱、总经理见面会等）使员工能够畅所欲言，不断改进企业管理中的不足，树立员工的主人翁意识，提升员工对京东方的满意度和忠诚度。

此外，京东方在公司广泛开展了诸如 EAP（员工帮助计划）项目等关爱员工身心健康的项目，为员工提供健康保障；同时，京东方还通过 30 个社团组织开展多彩的文娱活动丰富员工业余生活。公司关注员工的婚姻家庭，每年为员工举办集体婚礼，为员工解决孩子入学难、员工及家属看病难、购房贵等后顾之忧，不断拉近员工与企业之间的距离，持续营造和谐的企业氛围。

在培育企业软实力、提升企业竞争力的实践中，京东方认为有两点认识至关重要：

一是企业的发展必须依靠自主创新。 习近平总书记在 2016 年视察重庆京东方时指出，创新不是别人能赐予的，特别是在关键技术、核心技术上，只能靠我们中国人自己的努力，否则你只能跟着别人走，必须自强奋斗，敢于突破。核心技术是企业命门与强国重器，市场换不来核心技术，有钱也买不来核心技术。京东方坚定地追求颠覆性创新，保持持续高强度的研发投入，在实践中摸索建立创新理论和体系支撑，推进产业链协同创新，凭借自主创新形成能够随时掌握主动权的技术优势，并把技术优势转化为产品优势、效益优势，在激烈的竞争中实现全球领先。

二是人才团队对于企业的发展至关重要。 京东方从无到有地掌握自主核心技术，从弱到强地发展成为全球领先企业，离不开在实践中打造形成的人才团队。京东方高度重视人才，激发人才创造力，为人才发展拓展空间，营造成就人才的文化氛围，持续强化人才体系建设，为企业发展提供源源不断的动力，实现企业和人才的价值共创。

京东方的创新最终是为了实现两个"不论"，即不论技术如何迭代，总能引领潮流、不被替代；不论市场景气与否，营收和利润都能保持可持续增长。

贝达药业

创新引领企业发展

导读： 贝达药业股份有限公司（以下简称"贝达药业"）作为我国新兴的创新型制药企业，自成立以来，始终秉承"为中国百姓创制更多用得起的好药"的宗旨，聚焦肿瘤治疗领域，坚持自主创新的理念，通过实施新药研发体系建设、现代化管理制度建设、人才引进和激励制度建设等措施，企业核心竞争力不断增强，实现了企业的创新发展。贝达药业自主研发了我国首个具有完全自主知识产权的小分子靶向抗癌药"埃克替尼"，打破进口药垄断，填补了国内空白，得到国内外业界的高度评价和认可，获得了我国化学制药行业首个国家科技进步一等奖，成为我国医药创新领域的一面旗帜。

贝达药业是由海归博士团队于 2003 年创办的一家以自主知识产权创新药物研究和开发为核心，集研发、生产、营销于一体的国家级高新技术企业。经过近十年的艰苦攻关，贝达药业自主研发了我国首个具有完全自主知识产权的小分子靶向抗癌药"埃克替尼"，被誉为"民生领域的'两弹一星'"，并获得我国化学制药行业的首个国家科技进步一等奖。

医药产业是关系国计民生的重要产业，是当今各个国家和地区竞相发展的高端科技产业。同时，医药产业又是高技术、高投入、高风险的知识密集型产业，科技创新是这个产业保持旺盛生命力并持续科学发展的核心动力。虽然我国医药企业数量众多，每年申报的新药数量也不少，但总体创新水平不高，仍以仿制药的生产为主，具有自主知识产权的原创新药寥寥无几，我国的高端药品市场也长期被进口药所占据。因此，在当前形势下，提高企业的自主创新能力，提升企业软实力，培育核心竞争力，成为我国制药企业实现创新发展的必要举措。

贝达药业自创立以来，充分利用公司的内、外部资源，通过实施建设创新型企业文化、建立学习型组织、坚持学术推广等措施，培育企业的核心竞争力，在企业软实力建设方面取得了令人瞩目的成绩，奠定了可持续的竞争优势。

一、建立创新、开放式管理体系

（一）确立"三驾马车"协同发展战略

战略的设计与选择是企业最重要的决策。2002 年，贝达药业创始人丁列明博士怀揣"为中国百姓创制更多用得起的好药"的梦想回到祖国创业，在近十年的创业历程中把"自主研发"作为贝达最根本的发展战略，艰苦攻关，十年磨一剑，于 2011 年成功研发出第一个自主创新药物"埃克替尼"。

随着公司的发展壮大和适应新的发展需求，贝达秉承"为中国百姓创制更多用得起的好药"的宗旨，在原来自主研发战略的基础上，将市场销售和战略合作加入公司的战略层面，确立了以自主研发为核心，战略合作和市场销售并驾齐驱的"三驾马车"协同发展战略。同时将"打造总部在中国的跨国制药企业"确立为公司发展愿景。

可以看到，经过这次的战略调整，贝达药业在之后几年的发展中，不仅在自主研发方面硕果累累，还在市场销售、战略合作方面取得了杰出的成就。贝达药业主打产品"埃克替尼"上市 5 年时间，累计销售突破 35 亿元，2016

年销售额更是突破了 10 亿元大关，成为我国肺癌靶向治疗药物市场的领跑者。在战略合作方面，2013 年贝达药业与美国安进公司合资成立贝达安进制药有限公司，共同推进安进公司抗肿瘤药物 Vectibix（帕托木单抗）在中国的市场化。2014 年 10 月，贝达药业投资美国 Xcovery 公司，共同开发针对肺癌的新一代靶向药物。2016 年 10 月，贝达药业与美国 Capio Biosciences Inc.公司达成战略合作，成立了贝达诊断公司，在国内开展循环肿瘤细胞检测业务。2017 年，公司收购卡南吉医药科技（上海）有限公司，并与北京天广实生物技术股份有限公司、杭州瑞普基因科技有限公司达成合作，进一步扩大公司新药研发领域和产品线。这些战略合作项目的成功推进，得益于贝达药业"三驾马车"战略的有力驱动，也为我国制药企业的创新发展探索出了新的发展模式。

（二）建立现代化管理制度

贝达药业创始人丁列明博士深知，"创新型企业需要一套创新型管理制度，才能保持企业持久创新的活力"。自创立以来，贝达药业一直非常重视公司管理制度的建设，经过十余年的经验积累和探索，目前已经建立了一套现代化、开放式的管理体系。公司管理层级采取扁平化设计，同时建立信息化管理平台，公司所有的管理流程全部通过信息化平台完成，使得管理信息能够有效、快速地在管理层级间传递，大大提高了工作和决策效率。在组织结构方面，贝达药业采取开放式的无边界组织设计，不仅能使公司员工及时了解到行业最前沿的动态和新知识，还能使外部资源能够有效融入企业当中，为企业所用。比如，在"埃克替尼"的研发过程中，国内各大医院、科研院所的上千名专家共同参与，为"埃克替尼"的研发和贝达药业的发展给予了大力支持。

同时，贝达药业在管理决策机制上，充分利用民主集中制的优势，在公司内部成立了"公司战略委员会"，下设"新药项目管理工作组""战略合作工作组""市场销售工作组""企业文化工作组"等专门的工作小组，并且定期召开会议，讨论和决策事关公司发展的重大事项。采取这种决策模式，不仅能集思广益，还能使得公司决策具有科学性、严谨性和民主性，可以避免因决策不当而带来的损失。正是在这种管理体系下，贝达药业近几年的发展业绩稳步攀升，从未出现过决策上的失误，这与实行的民主决策模式不无关系。

二、培育创新型企业文化

自创立以来，贝达药业的规模已经扩大了很多倍，但仍秉承一贯的创新理念，坚持营造一种创新型、开放式的企业氛围。午餐的时候，所有员工都在公司的餐厅随意就座用餐，可以与不同部门的同事、领导一起交流沟通。正是在这种创新、轻松的氛围中，新的想法不断涌现，并不断碰撞，催生出具有价值的新项目。

"为中国百姓创制更多用得起的好药"，这是当初贝达创始人丁列明博士在回国创业时的一个梦想，也是贝达药业创立以来一直秉持的发展宗旨，由此也演变、衍生出了一系列的发展理念，这些理念主要包括：公司使命——"Better medicine, Better life"；核心价值观——"开拓创新，造福于民"；团队理念——"协同作战，共同分享"；工作理念——"用心钻研，创造价值"；服务理念——"顾客至上，积极沟通"；人才理念——"德才兼备，追求卓越"。十余年来，这种创新型的企业文化和崇高的发展理念，使得贝达药业全体员工一直恪守崇高的职业道德操守，致力于提供优质的专业服务，并通过优良的管理，为病人带来最有价值的药品，并引领众多制药企业为人类的健康事业求索奋进。

三、高度重视科技创新人才引进

人才是贝达药业最宝贵的资源和财富，是公司源源不断发展、前进的重要支撑。贝达药业高度重视科技人才引进和团队建设，坚持"以人为本"，提出"坚定信念、保持活力、团队至上、相互信赖、成就导向"的管理人才发展理念，并为此专门出台了《人才吸引和招聘管理制度》《培训管理制度》《薪酬福利管理制度》《绩效管理制度》和《晋升管理制度》，形成了人才引进、培育、发展、激励、淘汰的人才管理体系。贝达药业大力引进海外顶尖的学术人才作为技术带头人，在人才吸引、薪酬福利和工作环境等多方面采取了一系列措施，形成了一支有潜力、有活力、有动力的人才队伍。其中，拥有海归博士 20 余名，有 7 位已经入选国家"千人计划"。

同时，贝达药业将培养优秀人才作为自己的人才发展目标，鼓励和支持员工提高业务水平能力，帮助员工拓展视野。为了确保员工能不断地发展个人技能、汲取新知，贝达药业把营业收入中的相当一部分资金用于辅助培训，让员工在专业与个人能力方面都能有所发展。除了课程培训外，员工还有很多在职培训机会，可以通过参加公司安排的讲座、会议及研讨会来不断获取知识和经验，以提高工作和个人能力。除此以外，贝达药业还为员工提供多维度的关怀和保障。每位员工都可以参加公司组织的生日会、运动会、年度体检等活动，而且在过生日的时候都会收到来自公司的祝贺。所有这些举措都是为了保证贝达员工能身心健康、愉快地工作，从而将公司的健康理念传递给客户。

四、抓好三个体系建设

（一）自主创新研发体系建设

创新是时代的脉搏，创新更是制药企业永葆生机的源泉。贝达药业在发展历程中，始终坚持科技创新的方针不动摇，自主构建了基于化学基因组学的小分子靶向药物研发和产业化平台，具备完整的从药物作用靶点研究到分子库设计、合成、筛选、临床研究及产业化的能力，分别在北京和杭州设有新药研发中心，集聚了药物化学、药物分析、药物制剂、药物代谢动力学等学科的专业人才。

贝达药业每年投入营业收入的 10%以上用于新药研发工作，且逐年增加。不仅如此，贝达药业还非常注重科研环境和科研激励机制的建设，并且取得了非常好的激励效果。公司针对新药研发项目阶段性和长周期的特点，制定了《研发项目激励制度》和《临床项目激励制度》等制度，营造一个以绩效为导向的组织创新氛围，把新药研发项目不同阶段的成果与激励及时有效地关联起来，采取里程碑式奖励办法。比如，在新药临床前研究阶段中，如果研发人员筛选出具有活性的先导化合物，便可以获得相应的奖金；如果候选化合物成功推进至临床研究阶段，再获得这个阶段的奖励。这样一来，就充分调动了科研人员的积极性，避免了传统奖励模式的滞后性。

得益于这些专门的科研激励机制，贝达药业近几年的新药研发项目进展非常快速。虽然成立只有 14 年时间，但是贝达药业却只花了不到 10 年的时间，就成功研发了技术要求非常高的小分子靶向药，同时还有 20 余个在研项目（包含 11 个创新药项目）在顺利推进中，其中有 4 个项目已经进入临床试验阶段。

（二）市场营销体系建设

在竞争日益激烈的今天，除了要以高质量的创新产品为基础，还需要具有创新性的营销系统。贝达拥有强大的营销体系。在营销理念上，贝达药业将客户关系建立在崇高的道德准则和诚信的基础上，要求员工对贝达的产品和竞争市场都有深刻的了解，对贝达的价值观和准则有深切的认同。

1）快速建立覆盖全国的营销渠道

营销渠道是创新产品实现价值的重要保障。2011 年，在第一个产品上市之初，如何使产品快速实现临床应用，成为贝达药业面临的一大考验。当时"埃克替尼"的研发已经耗尽了公司所有的资金，而建立覆盖全国的营销渠道又绝非易事。但是，贝达药业创始人丁列明博士毅然决定建立自己的营销渠道，通过人才引进、制订销售人员激励计划和机制等方式，在不到一年的时间里便建立起了覆盖全国主要医疗机构的营销渠道，再经过后期的不断拓展，到目前已经覆盖了全国 500 多家医院，为公司业绩的快速增长奠定了基础。

2）坚持学术推广模式

在"埃克替尼"上市后，为了将公司的健康理念和产品信息传递给医生和患者，贝达药业一直坚持学术推广的营销模式，以大型学术会、院内会、患者交流会等形式开展学术推广活动。分布在全国各地办事处的市场销售人员组织学术推广会议或学术研讨会，向目标市场和目标客户（专家、医生等）介绍公司及产品的特点、临床前基础研究数据、临床研究最新成果及临床使用经验等。同时，医学部门通过一系列临床研究的开展，以及多个临床研究结果在国际国内学术会议上的大会报告、国际国内顶尖学术刊物研究成果的发表等形式，使国内外肿瘤专家、患者和市场对公司药品有全面的了解和认识，继而推动公司药品的销售。

学术推广模式是跨国制药企业最常采用的一种销售方式，也是政府鼓励的药品营销模式。采取这种模式虽然成本高，但是能及时收集产品在临床使用中出现的问题，从而再进行相关研究，改进产品，同时也能为公司后续产品的临床研究积累丰富的资源。

（三）社会责任体系建设

贝达药业在发展的过程中始终秉承"为中国百姓创制更多用得起的好药"的宗旨，将社会责任作为公司经营中重要的组成部分。企业自主研发的肿瘤靶向治疗新药"埃克替尼"上市定价时，尽管该产品比同类进口药具有更加明显的疗效和安全性优势，但是考虑到中国患者的实际情况，贝达药业最终把价格定为同类进口药的60%~70%，让更多的患者用得上、用得起。由于靶向药物研发成本高，即使降低了价格，其总体治疗费用对于中国百姓而言依然是不小的经济负担。为了降低患者的治疗费用，解决患者的后顾之忧，在"埃克替尼"上市初期，贝达药业就和中国药促会联合开展了后续免费用药项目，即对于购买"埃克替尼"满6个月、经临床评估继续有效的肺癌患者，贝达药业免费提供后续用药直至疾病获得进展。该项目开展至2017

年 5 月底，已有累计 4.4 万名患者受益，赠药 225 万盒，市场价值 62 亿元，给患者带来了真真切切的实惠。

目前，贝达药业为国内制药行业领军企业，在中国新药研发水平相对薄弱的环境中，能够在短短十几年的时间里培育企业的核心竞争力，使企业拥有可持续发展的竞争优势，主要有以下几方面经验。

1）建立自己独特的企业文化

贝达药业创新的文化和价值观，是其在特定的条件下形成的。虽然企业文化不能直接产生经济效益，但它可以直接影响企业的创新能力和业绩。国内制药企业要结合自身特点，把握好企业文化与发展战略之间的关系，做好企业文化建设。

2）技术创新的能力

不管是新药研发，还是新药研发激励机制的运用，贝达药业都勇于尝试并走在行业的前列，并将科研项目与绩效考核进行合理的关联，使得研发投入获得最大产出。同时，贝达药业采取优势互补的"战略合作"方式，不仅提升自身的新药研发能力，还为我国制药企业的创新发展探索出了一条新的途径。

3）灵活的经营管理制度

管理制度是企业管理的工具，许多企业将管理制度进行固化，虽然能按部就班，解决程序化的工作。但是，对于创新型企业而言，往往很多工作都是非程序化的，需要灵活、高效率的管理制度来应对，贝达药业的案例很好地阐释了这一点，开放式的、灵活的管理体系，使得企业氛围轻松，员工的创新活力十足。

4）建立完善的人才机制

人才是创新型企业最重要的资源，贝达药业一系列的引才、用才、爱才理念和人才激励机制使得高端人才集聚，这也成为公司持久性竞争优势的来源，值得国内企业借鉴。

综上所述，贝达药业立足民生健康领域，矢志创新，通过企业软实力建设，在自主创新道路上取得了丰硕的成果，成为我国医药行业的新标杆。相信在国家的大力支持下，将会有越来越多的制药企业实现跨越式发展，为我国医药事业的发展做出更大的贡献。

天津力神

构建软实力　加快转型升级

导读：天津力神电池股份有限公司（以下简称"天津力神"）作为锂离子电池制造业的领军企业，在新一轮的"绿色新能源"转型的浪潮中，坚持"绿色技术、绿色制造、绿色产品"核心理念，以动力锂离子电池为主攻方向，通过引入"五新"——新体系、新精神、新文化、新制度、新工具，重塑企业的研发流程，提升企业的运营能力，激发员工的工作热情，实现了企业由小（消费电子类锂离子电池）到大（动力锂离子电池）、大小并举的转变，同时也实现了企业由传统的侧重硬实力到现在更加侧重软实力的转变。

　　天津力神创立于 1997 年，是国内最早从事锂离子电池生产研发、拥有完全自主知识产权的高科技企业。在消费类电子时代，天津力神凭借着自身产品出众的性能与品质，赢得了包括苹果、摩托罗拉、诺基亚、戴尔、惠普、微软、联想等众多国际巨头的青睐，连续多年市场份额稳居全球前五，成为中国锂离子电池的代表性品牌。

　　近年来，随着绿色智能时代的来临，汽车产业加快向电动化转变，动力锂离子电池迎来了巨大的市场机遇。面对这一历史机遇，天津力神按照"技术质量、国际一流、绿色能源、造福人类"的企业愿景，重点围绕科技创新、精益生产、品质控制等方面积极部署和开展软实力建设工作，助力企业提质增效、迈向中高端。凭借雄厚的技术储备，秉承诚信、务实、开拓、创新的经营理念，天津力神不断提升核心竞争力，实现对国际领先竞争对手的赶超，为推动我国新能源汽车产业健康快速发展，促进中国制造实现由大到强的跨越做出积极贡献。

一、构建产业创新体系

（一）发挥龙头作用，促进产学研合作

企业产学研合作创新是国家创新体系有效运作的重要环节，通过产学研结合可以合理配置资源，促进技术创新所需的各种生产要素的有效组合。天津力神充分发挥领军企业作用，与上游材料企业、下游整车客户以及高校、科研院所等建立定期的技术交流机制。一是通过重大研究课题，开展协同攻关。2016 年申请到了"国家新能源汽车专项高比能量锂离子动力电池研发和产业化项目"，合作涉及十六家上下游企业。二是现场调研，了解产业链需求。天津力神领导拜访众多知名整车厂，实地了解电动汽车生产制造研发情况，以及对电池厂商的要求，并且不定期与上游供应商研讨原材料供应、价格等市场波动的应对方法。三是制定出台一系列科研管理制度，固化技术交流机制。四是不定期召开技术交流会，积极参加国际权威的技术论坛。天津力神经常邀请业内知名专家学者来公司做指导和座谈，结合公司研发方面存在的难点，寻找突破方向和最有效地解决方法。同时，天津力神也积极选派技术带头人参加国际技术论坛，跟踪收集前瞻性技术研究成果和方向，为企业下一步发展打下基础。通过技术交流机制，促进产业关键技术、共性技术不断取得突破。比如，攻克了硅负极首效低的技术难题，使电池容量提升了20%，能量密度达到 300Wh/kg 的世界先进水平；成功开发了水性正极黏结剂技术，实现对传统有机油性体系的替代，将传统 18650 圆柱电池的循环寿命提升到 2000 次，达到世界范围最高水平；合作开发了聚合物固态电解质体系，成功制作出聚合物固态电解质电池，加快推进固态电池技术的产业化。

（二）打造创新中心，搭建五大平台

天津力神是国内唯一承担建设国家锂离子动力电池工程技术研究中心的高技术企业，通过打造国家动力电池创新中心，围绕技产品研发、工艺研发、装备研发、标准与检测认证、咨询与服务等方面搭建起了五大平台，实现从工艺技术为先导转变为以技术研发和产品创新为核心的转变。

一是打造产品研发平台，针对动力电池单体、系统及 BMS 新产品，开展集成设计、热管理、仿真分析及动力电池产品梯级利用和回收技术的研究。二是打造工艺研发平台，针对主导产品和国家重点项目配套产品进行共性技术和装备的技术攻关和产业化。三是打造装备研发平台，开展装备技术研究、装备国产化研究及装备推广示范研究。四是打造标准及检测认证平台，承担各环节的化学、物理性能分析与研究，产品安全和可靠性的检测和认证，以及产品性能的检测和认证。五是打造咨询服务平台，开展行业咨询、培训及服务，工艺理念方法标准以及共性技术推广，国际合作，人才培训，新能源汽车电池使用知识普及等。基于企业在创新中心方面的建设成效，在 2016 年度天津市 526 家市级企业技术中心考核中，天津力神以 99 分的优异成绩荣获第一名。

（三）创新项目管理

开展"三个一代"研发战略规划,以比容量、电压平台、能量密度、功率密度等为核心指标,明确了"十三五"期间原材料及电芯体系开发的技术路线和目标,并持续完善原材料及电芯体系开发的 Roadmap 管理,指引研发项目向先进技术方向发展。以科技攻关项目为重点,建立项目经理负责制,组建项目团队,科学地制订项目目标和进度计划,并组织实施。在项目执行过程中,设立里程碑节点,并针对在每个里程碑节点制定具体的评价标准及评价方法,以保证满足项目进度、质量、成本的要求。建立完备的项目绩效考核制度,在项目计划执行率、技术目标达成率、项目交付物的完整性及项目成本目标达成率四个方面,每季度针对执行情况进行全面考核和激励。

（四）创新质量成本管理

天津力神从 2011 年开始将六西格玛方法运用于质量成本管理中,以顾客为中心、以流程为中心、以数据为基础,运用科学的问题解决方法,培养专家人才,开展项目改善活动。六西格玛在质量成本管理中的应用,帮助天津力神充分挖掘运营系统的各种潜力,加速培养支撑公司发展的各类人才,形成了一条用质量创利润的发展之路。

二、培育精益求精的"工匠精神"

（一）积极组织"培育'工匠精神'系列活动"

锂离子电池属于大批量且对质量一致性要求特别高的产品,目前业内最好的质量控制水平为 3ppm。天津力神始终坚持"技术质量、国际一流",在不断强化质量体系建设的同时,更加注重质量文化的建设,努力向国际标杆看齐。国务院总理李克强在 2016 年 3 月 5 日作政府工作报告时提出,要培育精益求精的"工匠精神"。这种精神恰恰切中了质量文化建设中的要害和难点，也更加符合天津力神的行业特点。为此，天津力神组织策划了培育"工匠精神"的系列活动。

一是组织《大国工匠》先进事迹的学习活动，开展"工匠精神，精益求精"的工匠劳动技能竞赛活动。天津力神组织公司近百名一线员工认真观看学习央视新闻的《大国工匠》的先进事迹，随后，又开展了"力神工匠"的评选活动，最终从 21 名候选者中评选出 7 名优胜者，公司授予"力神工匠"称号。这次活动极大地鼓舞了员工向优秀工匠学习的信心，员工们纷纷自觉行动起来，努力提高操作技能，对细节精益求精，"工匠精神"深入人心。

二是深入开展重点质量改善活动。活动本着"自愿组团，自我诊断、自我分析，全员改善"的原则，充分调动基层员工的积极性。来自工艺技术、设备技术、质量管理、生产管理四个部门的骨干成立若干小组，提出改善课题，应用多种质量分析工具和方法，制订和实施项目改善计划，开展质量改善。在 2016 年质量改善活动中，2 个项目获得了天津市质量管理奖。

三是积极进行职工技能人才培养。除了正常的企业内部岗位技能培训之外，天津力神积极邀请外部培训讲师，结合企业生产管理特点，开发针对性更强的培训课程，更加贴合实际，效果更加显著。另外，天津力神还积极组织员工参加国家、市级的职业技能鉴定考试，并给予考前培训津贴和通过后的奖励，这极大地激发了员工参与培训的热情，高、精、专的技能员工比例不断壮大。

四是积极开展"工人先锋号""巾帼示范岗""外来优秀建设者""党员先锋岗"等评比活动。通过基层推荐和评委评选，员工的辛勤劳动得到了企业的认可。对员工来说，不但获得了物质上的奖励，同时也获得了较强的归属感、尊重感和荣誉感，在以后的工作中能够更加尽心尽职，起到示范表率的带动作用。

（二）以严格的制度倒逼"工匠精神"的养成

为提升高电压平台电池直通率和全自动生产线良品率，天津力神抽调工

艺技术、设备技术、质量管理、生产管理四部门骨干组建项目团队,采用 PDCA
质量环方法,制订和实施项目改善计划。首先,进行现状分析、帕累托分析。
其次,提出改善目标和改善计划。再次,针对主要不良项目,运用鱼骨图从
人、机、料、法、环五个方面逐级分析所有可能的影响因素,识别出可能的
末端因素,提出改善对策,并进行可行性评价。最后,选取和确定改善对策
并予以实施,并在完成后对改善效果进行确认。由于改善对策主要是变更或
增加细节工艺要求,对员工来说,无疑是提高了操作难度。首先,员工对各
种原材料的检验判断要有更高的水平和经验,能够快速、准确的识别和判断;
其次,员工对机器的结构、操作和保养能够熟练掌握,及时发现设备存在的
问题,而且能够对设备的改进提出建议;再次,员工要熟练掌握操作方法,
并且要根据改善对策快速地掌握新操作技巧;最后,也是最重要的,员工要
摒弃“差不多就行”的消极观念,树立“精益求精、一丝不苟、绝不放过”
的“工匠精神”,无论问题大小,都能够及时地自我发现、自我诊断、自我
纠正存在的质量问题。最终项目圆满完成,并获得天津市优秀质量奖,这进
一步激发了广大员工精益求精的热情,使“工匠精神”更加活化。

(三)提升工艺设备技术水平,助力向高端制造升级

大力培育和发展高端装备是提升我国动力电池产业核心竞争力的必然
要求,也是参与国际竞争并向制造强国转型的必然选择。我国锂电池设备起
步较晚,发展步伐落后,已经成为我国锂电池行业的短板。为提高设备国产
化水平,天津力神积极与国内设备厂商分享经验、详细讨论,全程参与到设
备的设计、开发中,实现设备高度自动化。比如对于锂电池制造流程核心环
节——制浆,天津力神通过与设备厂商的合作,在全球范围内率先开发出全
自动制浆的自动匀浆机,实现原料自动称量、自动投料、自动搅拌,制成的
浆料混合均匀,没有团聚、夹心等现象,且黏度和固含量可控。此外,在动
力电池装配工序,实现了全自动装配,使装配更加稳定、高效,操作更容易,
调节更简便,上料、热压、打包、入壳、极耳焊接、周边焊自动完成,在线
自动检测,不良产品自动剔除的高度自动化,这极大提高了生产效率和质量
的一致性。

三、围绕文化、体系、制度三层面，提升质量管理水平

（一）塑造质量文化，健全质量管理体系

大力宣传"基本遵守，一次做对"的质量理念，定期组织主题质量月活动，通过主题征文、专家讲堂、质量竞赛、辩论赛、技能比武、评比表彰等多种形式，借助互联网、微信平台、宣传栏等各种媒介，及时进行推广、传播，宣传质量管理理念、方法，使质量意识在员工心中扎根、发芽。同时，不断完善和优化质量管理体系，形成常态化、规范化、标准化管理。通过定期组织开展内部审核，召集管理评审会议，持续改善体系管理工作；制定质量手册、程序文件、管理规定及作业指导文件等，使得管理工作制度化、流程化；定期接受 DNVGL 公司认证审核，持续保持 ISO9001 和 TS16949 等质量管理体系认证资格，并不断进行完善和提升。

（二）建立分层审核制度，为确保体系正常运行

为了为确保质量管理体系的正常运行，天津力神建立了分层内部审核制度（LPA，Layered Process Audit），坚持实行月度质量例会制度，组织对质量指标进行月度点检；成立质量改善小组，从不同角度查找过程问题，推动过程改善。在工作中，从基层工程师到部门管理者各级别人员，定期到生产线进行内部审核；通过各层级人员不同频次（如高管级别季度、部长级人员月度、经理级人员双周、工程师每周）对生产线实施审核检查，完善生产过程，防止问题反复发生，提升产品质量。

（三）开展管理提升，持续改进质量工作

为持续改进和提升质量工作，天津力神推动先进的质量管理理论和工具的应用，如 MEA、SPC、MSA、APQP、PPAP 等，并结合生产实例编制《测

量系统分析 MSA 手册》《SPC 应用手册》。

推广六西格玛质量改善方法，以重点质量技术提升，全面提高产品质量水平。天津力神梳理出部门重点质量提升课题，以 DMIAC 形式分阶段实施，跟进各阶段的完成进度，及时纠正课题推进中的问题点。运用六西格玛管理流程改善工具 DMAIC、8D 等质量改善方法，以及先进的 Minitab 软件进行数据统计分析，推进质量指标提升。

六西格玛质量管理的推动，让天津力神更多地从需求侧考虑质量问题，采用科学的方法，树立"无缺陷"的质量目标，消除无附加值活动，缩短生产周期，提高顾客满意度，提高市场占有率，降低成本，提高投资回报率和利润。六西格玛工具的使用，使天津力神的质量成本逐年降低，为实现年度利润目标做出了贡献。

四、企业软实力建设取得的成效

（一）科技创新引领技术产品进步升级

依托创新中心和自主创新平台，借力产学研强强联合研发，天津力神取得了一批具备自主知识产权的技术成果。截至 2016 年年底，天津力神已完成了 124 余项动力电池、电池系统及 BMS 电池管理系统项目的开发工作，承担了 31 项国家、省级的科研、产业化技术攻关任务，申请专利 1848 项，授权 1325 项，形成了自主知识产权体系。这些项目成果为天津力神实现产品技术升级发挥了突出作用。比如，磷酸铁锂体系量产动力电池系统的能量密度已经提升至 120Wh/kg 以上，处于行业领先水平；三元体系动力电池能量密度已经由 180Wh/kg 提升至 240Wh/kg。动力电池性能的提升，有利于持续降低成本，使新能源汽车推广更加具有经济性，为其商业化发展提供了重要支撑。

（二）精益生产促进向中高端制造转型

天津力神与国内设备厂商开展合作，降低了设备制作的时间成本和运行成本，使设备后期维护得到了更好的保障。自动化设备的大规模应用，提高了生产效率，降低了运营成本，并提高了质量的一致性，以及应用的可靠性和安全性，也使单体电池内阻偏差、电压偏差等技术指标达到了同类产品国际领先的水平。

天津力神通过开展改善活动，大大提升了生产效率，节约了制造成本。比如不良率由 4.75% 降低为 0.33%，良品率提升至 99.18%，生产线整体运行更加顺畅，停机调整的次数和时间大幅降低，客户对于改善活动所取得的成果给予了充分的肯定。这些措施大幅提升了顾客满意度，也使天津力神获得天津市优秀质量奖。

（三）向质量要效益得到充分体现

2016 年天津力神共完成公司级质量提升项目 34 项，通过大力推进质量改善工作，质量管理水平持续提升。其中，《方型电池全自动线良品率提升》《聚合物高电压平台电池直通率提升》及《动力电池负极极片直通率提升》三个项目获天津市质量攻关优秀成果一等奖。在经济效益方面，2013—2016

年期间，天津力神总计完成质量提升课题 122 项，累计节省经济成本约 3 亿元。

五、对构建企业软实力的其他认识

（一）研判产业发展趋势，面向未来构建软实力

软实力的提升不是一蹴而就的，而是一个长期的过程，与企业的发展战略和产业的发展方向息息相关。因此，在建设企业软实力中，要结合企业实际，又要考虑宏观环境，既要立足当下，又要着眼长远。通过技术交流机制、专家座谈会等手段，天津力神及时跟踪国内外锂离子电池产业发展态势，掌握电池技术最新前沿进展，研判主要目标客户和潜在客户的需求，逐步完善技术发展目标和技术路线，不断增强公司的核心技术创新能力，快速满足客户需求及应对市场变化。

（二）构建软实力要在文化层面争取广泛共识

提升企业软实力的核心在于文化建设，要把打造企业文化纳入日常工作体系，以可持续发展的高度认识企业文化建设的作用。要充分凝聚员工的精神力量，为员工搭建活动、交流平台，创造良好的工作氛围。

（三）整合内外部优势资源是重要软实力保障

资源整合力是企业软实力作用于硬实力的落脚点，是企业战略与战术相结合的契合点。提升软实力是一项系统工程，必须对内对外强化协调，全面落实工作责任。要注重从大处着眼、小处着手，通过一个个关键性问题的破解、一项项阶段性成果的取得，推动企业软实力的提升。

烽火通信

创新改变世界　　责任助推发展

导读: 通过持续的图强变革,烽火通信科技股份有限公司(以下简称"烽火通信")建立了以市场为驱动的研发管理机制、以过程为基础的质量管理体系、以人为本的员工能力建设与薪酬激励体系、以创新增量为核心的企业文化体系。通过十八年的励精图治、砥砺前行,烽火通信的核心竞争力不断增强,资产规模翻了十倍,销售规模实现了近二十倍的增长,年均复合增长率超过20%,已成长为中国信息通信产业的一面旗帜。

烽火通信是国际知名的信息通信网络产品与解决方案提供商,国家科学技术部认定的国内光通信领域唯一的"863"计划成果产业化基地和创新型企业。公司于1999年成立,2001年在上海证券交易所正式挂牌上市,现拥有华中、东北、华东、西北、华南、西南、南美、南亚、北非等产业基地,以及全资、控股、参股等数十个子公司。烽火通信在全球50多个国家构建了完备的销售与服务体系,产品与服务覆盖90多个国家和地区,已跻身全球光通信最具竞争力企业十强,光传输产品收入全球第五,宽带接入产品收入全球第四,光纤光缆综合实力全球第四,运营商交换路由设备收入全球第七,并成为我国智慧城市、行业信息化、智能化应用等领域的领军企业。

建设和普及信息基础设施是我国从网络大国迈向网络强国的基本前提。对于进入全面建成小康社会决定性阶段的中国而言,信息基础设施已成为加快经济发展方式转变、促进经济结构战略性调整的关键要素和重要支撑。

信息通信产业是当今世界各国竞相发展的前沿科技和高端产业，正因为有以烽火通信为代表的一批企业数十年如一日地坚持不懈，信息通信技术才能够成为中国接近甚至赶超世界领先水平的领域之一。信息通信技术日新月异，科技创新是这个产业保持旺盛生命力并持续科学发展的核心动力。因此，在当前形势下，提高企业的自主创新能力，提升企业软实力，培育核心竞争力，成为我国信息通信企业实现创新发展的必要举措。烽火通信自成立以来，多措并举，通过持续的管理变革和深入人心的企业文化建设，推动核心竞争力不断增强，在企业软实力建设方面取得了一定的成就，奠定了可持续的竞争优势。

一、聚力创新发展

（一）建立市场驱动的研发管理机制

烽火通信创建并不断完善代表行业先进水平的产品创新与研发管理体系（FPD）。其核心要素包括四个方面：一是结构化的流程。将产品开发流程划分为概念、计划、开发、验证、发布、生命周期六个阶段，并且在流程中清晰地定义各阶段决策评审点，确保所有项目开发模式的一致性。二是异步开发模式。改变了传统的串行开发模式，大大缩短了产品开发周期。三是共用基础模块。在产品架构设计时，将关键技术和核心模块设计成可通用、便于复制的"部件"，实现在不同产品、系统之间共用。四是跨功能部门团队。由市场、开发、制造、采购、财务、客服、质量等不同部门代表共同组成贯穿产品全生命周期的管理团队，共同负责产品的规划、市场调研、系统设计、项目开发、生产导入、质量保证全生命周期的产品开发及维护任务。

通过建立以市场为驱动的研发管理机制，公司的战略和产品规划完全以客户需求为导向来制定，不仅为研发提供了正确而清晰的输入，同时保证了资源利用的高效和灵活性，不断构建创新的价值体系。

（二）持续高强度的研发投入

烽火通信每年将收入的 10% 以上用于新技术研究和产品开发，近四年来，研发投入增长率保持在 20% 以上，以持续获取行业前瞻技术以及增强在国际标准领域的话语权。近年来在"超大容量、超高速率、超长距离"光通信传输领域，烽火通信多次成功冲击全球第一，推动中国光通信技术实现了从"与发达国家差距最小的领域"向"部分领域实现全球领先"的转变，为未来信息技术应用及产业发展储备了关键技术。

截至 2016 年年底，烽火通信在光通信领域累计申请国内外专利近 1500 项，发明专利比例超过 80%，相继荣获中国专利优秀奖、湖北省优秀专利奖、武汉市发明专利奖金奖等多项殊荣；参与 ITU-T、IEEE-SA、MEF、FSAN、OIF、TMF、BBF 等多个国际标准组织，并担任 ITU-T SG15、ITU-T SG20、IEEE 等标准组织的副主席、编辑、执行秘书等多个重要职位，提交并获批的国际标准近 20 项，提交国际标准文稿 300 余篇；制定国家标准和通信行业标准 360 多项，在光纤光缆领域，牵头制定了 40% 以上的国内标准，位居国内第一，充分体现了"一流企业做标准"的超强软实力。系列国际标准获得全球 40 多家系统厂商和芯片厂商应用，是我国自主知识产权技术被国外引用的重要范例，增强了我国在信息通信领域的国际话语权。

（三）国家级的工业设计中心

作为信息通信领域领先的产品技术、解决方案与服务的综合提供商，烽火通信于 2007 年专门设立了核心创新设计机构——创新设计中心。在"设计创新以市场为导向"的指导下，创新设计中心产品设计工作的战略形成了从市场中来到市场中去的闭环思维，建立起面向市场的快速反应研发体系，科技成果的产业化进程明显加快。一方面，紧跟市场（现实市场、近期市场）需求，占领市场，获取经济收益；另一方面，遵循设计发展的趋势和用户各种潜在的需求，充分发挥创新设计中心研发实力的优势，为潜在市场和远期市场做好技术上的铺垫，"用设计引导市场"，通过技术上的领先赢得未来市场上的主动权。

该研发体制充分体现了创新设计中心研发理念的重大转变，确立了市场和用户在研发过程中的主导地位，明确了项目的产业化意识，使研发从过去单纯追求技术先进性、成果高水平转变为现在的重视成果商品化，重视市场实用性。"以市场需求作为创新的题源，以市场效果作为检验创新的唯一标准"这一全新的理念已成为创新设计中心广大研发人员的行为准则。遵循这个理念，创新设计中心建立了快速的市场反应体系，加强了市场预测能力和快速反应能力。通过大量的市场调研，迅速将市场需求传递到研发部门，以制订正确可行的研发策略。贯彻这个理念，创新设计中心研发体系处处生机勃勃。实施这个理念，创新设计中心已形成了产品结构多元化、系列化的市场竞争优势。

2015 年 4 月，烽火通信创新设计中心在国家级工业设计中心评定工作中脱颖而出，获得了"2015 年度企业工业设计中心"殊荣。

二、强化质量保障

（一）持续完善质量管理体系

烽火通信将风险控制和管理评审评价体系建设与公司的年度规划、组织绩效管理、平台能力建设规划等工作有机结合在一起，以实现体系的持续改进。

2001 年，烽火通信根据 ISO 9001 标准要求，结合本公司的实际运行特点，建立了质量管理体系，2002 年通过 SGS 认证公司现场审核并取得质量管理体系证书。随后，烽火通信逐步建立了环境管理体系、职业健康安全管理体系、社会责任管理体系、通信行业质量管理体系、卓越绩效模式等。2015 年，纳入全面风险管理，统筹考虑风险应对与质量改善规划。

（二）端到端的全面质量控制

烽火通信在市场体系、研发体系、制造体系、采购体系及工程服务体系设置专职质量管理部门，进行质量控制，严格过程管理，保障产品质量达到同行业领先水平。对供应商的质量控制严格遵循供应商绩效评估流程；遵循品质前控和预防为主的理念，以"三不"原则为核心，全流程、全方位、全员通过 DMAIC 和 PFMEA 等方法，降低内外部潜在的品质风险，提高产品质量。

三、关注员工成长

（一）遵循"以人为本"的人才价值观

烽火通信结合企业战略与经营目标对人力资源的要求，同时切实考虑员工的职业生涯发展需求，建立了基于企业战略及业务流程要求的职位管理系统，建立了基于员工潜质与能力的胜任度管理系统，通过上学、上架、上位、上岗、上薪的"五上"流程对人员任用、考核评价、培训培养、薪酬激励等实现规范闭环管理，不断提升员工能力，胜任职位要求，创建鼓励优秀人员自我激励、脱颖而出的机制，促进组织绩效提升。

同时，烽火通信还积极关注员工职业发展困惑，通过职业通路设计、职业心态调适以及基于个人需要的职业发展个性化服务，包括职业性向测评与分析、职业困惑沟通、心理援助等，构建和谐劳动关系，提升员工对组织的满意度和幸福感，最终提升员工和组织绩效。

（二）不断完善激励机制，激发员工活力

烽火通信为保证公司组织绩效目标的实现，建立了一套员工绩效管理办法。通过对员工绩效目标实际达成情况和在完成绩效目标过程中表现的评估，可以实现对员工贡献和能力的评估，进而为公平分配提供依据，员工绩效管理过程中的差距分析、改进计划实施可以帮助员工改进绩效水平、提高职业胜任能力，使他们在实现组织目标的同时实现自身的需要，提高满意度。

员工薪酬取决于职位的价值、任职者的能力、任职者创造的价值，这些都是通过职位评估、胜任度评估和业绩评估来决定的。公司薪酬管理的基本原则是，员工薪酬与公司经营结果和团队业绩相适应；基于员工的职位、胜任度和对组织的贡献确定员工的薪酬水平；高风险高回报，给予承担更高风险的人员更高的回报预期；鼓励额外努力和独特贡献，给予有独特贡献的人员特殊奖励；鼓励增量和超额产出，给予有超额产出的人员超额奖励。

另外，作为上市公司，烽火通信还实施了股权激励计划。2009 年，近150 名技术骨干首次获得股权激励。2014 年，732 名骨干管理层与核心技术人员获得第二批股权激励，这是当时获国务院国资委批准的央企股权激励计划中人员规模最大的一次。

四、培育烽火文化

一直以来，烽火通信把推动文化的传承和再造放在重要战略地位，与时俱进地推进文化创新和变革，形成了"客户导向、诚信敬业、持续创新、增量发展"的核心价值观，构建起独具烽火特色的文化体系架构，主要包括"三大基石"和"四个支柱"。其中，"三大基石"是指使命愿景、发展战略、核心价值观，它明确了烽火通信的发展方向、发展路径以及应遵守什么样的行为规范和准则。

为了让烽火文化深植于每一位员工的心中，成为大家的自觉追求和行

动，除了活动、宣传、培训和灌输等手段外，烽火通信还积极从管理体制、人才导向、创新规则、沟通模式四大支柱方面进行有力支撑。例如，在管理体制方面，烽火通信将文化理念作为制度建设的依据，与企业管理有机地融为一体；在人才导向方面，通过实施相应的人才管理措施，将文化导向与员工的利益、职位发展密切挂钩，从而牵引每一位员工为组织的有效产出和增量贡献而努力奋斗。与此同时，烽火通信还梳理出了员工的具体行动准则，明确了系列"鼓励行为"和"反对行为"，成为牵引员工前进的行动指南。

通过持之以恒地推进企业文化落地建设，烽火文化正逐步融入公司的经营管理、产品开发、市场营销、售后服务、生产制造等方方面面，逐步成为每一位烽火人的普遍共识，并在工作中自觉转化为实际行动，为烽火通信的发展提供了源源不断的精神动力。

五、担当社会责任

烽火通信始终奉行"诚信尽责"的理念，不断健全企业治理，为社会创造价值，自上市以来，累计上缴利税超过 34 亿元，累计分配利润达到 8.12 亿元，累计创造上万个工作岗位，以稳健的成长和良好的业绩持续回报股东和社会。在企业发展壮大的同时，烽火通信始终关注社区和公众的需要，做有责任感的企业公民。大到灾后救援，小到员工发起的募捐，点点滴滴都包含了烽火人对社会的关爱和深情，展示了烽火通信与祖国风雨同舟的诚心和爱心。在南方冰雪灾害、汶川地震、雅安地震、尼泊尔地震、鲁甸地震等特大灾害中，烽火通信心系灾区，情系客户，第一时间启动应急通信保障预案，积极提供各类通信救灾物资，向灾区派遣多支抢险突击队，协同客户开展应急救援，以实际行动帮助灾区人民恢复生产、重建家园。烽火通信在救灾中的突出贡献获得了社会各界的高度认可，先后荣获国务院国资委颁发的"抗雨雪冰冻灾害先进集体"、全国总工会授予的"抗震救灾工人先锋号"等荣誉，并且收到了当地政府和客户的大量感谢信和锦旗。

此外，烽火通信还在奥运会、世博会、世界互联网大会、青奥会、大运会等大型项目活动中，积极提供通信保障，为大会期间通信网络的正常运行保驾护航；曾多次组织"捐资助学，援助山区学生"的活动，给偏远山区的孩子们送去温暖。

六、烽火通信对提升企业软实力的认识

今天的烽火通信，已经从一个科研院所发展成为产业规模超过200亿元，客户遍及全球九十多个国家和地区的现代高科技产业集团。从烽火通信的案例中可以看到一些值得借鉴的经验，主要有以下几方面。

1）建立有特色的企业文化

企业文化虽然不能直接产生经济效益，但它可以影响企业员工的行为准则进而关乎企业的持续发展。烽火通信"客户导向、诚信敬业、持续创新、增量发展"的核心价值观，是经过多年的积淀提炼出来的，唯有将文化理念根植于每一位员工的内心并指导其工作，才能实现组织绩效的提升。

2）坚持自主创新

作为"中国·光谷"的龙头企业，依靠核心技术引领产业发展，这既是烽火通信的看家本领，也是烽火通信矢志不渝的目标。自1999年成立以来，烽火通信始终坚持专注创新，凭借在信息通信领域的深厚技术积累和坚持不懈的创新精神，"掌握信息通信核心技术"始终成为烽火通信区别于其他厂商的最鲜明特色之一。烽火通信每年将收入的10%以上用于研究和开发企业独有的核心技术和行业前瞻技术。在全球范围内，烽火通信已经与马来西亚、印度尼西亚等国的电信运营商开展深入合作，共建联合研发实验室，不断推动国际电信产业发展。

3）持续不断的管理提升

由单纯的科研院所面向残酷的市场化经营，从 1999 年到 2017 年，烽火通信持续不断地苦练内功。从"转换身份、转换观念"，到"强化市场导向，引入绩效管理"，再到"稳定管理团队、设计职业双通路""打造精品，引入研发 IPD""流程再造，管理信息化"，直到"以人为本、开放式与核算""面向客户、端到端全负责"，一系列系统性的管理变革，使得公司逐步释放增长动力，真正地完成了从事业单位体制的科研院所向现代化的高科技企业的迈进。18 年的稳健发展，使得今天的烽火通信已经成为屹立于中国，迈向全球的信息通信网络产品与解决方案提供商。

4）实施人才强企战略

烽火通信遵循"以人为本"的人才价值观，视员工为最宝贵的财富，为他们提供丰富的培训和职业发展机会，鼓励他们充分发挥自身潜能，在为公司赢得成功的同时也实现自我发展；公司努力营造一个愉快的工作环境，使员工能够进行透明化的沟通和不断的自我提升。一系列的引才、用才、爱才理念和人才激励机制使得高端人才集聚，成为公司持久性竞争优势的来源。

综上所述，烽火通信坚持创新、锐意进取，通过企业软实力的建设，在自主创新道路上取得了可喜的成绩，成为引领全球信息通信产业的中坚力量。在改善人类沟通方式的新征程上，烽火通信将以更加坚定的姿态、更加充沛的动力，为造福人类生活做出更大的贡献。

安徽合力

创新驱动世界五强之路

导读： 安徽叉车集团有限责任公司（以下简称"安徽合力"）在激烈的市场竞争中，连续 26 年保持国内叉车行业第一，并跻身世界工业车辆行业八强。安徽合力以创新为软实力核心，加大创新投入、优化创新机制，培育选用创新人才，加强知识产权保护与标准运用，成为我国规模最大、产业链最完整、综合实力和经济效益最好的工业车辆研发、制造和销售基地。

安徽合力系安徽省属国有独资公司，前身为新中国"八小重机"之一的合肥重型机器厂，始建于 1958 年。其核心子公司安徽合力股份有限公司是中国工业车辆行业第一家上市公司。安徽合力是国家创新型企业、国家火炬计划重点高新技术企业，拥有全国首批国家级企业技术中心，连续两届获得中国质量奖提名奖，获得第二届安徽省政府质量奖，拥有国内同行业最完整的产业体系、最大的高强铸件生产基地、最大的工程油缸生产基地、最大的转向桥生产基地，具备国内领先的叉车设计、开发、生产制造和试验、检测能力。

作为一家国有企业,在严峻的市场环境和激烈的行业竞争中能够连续26年保持国内同行业第一,并跻身世界八强,不断做强做优做大,安徽合力成长成功的不二法则就是创新驱动。从20世纪80年代全面引进日本先进叉车整机和部件制造技术以来,经过30年的不断消化创新、自主创新和集成创新,安徽合力已经成为国家创新型企业、拥有全国第一批国家级企业技术中心,并承担了一批国家重大专项和攻关项目。通过创新,安徽合力的主导产品和核心部件成为中国工业车辆行业的标准和标杆。

一、持续加大科技创新的投入,增强创新驱动的条件

安徽合力技术中心是1995年国家首批认定的100家国家级企业技术中心之一。技术中心现有科研人员825名,其中专职技术开发人员760人,本科以上学历618人,硕士学历222人;高中级技术职称人员543人,其中正高级工程师14人。技术中心拥有18个职能研究所、2个专业研究室、1个中试基地、1个产品规划和项目管理办公室。设有机械工业叉车工程研究中心、安徽省工业车辆重点实验室、博士后工作站、安徽省工业设计中心等,构建了包括前端公共技术及基础技术支持平台、产品及产业研发平台、后向服务平台等完整的矩阵式产品研发体系(如下图所示),其研发能力代表了国内同行业的最高水平。

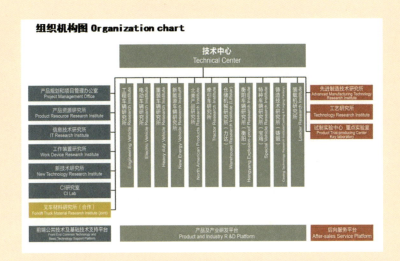

近三年，安徽合力累计研发投入超过 10 亿元，平均研发投入占公司销售收入的 4%以上。先后承担了"基于 PDM 的 4C 集成技术产品研发系统"和"重装车辆研发与产业化"平台两个国家级企业技术中心创新能力项目。面对激烈的市场环境和转型升级的内在要求，安徽合力将坚定走创新驱动的道路，保证研发投入占销售收入的比例不低于 4%，在研发办公、设计平台、试验检测、信息化软件等方面进行持续的投入，进一步完善技术创新的硬件条件和软件基础，实现公司主导产品的全部升级换代，在智能化、轻量化、节能化等关键基础技术上实现突破，形成原始创新、引进消化吸收再创新、集成创新的协同创新能力。

二、持续完善优化创新机制和流程，提高创新驱动的效率

企业是创新的主体和载体，要充分发挥企业在技术创新决策、科研组织、成果转化和研发投入中的主体作用，关键是要进一步优化创新机制和流程。安徽合力自主创新具有优良的传统、扎实的基础和浓厚的氛围。近年来，安徽合力紧紧围绕公司发展战略规划，紧扣行业发展趋势，将市场需求与行业

引领相结合，导入 IPD（集成产品研发系统），实施 SAP—PLM（产品全生命周期管理系统），从市场需求、产品选型、研发设计、工艺制造、关键零部件配套、现场制造、销售服务全过程分析，以专利，特别是发明专利、标准、专有技术授权量作为技术先进性评价指标，以商品化率作为经济评价依据，在项目管理的基础上，引入项目竞争、项目评审机制，打破固有的按岗位、按资历分配的模式，研究并实施快速响应市场并提高绩效的创新流程和方法，使企业研发机制更活、更市场化，研发流程更短、更高效。

安徽合力于 2012 年开始引进 IPD 体系，于 2014 年年初全面推进 IPD 流程的应用。经过 5 年的建设和不断优化，现已建立了以 IPD 体系为引领，以市场需求为导向的产品开发管理体系，以管理体系、制度流程和活动强化技术人员的市场意识、成本意识，准确定位新产品水平，精准满足用户需求。此外，安徽合力进一步加强对研发战略及计划的管控，促进科技创新能力的提升和研发战略的落地，成立了投资评审委员会（简称 IRB），每季度以例会的形式对总部及各分子公司产品开发计划及计划变更进行评审，超前谋划布局技术研究方向及课题，确保产品开发、技术研究满足市场需求，支撑公司整体发展战略。

三、持续完善创新人才的"选、育、用、训、留"，增强创新驱动的支撑

科学技术是企业第一生产力，人才资源是企业第一资源，人才是最具能动性的战略要素，创新人才是创新驱动的支撑和保障。近年来，安徽合力持续加大创新人才培育力度，多渠道、多举措招才引智，每年从"211""985"院校引进人才，营造鼓励创新、宽容失败的创新氛围，并不断改进培训方法，增强技术人才学习、实践、创新的能力；注重适应公司国际化战略的创新人才培养，大胆聘请并使用海外人才；为创新人才搭建平台、提供舞台，努力做到人尽其才、人尽其能，进一步完善具有较强竞争力的研发创新薪酬福利

体系，探索对技术人才实施股权或分红权激励，这些都为公司凝聚创新人才，挖掘创新潜力，支撑企业快速转型升级奠定坚实基础。

为激励技术创新，公司薪酬待遇长期向研发人员重点倾斜，特别制定了一套较为完善的创新激励机制：

（1）以市场效益为检验准则的新产品、新技术效益提奖制；

（2）以技术难度、创新程度为检验标准的科技进步奖励基金制；

（3）以国际人才为标准的人才培训制，组织员工到国外接受培训，定期进行业务学习；

（4）以创新成果为主要依据，每年组织对员工进行岗位评聘，并与薪酬和住房待遇挂钩；

（5）选拔优秀员工给予高层次业务培训及学历教育等。

四、持续拓宽创新模式、平台和方法，增强创新驱动的可持续能力

安徽合力作为国家创新型企业、首批国家级企业技术中心，在巩固提高传统自主创新优势的同时，坚持以全球视野、全产业链思维，借梯登高、借船出海，瞄准世界前沿技术，加快装备引进和升级改造，深化与合肥工业大

学等科研院校的实质性产学研合作进度，设立博士后工作站，加强智能、节能、轻量化、人机工程等关键共性技术和核心技术的研发；"请进来与走出去"相结合，聘请海外高层次设计人员，及时跟踪并高度关注资本并购的可行性；拓展与境内外第三方专业研发设计机构的合作，积极开展设计外包，通过拓宽创新的模式、平台和方法，实现集成创新和协同创新，为企业持续创新提供不竭动力。安徽合力于 2009 年获得安徽省产学研联合示范企业，如下图所示。

为推动创新理念和方法的推广应用工作的深入，安徽合力鼓励广大技术员工努力学习 TRIZ 设计思想和工具，并结合企业自身发展需求，制订企业创新方法规划及工作方案，健全企业内部创新方法推广应用工作机制及激励机制，大力开展创新方法在企业内的宣传培训工作，强化企业核心创新团队建设。企业开展了 TRIZ、精益生产等创新方法培训、创新工程师认证，并积极组织参加第八届海峡两岸创新方法研讨会论文征集活动，派代表参加研讨会，投稿创新方法论文 8 篇，其中一篇获评优秀论文，并获得大会组委会颁发优秀论文荣誉证书；举办 TRIZ 创新方法应用成果交流评比和推进交流会；经过安徽省科技厅组织的笔试，2014 年有 45 名学员获得一级创新工程师的资格，2015 年，有 43 位学员通过二级创新工程师的资格认证，9 名工程师通过三级资格认证。共解决技术难题 37 项，产生备选方案 280 多个，专利意向 74 项，其中发明专利意向 10 项。2016 年，安徽合力创新团队以 QFD、TRIZ 及六西格玛等多种创新方法融合的课题荣获首届全国企业创新方法大赛一等奖。

五、持续强化创新和市场、现场、经济社会的结合，增强创新驱动的效果

实践是创新植根的土壤，市场是创新的检阅场，脱离了市场、现场的创新，只能是纸上谈兵，创新也就成了无源之水、无土之木。因此，创新必须与市场、现场、经济社会发展相结合。近年来，安徽合力坚持以市场为导向，按照精益思想的要求，尊重现场、现物，加快创新成果的转化与自主知识产权的保护，使创新成为企业拓展市场、抢夺先机，提高品牌和产品溢价能力，推进产品结构调整和产业升级的支撑，成为继续引领行业技术进步的先导。

"十二五"以来，通过"两化"深度融合，安徽合力全面建设与整合基于 ERP（企业资源管理）、PLM（产品生命周期管理），集成 HCM（人力资本管理）、SRM（供应商关系管理）、BPM（业务流程管理）、VMS（整车管理系统）、MES（制造执行系统）等系统，运用 BI（商务智能）工具实现决策支持，形成贯穿研、产、供、销、服业务的信息化平台，促进关键体系的综合集成、协同与创新，架构起以协同信息系统为核心的应用体系，朝着建设研发数字化、制造柔性化、管理可视化、运营精益化的一流企业目标迈进。通过在传统制造业与移动互联网融合的创新实践，不断推动管理创新、产品创新、服务创新、行业创新。

安徽合力是国家级、安徽省及合肥市首批"两化融合示范企业"；安徽省制造业信息化科技工程、"两甩工程"示范企业、科技部"制造业信息化科技工程"应用示范企业；国家"两化融合促进节能减排试点示范重点关注企业"。2012年 6 月，安徽合力代表安徽省参加工信部主办的"信息化与工业化融合成果展览会"，展示公司在"两化"融合推动工业转型升级、转变经济发展方式中的成效，是国家首批"两化深度融合示范企业"；2014 被列入国家首批 502 家"两化融合管理体系贯标试点企业"，2015 年顺利通过国家首批两化融合管理体系贯标认定，2014 年获得"安徽互联网创新企业奖"；获得软件著作权 16 项。

六、持续加强专利、标准知识产权的保护与运用，不断增强企业创新软实力

安徽合力从 2001 年起开始申报专利，截至 2016 年年底共获得授权专利 1278 项，其中发明专利 118 项，为国内同行业中专利授权最多的企业。2013 年，安徽合力首次尝试 PCT 专利申请，"一种带能量回收的节能型叉车液压系统"专利于 2014 年进入欧盟和美国申报，已在美国和欧盟授权；该专利获得 2015 年第四届安徽省专利金奖。2016 年，外观专利"内燃平衡重式叉车"获得第十八届中国外观设计优秀奖，如右图所示。

安徽合力是全国工业车辆标准化委员会副主任委员单位，主持制定的国家、行业标准共有 20 项，参与制定的国家、行业标准共有 32 项。这些标准涵盖了产品的设计制造、使用操作、安全环保及零部件等多方面内容，对引导行业产品的发展有着积极的推动作用。企业实现了从产品到专利以致标准的提升，标准的制定量在同行业中稳居第一。

作为工业车辆行业领军企业，安徽合力还一直积极参与工业车辆国际标准化工作。从 2009 年开始，每年都参加国际标准化组织 ISO/TC110 工业车辆技术委员会年会。经国家标准化管理委员会国际合作部考核及批示，2016 年安徽合力又正式承担了国际标准化组织 ISO/TC110 SC5 "可持续性"分委员会联合秘书处。以秘书处为平台，公司积极开展国际标准审查，推选标准化工程师入选 ISO TC110/SC2 WG2 "安全规范"工作组专家，提议"工业

车辆再制造标准"新工作项目等标准化工作。从参加会议，到承担秘书处，再到注册专家、提出标准提案，安徽合力的国际标准化道路逐渐变得清晰、宽阔。这些国际标准化工作也为安徽合力设定了更高的目标——制定国际标准。

作为一个负责任的企业和品牌，安徽合力始终不忘使命担当，义不容辞高擎民族叉车行业的大旗，积极响应"中国制造 2025"决策部署，将紧紧围绕"世界五强，百年合力"的企业愿景，致力于成为全球叉车专家、致力于成为中国自动化物流设备一流提供商、致力于成为受人尊敬的优秀企业、致力于振兴民族工业车辆的领军者、致力于加快建设"五大发展"的美好安徽而砥砺前行。

新松

聚力创新　缔造世界一流企业

导读：沈阳新松机器人自动化股份有限公司（以下简称"新松"）隶属中国科学院，是以机器人技术为核心，致力于全智能产品及服务的高科技上市企业。新松以创新为根本动力，完善技术创新体系，注重技术人才培养和引进，建立了科学有效的企业文化及发展战略，凭借自身的技术优势和管理优势，成为国内机器人产业的排头企业，并在推动产业转型升级中发挥积极作用。

新松是全球机器人产品线最全的厂商之一，国内最大的机器人产业化基地，在沈阳、上海、杭州、青岛建有机器人产业园，在北京、香港、广州等城市设立多家控股子公司，在上海建有新松国际总部。新松现拥有 2000 余人的研发创新团队，形成以自主核心技术、核心零部件、领先产品及行业系统解决方案为一体的完整产业价值链，并将产业战略提升到涵盖产品全生命周期的数字化、智能化制造全过程。

新松以超前的技术和独特的软硬件综合实力，一直引领中国机器人产业发展。随着"工业 4.0"的提出，各国均将推动制造业向智能化生产和个性化定制的转型作为经济发展、产业发展的重点。在中国产业转型升级发展的关键阶段，新松坚持致力于提供核心装备支撑，引领产业智能转型。新松积极贯彻落实长期发展战略及年度经营计划，加强平台建设，以实现创新链、产业链、金融链协同发展，为公司更长远的发展奠定坚实基础。

一、注重研发投入和人才培养，不断提升企业创新能力

创新是驱动技术进步和公司发展的最根本动力。新松长期以来始终坚持创新，不断加大研发投入，同时注重技术人才的培养和引进，凭借自身的技术优势和管理优势，为客户提供质量和性能优于市场上现有水平的产品，以创新增加产品与技术的附加值，为客户提供超越期望的服务。

1) 始终坚持保持研发投入 12%以上

新松依托中科院强大的人才优势，形成了以院士、博士及高级专业为核心的国家级联合创新团队。新松拥有 2000 人以上的高素质创新研发团队，这一团队规模可以和国际一流机器人公司相媲美；拥有从技术研究、实验开发、推广应用的创新管理经验，每年推出几十项新产品，完成重大科技攻关 100 多项，拥有几百项国家专利，起草制定多项国家行业标准。新松拥有计算机信息系统集成企业壹级资质，具有实施大型系统解决方案的能力。而作为高科技企业，新松每年的研发投入占公司总体销售额 12%以上。截至 2016 年年底，新松拥有企业标准 29 项，2016 年年度更新企业标准 15 项，新增企业标准 8 项。

2) 建立完善有序的技术创新体系

完善有序的技术创新体系是企业技术创新活动的重要保障。目前新松已经形成了完善的三层科技创新体系机制，首个层次是以机器人国家工程研究中心、国家级企业技术中心为龙头的国家级创新平台，主要负责前瞻性、战略性的共性关键技术研发；第二层次是以新松研究院及以主导产业为标志划分的各事业部，主要负责新技术新产品和各专业领域应用性技术的攻关及产业化实施；第三层次是与国内外优势企业和研究机构结成的产学研联盟，开展策略合作型研发。各创新层次之间资源共享、优势互补、协同发展，成为

了高层次人才的聚集地，也是国内知识创新、技术创新和高技术产业化的重要力量。

3）多方面稳抓科技人才建设

多年来，新松一直把培养、吸引和凝聚人才作为公司的第一大事来抓，制定实施了一系列培养、引进、稳定人才的人力资源制度，取得了显著成效，满足了公司快速发展对人才的需求。新松每年通过参加各大重点院校组织的毕业生双选会，引进优秀的应届硕士毕业生作为公司的储备人才。同时，新松也运用网络、报纸等各种传播媒介，以具有竞争力的薪酬福利待遇、广阔的发展前景和职业上升空间吸引同行业高技能人才加入公司的创新团队。新松建立各级博士后工作站，吸引取得博士后学位人员或出站博士后到公司承担项目研究工作，进一步提升新松的科研实力。作为中国机器人产业基地，新松不仅聚集着国内最优秀的研发人员，也将渴求人才的目光放眼于国际。新松与东北大学签署战略合作协议，旨在携手培养高端技术人才；新松承办的"国际智能星创师大赛"助力公司深度挖掘机器人行业最具潜力的团队。中德新松教育集团淘特洛夫职业培训学院的创办，更使新松与国际实时接轨，保证了人才的及时输送。

二、建立科学有效的企业文化及发展战略，提高企业核心竞争力

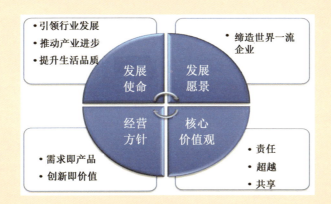

新松以"引领行业发展、推动产业进步、提升生活品质"为使命，致力于使用机器人自动化技术推动产业升级转型，提升人们的生活品质。新松始终坚持以"责任、超越、共享"为核心价值观，将责任作为公司道德和行为的基石，将超越作为公司理念和创新的基石，将共享作为公司团队与和谐的基石，整合内外资源，实现快速、高效、协调发展；以"三心两意——诚心、专心、用心、为了客户满意、为了员工满意"为服务观；以"正直诚信、崇节重义"为道德观，以诚待人，专注做事；以"追求卓越、创造完美、诚信敬业、报效祖国"为指导精神，强调企业要终身学习，不断将新的观念、新的思想、新的方法应用到实际工作中，实现更高的客户满意度和市场占有率，获得更大的企业收益和社会效益。

（一）坚持"三心两意"服务观，构建全方位的销售体系

1）新松服务观

新松坚持"三心二意"的服务观。

"三心"是指：

坚持诚心——对客户真诚守信，不欺瞒客户；

秉承专心——用心做好工作，切实解决客户的问题；

认真用心——极尽所能，想客户所想、急客户所急。

"二意"是指：

为了客户满意——新松不断追求客户满意，建立起一切为了客户的经营理念，强调公司内部互为客户的服务观念；

为了员工满意——通过建立有效的激励机制、竞争机制，努力为员工提供更大的发展空间和成长机会，使员工的自身价值能够真正得到体现与认同。

2）构建全方位的销售体系

近年来，新松加大力度打造全方位的销售体系，建立起专业营销团队、代理商制度、网络销售和展会销售相结合的销售模式，为客户提供更便捷的服务方式和更多样的服务渠道，满足客户在采购产品过程中的各项需求。

首先，新松借力高水平的专业营销团队，针对不同行业，通过市场调研、网络信息、电话沟通等多种渠道充分了解各行业对公司产品的市场需求，开展针对性的产品销售业务，为客户提供更符合其期望和需求的产品，从而提高销售业务效率，同时节约客户采购的时间成本。

其次，代理商销售制度极大地节约了新松产品销售领域覆盖的成本，有效推动了公司业务在全国范围的开展。新松在选择代理商的过程中，不断加强对代理商资质、技术及其销售能力的综合评价建设，完善代理商筛选标准，选择综合实力雄厚的代理商，同时建立代理商考核体系，以达到更好地为客户服务的目的。

再次，新松充分利用网络平台信息时效性高、覆盖面积广的优势，搭建网络销售平台。客户及潜在客户可以通过公司官网、微信平台、百度搜索等多个平台了解新松的产品情况，并实现在线咨询，新松安排专业人员第一时间为客户提供服务。网络销售平台作为新松销售体系中的一个重要组成部分，为新松获取了大量的市场信息，对产品销售业务的开展起到了极大的推动作用。

最后，展会作为最直观的产品宣传途径，具有客流密集、信息流充足的优势，新松充分借力其优势，积极参加国际及国内大型展会。2016 年度，新松参加了世界机器人展会、国际服务机器人展会、中国国际机器人展会、中国智慧城市博览会、工博会、埃森焊接与切割展览会、宁夏中阿博览会等行业重要展会，通过上述展会，积极地展示了新松在 2016 年度研发的核心技术、新型产品以及企业形象和实力，提升了新松在行业内的知名度和影响力。

（二）平台化发展助力企业核心竞争力

2016 年开启了"十三五"规划的新征程，"十三五"规划的建议中已明确提出促进机器人与智能制造产业的发展壮大，在此期间将迎来新松发展的重大战略机遇。新松将成为世界一流的高科技企业作为发展目标，确定创新、人才、资本为驱动要素，采取"内生式+外延式"相融合的方式，搭建及完善创新、产业、金融三大平台，以实现公司规模快速扩张，加速向全球领先的高科技集团企业迈进。

新松着力开展平台建设，旨在以资本市场为桥梁，联合市场的有效资源，共同搭建创新平台、产业平台和金融平台。截至 2016 年年底，新松分别与中国科学院、东北大学、上海交通大学等国内高等院所搭建创新平台；此外，新松牵头与国内同行成立产业联盟，形成产业平台。

三、树立顶级质量观，坚持完善的质量体系

新松坚持精出于细、品源于专的质量观，在质量上，崇尚完美主义——没有最好、只有更好，以细致出精品、以专业铸品质，永远追求以更好的质量赢得客户的超值满意。

新松在通过国家质量管理体系认证、严格遵守相关的质量标准的同时，不断完善内部质量管理体系，由专门部门委派专门人员严把质量关，从采购、销售、生产、产品验收、售后服务及客户反馈等多个环节建立严密的质量管理评价体系，对各个环节严格控制，保证新松产品和服务的质量，为客户提

供更放心的产品和更贴心的服务。

新松从成立至今，在质量管理方面取得了骄人的成绩，2006 年在中国重质量守信用年度品牌与年度人物评选活动中，公司总裁曲道奎先生荣获年度人物殊荣；同年，新松获得辽宁省质量管理奖；2007 年新松跻身产品质量信用中国 500 强。

四、加强战略合作，品牌影响力稳步提升

（一）工业 4.0 应用领域拓展迅速

新松智慧产业园打造了机器人生产机器人数字化智能生产行业新样板，全新的工业机器人、洁净机器人、智能服务机器人、特种机器人等车间陆续投入，为新松快速发展注入新的动力。

新松以机器人与自动化成套装备为物理基础，综合智能软件、互联网及大数据等技术，精准地把握行业需求及其转型切入口，致力于为各行业提供数字化工厂解决方案。新松在维护汽车、电子电器、电力、机械、食品、医药等原有市场的同时，以创新的精神开拓新的市场，为农产品、农用设备、烟花爆竹、热水器、家具等制造领域的客户提供系统解决方案，为用户提高市场竞争力、确保安全生产提供支持。

（二）战略合作成效显著

新松坚持战略合作伙伴的发展战略，与国内外大型知名厂商如西门子、欧姆龙、华为、施耐德、风神物流、海信电器、沈阳机床等在工业 4.0 领域成为战略合作伙伴。新松以战略合作为基础，以互惠互利为原则，共同建设及推广智能制造生态系统、提升市场竞争力，扩大企业发展影响力，共同推进《中国制造 2025》落地实施。

（三）品牌稳扎国际名牌行列

随着社会的进步和发展，中国的人口红利优势逐渐消失，智能装备在社会生产及服务的各个领域广泛应用，工业机器人的应用推广发展迅速。巨大的市场需求和广阔的发展前景给中国机器人产业带来前所未有的机遇，新松机器人以其强大的创新实力和广泛的市场份额始终保持中国机器人行业绝对领军地位。长久以来，良好的客户口碑、权威大频率的媒体报道以及各类行业展会的积极参与使新松品牌影响力稳步提高，稳扎国际名牌行列。2016年，央视《新闻联播》《焦点访谈》《经济半小时》《中国财经报道》《经济信息联播》《朝闻天下》等栏目对机器人产业发展进行重点追踪。中央电视台大型纪录片《大国宏图》中着重记录了由新松机器人举办的世界上首次机器人主题婚礼，引起行业内外巨大反响。另外，新华社、人民日报、科技日报、中国日报、主流网站等对新松进行批量报导，对新松提升市场识别度和品牌价值发挥积极作用。从头版头条，到深度大篇幅报道，新松机器人的行业及社会重要性不言而喻，综合实力稳居世界机器人企业前十位。

实力担当　唱响全球

亨通集团：坚持创新驱动　打造发展"智高点"

中国建材集团：怀抱梦想 专注实业 打造全球建材领军企业

潍柴：打造软实力　助力企业国际化发展

海尔集团：创业创新　企业的立足之本和发展之魂

三一：打造强大软实力　成就"中国制造"的世界名片

好孩子：以创新为品牌内核　大步走向世界

亨通集团

坚持创新驱动　打造发展"智高点"

导读：作为全球光纤通信行业前三强企业和中国光纤光网、电力电网领域规
模最大的系统集成商与网络服务商，亨通集团成立 20 多年来，始终将
创新作为企业发展的源动力，形成了"以战略创新为前提，以人才创
新为依托，以技术创新为重点，以机制创新为保障，以资本创新为纽
带"的全方位的创新体系。亨通集团通过持续的"升级式"创新，不
断提升企业软实力，在实现自身行业地位和经济实力稳步提升的同
时，打响了中国"智造"的亨通品牌。

亨通集团，是服务于光纤光网、电力电网、金融和大数据互联网、
文旅地产等领域的国家创新型企业，拥有全资及控股公司 60 家（其中 3
家公司在上海主板、新加坡和香港、印度尼西亚上市），在全国 10 省市
和欧洲、南美、南非、南亚、东南亚设立产业基地，在全球 30 多个国家
和地区设立营销技术服务分公司，产品覆盖 120 多个国家和地区。经过
25 年的发展，亨通集团已经成为中国光纤光网、电力电网领域规模最大
的系统集成商与网络服务商，跻身中国企业 500 强、中国民企 100 强、
全球光纤通信前 3 强。

一、战略创新引领发展方向

　　企业的发展需要战略做先导。亨通集团认为，要想实现产业链的延伸，实现企业的高端转型目标，必须做好对市场的预判，合理制定未来规划，而战略创新是企业实现快速发展的前提。

　　亨通集团从 2000 年起成立了亨通发展战略咨询委员会，每隔三年就集团整体以及各产业板块未来发展进行系统的战略发展规划。此外，亨通集团还围绕企业战略和运营流程，通过定期举办战略研讨会、运营研讨会等活动，全面梳理公司社会责任内涵，推进社会责任与公司发展战略、运营管理的深度融合，不断推动行业持续健康发展。

　　通过战略创新，亨通集团确立了"四大转型"（生产研发型企业向创新创造型企业转型，产品供应商向全价值链集成服务商转型，制造型企业向平台服务型企业转型，本土型企业向国际化企业转型）战略目标，大力实施"四大融合"（产业经营与资本经营融合、制造服务与互联网融合、国内资源与国际资源融合、本土文化与外域文化的融合）的发展路径，正按照"市场国际化—产业国际化—品牌国际化"三步走的国际化实施策略，围绕"5-5-5"国际化目标（"集团产品的 50% 以上销往海外，集团资本的 50% 以上为海外资本，集团人才的 50% 以上为国际化人才"），有序、稳健地迈入以资本和品牌输出为导向的国际化阶段，为实现中国制造世界品牌，实施全球化运营指明了方向。

二、人才创新催生发展动力

提升企业的"软实力"，核心是人，落脚点也在人。人才是企业的第一资源、第一资本，更是第一战略。亨通集团努力健全人才工作机制，着眼于实现人才培养、选拔和使用的良性循环，全力实施人才领先战略，以能力建设为基础，开展职业发展体系建设，为员工制定职业发展规划和开辟成长通道，加快实现"构建德才兼备的管理团队、培育创新钻研的技术团队、打造高素质高技能的员工团队"的目标。

多年来，亨通集团大力实施国际化人才工程、领军人才工程、复合型人才工程、高技能人才工程、后备人才工程等五大人才工程，推动了企业稳健持续发展。要成就百年企业，首先要成为百年企业学校。亨通集团提出打造"百年学校"、提倡终身学习的人才理念，成立了亨通管理学院，建立在线学习平台（e-Leaning），获得在线教育网"2015 年度优秀学习管理系统应用奖 – 博奥奖"。员工能够随时随地通过互联网或手机进行学习提升。亨通集团制订了完善的职工培训体系，定期组织选派优秀的中高级管理骨干到国内著名高校、培训机构，系统接受 MBA、EMBA、IPM、职业经理人等管理课程的学习和培训，选派优秀的经营管理人员到海外学习。集团还建立了"内部培训师"制度，明确要求每个公司的经营管理者必须成为培训师，并将管理者的授课时长作为职位升迁、业绩考核的重要指标。

对制造业而言，质量品牌就是企业生命，而高素质、高技能的人才是打造质量品牌的基石。亨通集团深耕高技能人才队伍的培养建设，不断健全职等体系、薪酬激励体系、培训体系和技能评价体系，形成了"师带徒、传帮带"的技能传承培养机制。先后与北京邮电大学、南京邮电大学等七所院校合作，探索工学交替培养模式，连续八年在学校开办"亨通专业班"，连续四年开办"技师班"，为产业扩张输送了新鲜血液。与此同时，不断完善岗位练兵、技能比武，以赛促学、以赛促练的竞赛机制，形成机台赛天天有、班组赛月月有、公司赛年年有的具有亨通特色的"三级赛事体系"。先后承办了江苏省"亨通杯"电线电缆制造工技能大赛和全国第三届电线电缆技能大赛江苏赛区工作，大赛锻炼了亨通的队伍，检验了员工的技能素质。

　　通过多渠道、多方式的高技能人才培养，亨通集团已形成了七个等级的技能人才梯队：拥有技能人才6500多人，其中首席、高级技师88人，技师232人，高级工1462人，中级工1950人，初级工2860人。为在广大职工队伍中积极弘扬"匠人精神"，2015年亨通在集团级奖项中专门增设了"技能工匠奖"。通过多年的努力，亨通集团已拥有一个国家级技能大师工作室（韦冬国家级技能大师工作室），以及3个省级、5个地市级、2个县区级技能大师工作室，并先后获"江苏省就业先进单位""江苏省高技能人才评价试点单位"（2012年）、"江苏省高技能人才培养示范基地"（2015年）、"江苏省高技能人才专项公共实训基地"（2016年）等称号。面向"十三五"，亨通集团已启动"395"高技能人才工程（3个全国技能大师工作室、9名省首席技师、500名高级技师和技师的技能人才格局）的规划。

　　同时，围绕国际化战略，亨通不断加速国际化人才队伍建设，目前已打造了一支不同国籍、不同肤色、不同语言、不同文化的国际化队伍和全球领军专家团队，其中，亨通引进的知名国际专家布朗博士先后获评国家"外专千人计划"、江苏省"外专百人计划"、姑苏领军人才，这些为都国际化发展打下了坚实的人才基础。

三、管理创新激发发展活力

当前"互联网+"大潮席卷而来，制造业转型走到关键时点，智能制造成为提升竞争力的重要一环。"中国制造 2025"明确提出，通过推进建设智能工厂，推进中国制造业的全面变革。

为顺应全球智能化科技革命和新一代信息技术与制造业融合发展趋势，落实"中国制造 2025"及"互联网+"国家战略，亨通集团以定位全球发展为导向，打造高端制造业全球化运营能力，推进全方位、多层次与国际接轨，加快国际化进程，提升在国际舞台上的市场竞争力。亨通集团确立了以"三化促一化，一化带三化"的创建思路，全力打造"三化企业"（"一化"即国际化，"三化"即工厂智能化、管理信息化、制造精益化）。目标是要在三年内实现现有厂区产能翻番，实现"能用机器人的不用工人，能用机器手的不用人手"，同时尽量减少人为误差，从源头上实现制造质量的精准控制。

从 2013 年起，亨通集团"三化智能企业"建设正式启动实施。在工厂智能化方面，自主开发了具有全球领先水平的光纤、光纤预制棒制造全套自动化装备及控制软件，并被评为江苏省首批智能化示范车间（如下图所示）；在管理信息化方面，系统推进 5 大信息系统建设（SAP、CRM、SRM、MES、OA），实现从供应链到客户端的信息互联互通；在制造精益化方面，加快实现柔性化生产、定制化制造、快捷化交付，提供全产业链的解决方案和终端运营维护服务，打造中国质量世界品牌。目前，亨通集团入选国家级两化深度融合示范企业，6个车间上榜"江苏省智能制造示范车间"，亨通集团的智能工厂建设已走在了行业前列。

四、技术创新培植核心竞争力

技术创新是企业创新的核心。亨通集团制定科技创新的"3-4-3"战略（超前3年进行技术储备，每年以营收的4%以上投入科技研发，每年高科技含量产品销售占比达到30%以上），瞄准产业尖端前沿，推进向高端产业、高端技术、高端产品延伸发展。

为提高技术自主创新能力，亨通集团建立了国家级企业技术中心、博士后科研工作站、院士工作站等五大创新研发平台和14个省部级工程技术创新中心，形成了从基础材料到系统解决方案的完整的光纤通信、电力传输两大产业链，并建立国内同行业一流的检测和研究开发实验室。

　　亨通集团相继承担国家"863"、自然科学基金项目、国家级科技项目等
260 余项，标准制定和专利数均位居国内同行首位，先后被评为国家技术创
新示范企业、国家重点高新技术企业、国家火炬计划重点高技术企业、国家
工业强基工程企业。

　　核心技术攻关是科技创新的重中之重。近年来，在光纤通信领域，亨通
集团始终抓住以科技创新引领企业发展这个"牛鼻子"。在光纤通信产业链，
光棒可谓最核心的高技术，长期以来国内需求光棒基本上全部依赖进口。亨
通集团上马光棒研发，经过 1200 多个日夜奋战一举研发成功，扭转了国内
光棒供应长期依赖进口的被动局面，填补了国内空白，奠定了亨通集团在世
界光纤通信领域的地位和话语权。此后亨通集团还先后完成了光棒产业化流
程装备、制造工艺、软件控制的自主研发，成为国内唯一掌握光棒尖端技术
自主知识产权的民族企业，把国内互联网、光纤网络等信息通信设施的建设
成本降低了 70%以上，为网络强国建设奠定了雄厚的技术基础，更为国家网
络安全保障做出了贡献。目前亨通的光纤网络已覆盖 130 多个国家地区，占
据全球光纤光网市场 15%的份额。

　　2016 年，亨通集团自主研发新一代超高速率、超大容量、超低损耗光纤，入围国家"工业强基工程"重大项目，解决我国通信领域关键基础材料受制于国外的重要难题，是国家信息化基础设施建设的重要战略组成部分。同时，通过不断加大投入和持续创新积淀，亨通集团又成功研发出具有颠覆性技术的新一代绿色光棒，成为继美国康宁之后，全球第二家掌握此项技术的企业，同时成为全球第一家实现此技术产业化的企业，入选国家工信部的绿色制造系统集成项目。

　　成功研发光纤预制棒只是亨通坚持创新发展、转型升级战略的一个缩影。这些年来，亨通集团一次次打破国外技术垄断，掌握了一项项核心技术，创造出一个个具有国际领先水平的高科技产品，产品和解决方案已全面服务于智慧城市及社区、特高压及智能电网、新能源与海洋工程宽带中国、大数据、物联网、移动互联网、高铁地铁及航空航天、国防军工等高端市场高端领域，在国内外重大工程中创造了多项"世界之最"。

五、品牌创新提升企业影响力

　　亨通集团坚定不移地将品牌战略作为引领企业发展的先导战略，在创立之初便注册了"亨通光电"商标，制定了"打造世界知名品牌、成就国际优秀企业"的企业愿景，成立了战略发展企划部，负责企业品牌建设与传播推广工作。

随着品牌战略的深入推进，亨通集团提出了品牌的"三大转变"（国内品牌向国际品牌转变、行业品牌向公众品牌转变、知名度向美誉度转变），构建集团、产业、产品三层次品牌管理架构，确立母子品牌管理策略。围绕国际化战略，配合海外产业并购，在海外注册国际商标近百件，构建亨通系全球化多品牌管理体系，不断扩大品牌的全球影响力。

亨通集团始终将品牌建设作为系统工程来抓。对每道工艺的作业流程都规范到细微之处；对员工进行定期培训，使员工在作业上能够保证产品品质；对半成品、成品检验标准进行规范，令质量管理有据可依。亨通集团还引入了供应商评定机制并提供监督、辅导，新的供应商必须经过200余项审查项目评定合格方可加入供应链，从源头开始把控质量。目前，亨通集团所属企业已通过质量管理体系认证、环境管理体系认证、测量管理体系认证、中国强制性产品认证（CCC）、电能（北京）产品认证中心认证（PCCC）、CE认证、国家军标质量管理体系认证等数十项权威认证。连续获得"苏州市市长质量奖""江苏省质量奖""江苏省质量管理优秀奖""全国企业管理创新奖（一等奖）""全球卓越绩效奖（世界级）"等众多殊荣，成功获得中国质量领域最高荣誉"中国质量奖"提名，并荣膺"中国质量标杆示范企业"和"中国出口质量安全示范企业"，成为江苏省首家"质量信用3A级企业"。20多年来，亨通品牌价值不断提升，亨通光电品牌早在2004年就被国家工商行政管理总局认定为"中国驰名商标"，2006年被国家质量监督检验检疫总局评为"中国名牌产品"，成为江苏省重点培育和发展的国际知名品牌、江苏省通信光电缆出口基地核心企业、苏州市企业知名字号；连续10年入选中国500最具价值品牌榜，相继被评为中国通信工业最有价值品牌、中国通信市场最具影响力行业品牌、中国光纤光缆市场最具竞争力用户最满意品牌、全国行业顾客最佳满意品牌、全国电线电缆行业用户最佳满意品牌、中国电子元件行业十大民族品牌、中国电线电缆十大著名品牌等。

截至目前，亨通已形成"亨通光电""南非阿伯代尔""西班牙萨拉戈萨""葡萄牙阿尔卡布拉""印尼福士"五大全球品牌。根据世界品牌实验室中国500最具价值品牌数据，亨通品牌价值已达到239.7亿元。

六、文化创新彰显企业魅力

企业文化是企业的命脉和灵魂。亨通集团在 20 多年的文化融合实践中，不断从传统文化、本土文化中汲取智慧和营养，发扬"厚德、崇文、实业、创新"的新时期苏商精神，借鉴吸收国内外优秀企业的文化精髓，结合自身实际，不断创新、丰富和完善企业文化，提炼出"上善若水、道法通变"的发展之道，以及"以人为本，品行为先"的企业哲学，形成了面向全球市场、助推创新发展、具有自身特色的企业文化体系。亨通集团被评为全国企业文化示范基地，先后获得全国企业文化优秀成果奖、江苏省企业文化示范单位、苏州市企业文化建设示范单位等荣誉。

亨通集团提出，党建也是生产力，首创党建与经营双轮驱动模式，率先在当地成立民企党委、民企纪检委、民企党校，坚持"一把手抓党建"，推进党建五大融入法（融入生产经营、融入人才培养、融入企业文化、融入和谐共建、融入社会责任），打造雁阵式党建先锋梯队，实施党员与职工心连心结对工程，推进党建对外统筹共建，党组织在企业中发挥了主心骨作用，弘扬了比作为、比贡献的拼搏精神，优化了企业营商环境，验证了"党建就是生产力"的实践内涵。人民日报头版曾以"党旗在非公企业高高飘扬"为题，专门报道亨通集团的党建做法。中央组织部专门总结推广亨通集团的党建工作经验。亨通集团相继荣膺全国文明单位、全国精神文明建设工作先进单位、全国企业党建工作先进单位，先后被评为江苏省非公企业党建带共建示范企业、江苏省委组织部大型民企双重管理党组织。

亨通集团把社会责任是作为企业的第一责任，始终坚持诚信经营、依法纳税，连续多年成为省、市纳税大户和当地纳税第一大户。亨通集团认为，发展经济绝不能以牺牲环境为代价，这是我们的底线，本着对国家、对人民、对子孙后代高度负责的精神，正确处理好经济发展同生态环境保护的关系。亨通集团每年都与生产型公司签订节能减排技改责任书，把资源消耗、环境损害、生态效益等生态文明建设指标纳入业绩考评体系，在集团上下牢固树立绿色发展、循环发展、低碳发展的意识。获评首批中国能效之星——五星级能效工业企业，被工信部授予"中国通信产业绿色节能创新奖"，系列产品被评为"国家绿色环保产品"，并荣膺"全球人居环境绿色技术（产品）范例"大奖。

秉承"得诸社会、还诸社会"慈善理念，亨通集团积极投身社会慈善公益事业和光彩事业，成立江苏省首家民企发起国家民政部主管的非公募慈善基金会——亨通慈善基金会，先后开展江西革命老区敬老院改扩建"鹤轩安耆工程"、云南少数民族困难家庭儿童先天性心脏病专项救治项目、中国光彩会重庆留守儿童关怀救助项目，长期致力于残疾人事业，持续实施"残疾人现代家庭圆梦行动"，不断开展爱心助学活动，捐款成立教育基金、援建希望学校、实施"贫困学生就学就业行动"等，积极投身扶贫、济弱、助残、敬老、赈灾等公益慈善活动，践行"精准慈善、终身慈善"的宗旨，屡获中国政府慈善领域最高奖——中华慈善奖，以及"中国十大慈善家""中华慈善突出贡献（个人）奖""中国光彩事业 20 周年突出贡献奖""江苏慈善奖——最具爱心慈善捐赠楷模"等殊荣。

七、经验与思考

创新是人类进步的动能，更是企业发展的灵魂；制造业是国民经济的脊梁，是兴国之器、强国之基、富民之本，深刻地影响着社会经济发展的总体面貌和进程。制造业企业，只有通过不断创新，推动我国制造业转型升级，迈向高端，才能够在发展制造业的全球化浪潮之下立于不败之地。2017 年《政府工作报告》指出，要以创新引领实体经济转型升级。亨通集团认为，做企业，今天不创新，明天就要落后，后天就要被淘汰。

对实体经济而言，持续创新靠的是创新生态系统。除了技术与人才的创新外，还要在管理、运营机制、商业模式等方面不断地创新，唯有以全方位创新才能应对外部的变化发展。亨通集团以战略、人才、技术、机制、资本"五位一体"的创新体系为载体，以产学研合作为重点，与清华大学合作成立"新能源材料研究院"，与中国科技大学合作成立"量子信息研究院"，与北京邮电大学合作建立"量子光电子实验室"，与同济大学组建"海洋通信工程研究中心"，结合亨通国家级企业技术中心、院士工作站、博士后工作站等创新平台，开发应用与储备了一大批有自主产权的创新资源和成果。

创新要有允许失败的包容机制。创新与失败相向而行，失败中孕育着创新，创新中必有失败的过程。光纤预制棒是光纤通信产业最关键核心技术，过去这个技术控制在少数发达国家手中。为了打破垄断，亨通集团从零起步自主研发，历经近4年时间，投入数十亿元，屡败屡试，最终开发成功，结束了国外垄断的历史，成为唯一拥有这项世界级核心技术及自主知识产权的中国企业。

企业实现创新升级，需要加快"走出去"。亨通集团自从2000年国际化起步至今十五年来，围绕"一带一路"战略，提出"看着世界地图做企业、沿着一带一路走出去"，不断探索适合自身的全球化运营模式。目前，亨通已在欧洲、南美、南非、东南亚创建6个海外研发产业基地，在全球设立34家营销技术服务公司，业务覆盖130多个国家地区，连续多年海外营收实现翻一番增长。

未来，亨通将紧抓"一带一路""中国制造2025"等国家战略，持续以创新驱动转型发展，大力实施"四大融合"，全力推进"四大转型"，面向全球加大投资并购力度，推进产业链向高端跃升，扩大新兴产业集群，加快全球化运营和产业布局，力争到"十三五"末，把亨通集团打造成千亿级、高科技国际化公司。

中国建材集团

怀抱梦想　专注实业　打造全球建材领军企业

导读：作为我国建材工业改革发展、创新转型、参与国际竞争的排头兵，中国建材集团有限公司（以下简称中国建材集团）坚持战略思想先行，创造性提出并积极践行有中国建材特色的"整合优化"理念和"三条曲线"转型思路，强化管理、创新、国际化水平，打造优秀的企业文化，持续提升软实力，推动集团发展不断取得新突破，开辟了建材工业供给侧结构性改革的新路径，为引领我国建材工业转型发展作出了积极贡献。

中国建材集团是我国规模最大、实力最雄厚、技术最先进的综合性建材产业集团，也是全球第二大建材产业集团。集团拥有 13 家国内上市公司，2 家海外上市公司，26 家国家级科研设计院所，资产总额达 5500 亿元，员工 25 万名，年营业收入近 3000 亿元。中国建材集团以"善用资源，服务建设"为宗旨，打造先进的管理体系和强大的科研创新实力，包括水泥熟料、商品混凝土、石膏板、玻璃纤维、风电叶片等多个主要领域产能规模世界第一；水泥工程和余热发电工程国际市场占有率世界第一；超薄电子浮法玻璃、熔铸耐火材料、碳纤维、电瓷产能规模中国第一。

一、坚持战略思想先行，引领建材工业科学发展

中国建材集团专注实业三十多年来，始终牢记央企使命，勇担历史重任，积极贯彻国家政策精神，始终坚守道德高地，从全行业出发，不断创新发展战略和思想，引领企业、带动行业实现持续健康发展。

一是坚持战略驱动，为企业科学发展指明方向。中国建材集团是一家战略驱动型的企业。在中央精神和国家政策指引下，集团始终坚持市场化道路，遵循行业和企业发展规律，以正确的战略目标为指引，保持清醒的战略定力，专注建材实业，服务国家建设。2003 年，中国建材集团果敢地调整战略，由规模较小的装饰建材行业回归水泥、玻璃等建材行业主流，自此走上一条联合重组和资本运营相结合的快速扩张道路。2009 年，中国建材集团进一步提出"大力推进水泥和玻璃产业的结构调整、联合重组和节能减排，大力发展新型建材、新型房屋和新能源材料"的"两个大力"战略。"两材重组"[1]之后，迅速明确坚持创新驱动、绿色发展、国际合作三大战略，要成为行业整合的领军者、产业升级的创新者、国际产能合作的开拓者，围绕"三条曲线"，打造"六大平台"，实现"四化"转型[2]，努力建设世界一流的综合性建材产业集团。正是制定了符合行业和企业实际的发展战略并进行适时调整，才促使中国集团快速成长为世界级建材企业，进而改变了中国和世界建材工业的格局。

二是塑造核心价值观，为企业发展提供内在动力。中国建材集团专注建材实业强国梦想的同时牢记央企责任，始终站在道德高地上做企业，把企业的增长与人类的福祉、国家的命运、行业的利益、员工的幸福结合起来，把企业责任和担当放在速度、规模、效益之前，倡导合作共赢、分利共享。基

1　2016 年 8 月 26 日中国建筑材料集团有限公司与中国中材集团有限公司重组成为中国建材集团有限公司。

2　三条曲线、四化见后文。六大平台是基础建材平台、国际产能合作平台、三新产业发展平台、国家级材料科研平台、国家级矿山资源平台、金融投资运营平台。

于此，中国建材集团明确提出了"善用资源、服务建设"的宗旨和"创新、绩效、和谐、责任"的核心价值观。创新，指坚持创新与学习，推进企业转型升级；绩效，指追求持续一流的绩效；和谐，指与自然和谐、与社会和谐、与竞争者和谐、与员工和谐；责任，指经济责任、政治责任、社会责任和国家责任。中国建材集团的核心价值观已成为企业的集体人格，成为全体干部员工的共同信仰。

在战略的引领和价值观的感召下，中国建材集团培养了一支具备坚强意志力、超强战斗力和牢固凝聚力的干部员工队伍，他们上下一心、团结一致，全力以赴投身到我国建材工业中，投身到企业的整合优化、改革创新、节能减排、绿色发展等工作中，推动集团从一家中小型困难企业发展成为世界领先的全球第二大建材集团。作为建材行业领军企业，中国建材集团 2016 年社会贡献值近 600 亿元，包括上缴税收 154 亿元，支付银行利息 160 亿元，提供 25 万个就业岗位，支付人工费用近 200 亿元，此外还为国家创造了 81 亿元的利润。

二、践行整合优化理念，开辟建材工业发展新路径

建材行业高度依赖能源资源、环境负荷重，面对新常态下产能过剩、供需矛盾突出、无序恶性竞争等突出问题，中国建材集团敏锐地提出了"整合优化"理念，较早启动建材行业的供给侧结构性改革。整合，即以联合重组、资源整合的方式，解决行业集中度和布局结构不合理的问题，减少增量、优化存量，重塑竞争有序、健康运行的行业生态。优化，即以技术、管理、商业模式、机制的创新，持续增强企业内生动力和竞争实力。

一是实施联合重组，倡导市场竞合，转变行业发展心智模式。在产能严重过剩的背景下，摒弃传统的自建、积累、再自建的发展模式，借鉴国际成功经验，遵循行业发展规律、企业成长逻辑，以联合重组的方式在水泥、玻璃等领域推动结构调整。在水泥领域，中国建材集团重组了上千家企业，推动中国水泥行业的产业集中度从 2006 年的 16%上升到 2015 年年末的 58%，

带动行业发展模式和战略布局发生巨变。同时中国建材集团坚持"行业利益高于企业利益，企业利益孕育于行业利益之中"的理念，大力倡导市场竞合，不仅自身带头淘汰落后、禁止新建、区域整合、自律限产，而且积极呼吁同行企业转变竞争心智模式，共同维护市场供需平衡和有序竞争，助推行业价值理性回归，带动水泥工业表现好于煤炭和钢铁工业。

中国建材集团设计建造的智能化水泥工厂

联合重组成为全球水泥大王

中国建材集团自觉肩负起"行业整合者"的历史重任，在中国水泥行业掀起了一场声势浩大的联合重组运动：2006年在香港上市之后，以"蛇吞象"的方式收购徐州海螺，启动重组战车；2007年在西湖之畔进行"汪庄会谈"，顺利联合浙江四大水泥巨头，并以此为基础组建南方水泥；2009年挥师北上，组建北方水泥；2011年成立西南水泥。2014年集团在全国水泥市场的战略布局完美收官。短短几年间，集团先后重组上千家水泥企业，水泥产能达到5.3亿吨，一跃成为全球水泥大王。中国建材集团的联合重组实践创造了世界水泥史上的发展奇迹，入选哈佛大学商学院教学案例。

二是探索混合发展，增强发展内驱力。先进的机制是企业发展的活力之源。中国建材集团创造性提出并践行"央企市营"模式，即在坚持央企国有企业属性的同时，建立适应市场经济要求的管理体制与经营机制。遵循"规范运作、互利共赢、互相尊重、长期合作"十六字"混合"原则和"央企的实力+民企的活力=企业的竞争力"的融合公式，探索出一条以"国民共进"方式进行市场化改革和行业结构调整的新路。在重组过程中，中国建材集团搭建了三层混合结构，第一层是在中国建材股份等上市公司中吸纳大量社会资本，第二层是在四大水泥公司等大型业务平台中把民营企业的部分股份提上来交叉持股，第三层是在水泥厂中给原所有者留 30%左右的股权。这样将市场机制真正引入企业内部，增强了企业发展的内驱力。2014 年中国建材集团先是被选为发展混合所有制经济和落实董事会职权的双试点企业，之后又被确定为中央企业兼并重组、员工持股试点企业。通过深入推进改革，进一步提高了效率，释放了活力。

三是深化管理整合，提升企业管控力。管理整合是确保联合重组形成协同效应、产生经济效益的必然要求。中国建材集团在重组过程中，不断创新管理方法、管理措施和管理工具，建立起一整套符合集团特点的大集团管理模式，提升了企业的管理软实力。中国建材集团实施了"格子化"管控，包括治理规范化、职能层级化、业务平台化、管理精细化、文化一体化，实现了行权顺畅、步调一致、有序经营。并且在各级企业深入推行"八大工法"，包括五集中、KPI、零库存、辅导员制、对标优化、价本利、核心利润区和市场竞合。中国建材集团还明确了好企业的标准，鼓励大家建设"六星企业"，即业绩良好、管理精细、环保一流、品牌知名、先进简约、安全稳定。随着这一整套以简驭繁、朴素实用的管理"组合拳"的实施，中国建材集团管控力大幅提升，各级企业精细化管理水平明显提高，连年荣获全国企业管理现代化创新成果奖项。

中国建材集团"整合优化"的成功经验广受关注。其经验不仅被其他产能过剩行业所引用，更被哈佛大学专家概括为"中国式成长"，引起国际学术界的关注。

三、坚持创新转型，构筑"三条曲线"，提升建材工业持续发展力

新常态下，中国实体经济尤其是制造业能否再创辉煌、构建强大软实力，关键在转型升级。中国建材集团身处充分竞争领域，一路攻坚克难，时刻保持危机意识，始终坚持创新驱动，通过构筑"三条曲线"，推动集团业务向高端化、智能化、绿色化和国际化"四化"方向转型，不断提升企业持续发展能力。

中国建材集团打造的一批世界顶级的技术和产品

一是坚持创新驱动，提升设计研发力。近年来，中国建材集团积极推进"双创"工作，努力搭建起共同创新的开放平台，积极营造全员创新的良好氛围，融合创新成果十分显著，有力支撑了我国建材工业的转型升级。中国建材集团拥有 26 个国家级科研设计院所、3.8 万名科技研发人员、33 个国家行业质检中心、11 个国家实验室和技术中心、18 个标委会和 8400 多项有效专利。通过充分发挥科研优势，强化自主创新，加大产研结合和集成创新力度，成功研发出行业顶级技术和产品，如 E8 高模量玻纤配方、0.15mm 超薄触控玻璃、0.2mmTFT-LCD 玻璃基板、千吨级 T800 碳纤维、高温过滤膜、电池隔膜、超特高压电瓷技术、加能源 5.0 房屋、CIGS 薄膜太阳能电池等标志性成果。在新型干法水泥、浮法玻璃、纸面石膏板、玻璃纤维、碳纤维、

复合材料、耐火材料、工业陶瓷、薄膜光伏、新型房屋等十大领域均具备国际一流的产品和工艺装备技术水平。中国建材集团还高度重视一线技术革新创新活动，定期组织开展技术革新奖评选活动。

CTC 树起中国建材检验认证领域里程碑

2016 年 11 月 9 日，中国建材集团所属 CTC 在上海证券交易所成功挂牌上市，成为中国建材行业首家上市的检验认证企业，树立起中国建材检验认证领域的里程碑。CTC 作为我国建材行业规模最大的第三方检验认证服务机构，其业务涵盖检验、认证、安全生产技术服务、检验仪器设备研发销售及标准物质研发销售、延伸服务五大业务领域，能够为客户提供"一站式"专业化创新解决方案。

凯盛科技引领我国玻璃行业由追赶向领跑跨越

中国建材集团所属凯盛科技勇立科技创新潮头，瞄准世界科技前沿，大力推进产品设计和研发，创造了 6 年内 3 次获得国家科技进步奖的优异成绩。凯盛科技建造了中国第一条具有自主知识产权的全氧燃烧浮法玻璃生产线，其铜铟镓硒太阳能电池薄膜组件转化率高达 17.9%、刷新世界纪录，自主研发生产出 0.15 毫米的液晶显示基板玻璃，实现了从"超薄"到"极薄"的跨越，打破了国外对电子信息显示行业上游关键原材料的长期垄断，标志着中国玻璃行业在国际上正由追赶向领跑跨越。

二是构筑"三条曲线"，明确产业发展思路。水泥、玻璃等传统建材产业是中国建材集团的第一曲线，要大力推进联合重组、结构调整和节能减排，大力推进供给侧结构性改革，做精做细水泥业务，向"高性能化、特种化、商混化、制品化"发展；做实做优玻璃业务，向"电子化、光伏化、智能化、节能化"方向发展。新型建材、新型房屋和新能源材料等新技术产业是中国建材集团的第二曲线，通过加大创新转型力度，业务规模持续扩大，产品附加值大幅提升，盈利能力快速提升，2016 年"三新"产业为中国建材集团带来了近 60 亿元的利润，诸多领域实现了技术领先和占据龙头地位。新业态是中国建材集团的第三条曲线，即从传统制造业向制造服务业转型，积极向微笑曲线两端延伸,大力发展大研发服务、"智慧工业+智慧港口"、BNBM HOME、检测认证、地质勘查、金融等服务。

建造"世界水泥的梦工厂"

中国建材集团在山东泰安建设了世界上第一条工业4.0智能化的水泥厂,应用互联网+、GPS定位、大数据处理、生产智能化模拟系统,使整个工厂实现"无人化"生产,生产线管理如"行云流水",能效、环保和效益指标均达到世界先进水平。吨产品能耗比同比节约20%以上,人均劳动生产率提高80%。该工厂被称为"世界水泥的梦工厂",该项目获评工信部"2015年智能制造试点示范项目",并选入全球契约组织"中国绿色技术创新成果"。

以卓越的品牌和质量荣获"中国工业大奖"

2016年12月11日,中国建材集团所属北新建材荣获"中国工业大奖",该奖项被誉为"中国工业界奥斯卡"。这是中国建材企业第一次获此殊荣,不仅是中国建材集团的荣誉,也是中国建材工业的荣誉。北新建材是中国建材集团"三新"产业的重要发展板块,也是全球最大的石膏板产业集团。多年来,该企业专注于石膏板产业的自主创新和技术突破,通过制定"制高点"战略,以"品牌建设"和"技术创新"为战略引擎,大力实施技术产品创新,转型升级成效显著。

四、积极参与"一带一路",开创我国工业新型国际化道路

中国建材集团紧抓国际化历史机遇,积极推进装备走出去和国际产能合作,深耕"一带一路"大市场,积极创新"走出去"方式,强化品牌建设,推动互利共赢,努力打造我国建材产能和装备"走出去"的国家新名片。

　　一是加强国际合作交流，国际话语权不断提升。中国建材集团积极参与国家"一带一路"战略，从过去只卖装备迈入全方位投资、进行国际产能合作的新阶段，先后在埃及、美国投资建设了玻纤生产线，在赞比亚、蒙古等国投资建设了建材工业园和水泥生产线。中国建材集团还积极参与国际并购重组，收购了德国 AVANCIS 公司快速掌握 CIGS 薄膜太阳能电池核心技术，收购了德国 NOI 公司并一跃成为中国首家兆瓦级风机叶片生产商；积极参与国际交流，出席法国巴黎气候大会阐述绿色发展理念，出席世界水泥可持续发展年会阐述可持续发展主张，成功举办了有国际水泥学术界"奥林匹克"之称的世界水泥化学大会，赢得了国际同行的好评和尊重。此外还定期与世界 500 强建材企业沟通交流，"两材重组"后，圣戈班集团、CRH 集团、欧文斯科宁集团等跨国公司纷纷拜访表示祝贺，彰显了中国建材集团的国际影响力。

中国巨石到玻纤发源地美国投资建设玻纤工厂

　　中国建材集团所属中国巨石是全球最大的玻纤制造商。近年来，中国巨石加快了全球化步伐，继在埃及投资建厂后，2016 年又在美国投资建设年产 80 000 吨玻璃纤维生产线。美国是玻璃纤维的发源地，也曾是全球最大的玻纤生产国和消费国，选择在美国建厂，一方面展示了中国巨石实施全球化战略的坚定信心，另一方面也证明了作为行业领军者的中国巨石，已经具备了在全球任何国家建设世界一流玻纤生产线的实力和能力。同时也意味着中国巨石在全球最发达的国家实现了从产品输出、外资引进向资本输出的转变，从单纯的贸易往来向产品、技术、服务、管理全方位合作的转变。

　　二是突出质量和标准，着力于打造世界名牌。中国建材集团在"走出去"过程中，把质量和品牌放在第一位，突出中国品牌、中国技术、中国标准。中国建材集团凭借自主知识产权的水泥工程设计和技术装备能力，以完整的产业链和 EPC 业务模式，在全球范围内推行水泥行业的中国制造、中国标准，在欧美标准领域开辟了一条"中国通道"。截至目前，中国建材集团已在 75 个国家承接了 252 条水泥生产线、60 余个粉磨站，连续多年保持全球水泥工程市场占有率第一。中国建材集团以水泥窑余热发电技术为核心，完成了 60

多条境外水泥窑余热发电项目，总装机规模568MW，合同总额近50亿元。同时，以"绿色小镇"模式大力推广新型房屋，业务覆盖五大洲39个国家，努力将新型房屋打造成继高铁后推向世界的中国品牌。美国财富网站报道中国建材集团在海外多国建造"绿色小镇"，引起海内外业界强烈反响。此外，我们还在境外实施了光伏、玻璃等其他类工程项目80余个。

中国建材集团承建的英国最大地面光伏电站项目

中国建材集团在蒙古国投资建设的水泥厂

三是创新"走出去"方式，提升国际化水平。中国建材集团积极运用"互联网+"等新技术，大力发展"跨境电商+海外仓"的外贸模式，实现"互联网+建材产品制造+金融+物流+……"；积极发展智慧工业全球化技术运营管理模式，对中东、中亚和非洲近 30 家水泥厂等进行了外包管理服务；与跨国公司合作联合开发第三方市场，与三菱公司合作，在越南、土耳其、阿塞拜疆等国家建设水泥厂，与法国施耐德公司签署战略合作框架协议，今后还将在非洲、南美、东南亚等第三方市场开展光伏、水泥、玻璃等项目合作。

易单网"跨境电商+海外仓"模式

中国建材集团易单网是中国最大的建材电子商务出口平台，是中国目前唯一一家全流程自营的 B2B 跨境电商服务平台，也是国家首批外贸综合服务试点的四家企业之一。该平台通过整合银行、中信保、商检等外贸上、下游资源，并结合海外仓和海外营销网络，可以提供金融、通关、退税、外汇、销售、物流、售后服务、全球营销推广、出口代理等一站式外贸服务。目前易单网已在全球建成 24 个海外仓。

四是坚持合作共赢，树立良好的国际形象。中国建材集团在国际合作中坚持"亲"和"诚"的理念，秉承为当地经济发展作贡献、与当地企业密切合作、与当地人民友好相处的"三原则"，推动当地经济和社会发展，树立负责任的国际形象。

五、打造优秀的企业文化，营造良好的发展氛围

中国建材集团的企业文化是几代建材人怀抱梦想、攻坚克难、包容发展、不断创新积淀下来的，是中国建材工业精神的时代缩影。文化定江山，中国建材集团高度重视文化建设，将中央企业的历史使命感和国际化企业集团的社会责任感，现代工业精神与人的发展结合起来，不断提升企业境界，使发展企业成为建设美好世界、美丽中国和美妙人生的事业。

一是打造以人为本的文化，明确企业发展的根本追求。中国建材集团倡导企业是人、企业靠人、企业为人、企业爱人。企业是人，是指企业是人格化的、人性化的，是有思想、有情感的经济组织，被大家赋予了一定的性格和特征。企业靠人，是指企业的一切都是由人来完成的，企业的所有成绩都来自大家的汗水。企业为人，是指企业发展的重要目标和根本追求归根结底是为了人，为了实现人的幸福、人的价值。企业爱人，是指企业要以仁爱之心待人。

二是打造团结融合的文化，凝聚员工心智能量。作为行业的整合者，中国建材集团是一个兼容并蓄的集体，也是一个倡导包容和谐的集体。大家亲如兄弟姐妹，相互照顾、相互扶持，为企业的成长尽心尽力、贡献才智，形成"中建材一家"的浓厚氛围。

三是打造积极上进的文化，鼓励员工干事创业。中国建材集团倡导"把时间用在学习上，把心思放到工作上"，鼓励大家一心一意做企业、做实业。中国建材集团提出了四个精心，即精心做人、精心做事、精心用权、精心交友，鼓励大家做"五有干部"，即有学习能力、有市场意识、有专业水准、有敬业精神、有思想境界。集团对领导干部的要求是"责任、修养、境界"，对中层干部的要求是"职守、专业、一流"，对员工的要求是"敬业、爱岗"。同时，倡导"让员工与企业共成长"，尽一切可能为员工成长创造好的环境、好的机会，并建立容错机制，鼓励大家勇于负责担当干事。在文化的熏陶下，集团涌现了一批踏实肯干、业务过硬、品质坚毅的"痴迷者"。

中国建材集团有一批产业"痴迷者"

中国建材集团所属中国巨石总裁张毓强，带领巨石这家名不见经传的地方企业发展成为全球规模最大的玻纤上市公司，并在美国投资建厂，他每天早晨 6 点到工厂，晚上 12 点才回家，几十年如一日沉浸在工作中。泰山石膏董事长贾同春一天到晚泡在工厂里，解决了许多石膏板生产工艺的关键技术问题，生产出了低成本、高质量的产品，创造出有中国特色的全球规模最大的生产线。中国建材集团有一批这样的"痴迷者"。正是依靠这些"痴迷者"的韧劲和干劲，我们的企业才能闯过一个又一个难关，接连打破西方国家技术壁垒，在"中国创造"的道路上不断前进。

四是打造重视绩效的文化，营造比学赶超的氛围。做实业如果不盈利，其他的都无从谈起、没有意义，所以中国建材集团非常重视打造绩效文化，强调数字化，要求管理人员必须紧盯经营数字，对收入、成本、毛利率、净利润、资产负债率等基础 KPI 要倒背如流。企业内部定期召开数字对标会，年初制定 KPI，月月对标、按季滚动、逐步优化。对标会上，各单位负责人汇报各项经营指标，用数字说话，形成了你追我赶、唯恐落后的氛围。

五是打造讲求责任的文化，始终坚持绿色发展的方向。责任承担是企业软实力的标尺。国际化企业在全球组织资源，创造和转移价值，对人类未来、利益相关者和特定社区负有广泛责任。中国建材集团在承担央企责任，回馈股东、员工和市场期待的同时，将广大的利益相关者和人类命运考虑纳入企业责任考虑。长期以来，中国建材集团一直站在气候变化、绿色环保、节约能源等方面来思考产业的创新变革和企业的发展方式，遵循环境、安全、质量、技术、成本的价值排序做企业，毫不动摇地实施可持续发展战略，坚持绿色低碳循环发展，推出责任蓝天行动，在原材料选用、生产过程和产品应用等方面加强节能环保，自觉减少粉尘、氮氧化物和二氧化硫等的排放，提升资源循环利用能力。

这些年来，中国建材集团在充分的市场竞争中，制定了科学的发展战略，提出了领先的理念思想，构建了先进的内部机制，探索了有效的管理模式，积累了丰厚的创新优势，树立了良好的国际形象，打造了优秀的企业文化，大大提升了企业软实力，实现了做大做强做优。这些软实力是集团积累的宝贵财富，更是未来发展的根基和源泉。下一步，中国建材集团将再接再厉，努力建设世界一流的综合性建材产业集团，为实现中国制造强国梦作出更大贡献！

潍柴

打造软实力　助力企业国际化发展

导读：潍柴控股集团有限公司（以下简称"潍柴"）创建于 1946 年，是目前我国综合实力最强的汽车及装备制造集团之一。成立 70 余年来，潍柴在努力做好产品和经营的同时，坚持将软实力建设作为提升自身综合实力和国际竞争力的重要内容。特别是进入经济新常态以来，面对内外部各种压力和挑战，潍柴将软实力建设提到了更高的高度，在科技创新、人才建设等领域持续加大投入、创新思路，不断谋求实现新的突破。

潍柴在全球拥有汽车业务、工程机械、动力系统、豪华游艇及金融服务五大业务板块，分子公司遍及亚洲、欧洲、北美等地区，现拥有潍柴动力、潍柴重机、亚星客车和德国凯傲集团公司和美国 PSI 公司等 5 家上市公司。得益于企业软实力的不断累积和沉淀，潍柴发展水平不断提升，发展活力更加充足，2016 年实现合并营业收入 1013 亿元，达到历史最好水平，实现利润总额 47 亿元，成为国内同行业发展质量最好的企业之一，继续引领行业发展。

一、科技创新为潍柴插上腾飞的翅膀

几十年来，潍柴始终牢牢抓住科技创新这个"牛鼻子"，以振兴中国装备制造业为己任，坚持走"内生增长、创新驱动"之路，持续加大科研投入，加强自主创新，下大力气走好科技创新这步先手棋，努力在市场竞争中占领先机、赢得优势，真正实现创新价值、创新驱动发展。

（一）对标世界先进，建设国内一流、国际领先的研发基地

无论企业发展形势如何，潍柴对科技研发的投入力度始终不减，每年研发投入占比超过 5%，达到世界先进水平。

十几年来，潍柴累计投入 150 多亿元用于自主创新，对标世界先进，建成了全球一流的发动机研发制造基地；搭建了覆盖中国、美国、法国、意大利和德国等地的全球协同研发平台；建成国际一流水平的产品研发中心和产品试验中心，也是目前国际同行业规模最大、功能最全、能力最强的发动机研发试验基地之一，试验能力居国际领先水平。发动机试制中心配备了国外高档次"高、精、尖"关键设备，具有强大的柔性制造能力。

2009 年，国家商用车汽车动力系统总成工程技术研究中心落户潍柴动力；2015 年，潍柴动力内燃机可靠性重点实验室成功入选国家重点实验室，成为我国内燃机领域唯一一家企业国家重点实验室；"柴油机智能制造综合试点示范项目""中德合作高端液压件智能工厂试点示范""基于装备智能化和工业大数据的高端柴油发动机智能工厂建设"先后入选国家试点示范项目，潍柴科技研发、制造能力得到国家高度认可。

（二）以我为主、链合创新，搭建开放协同的科技创新体系

潍柴积极整合内外部资源，完善业务协同机制，加快创新成果转化，真正打造核心竞争优势。

一方面，注重平台建设，形成集团内部资源的协同联动优势。以市场为导向，以产品为核心，整合各种资源为我所用，在潍坊、上海、扬州、重庆、西安、美国芝加哥、法国马赛、意大利弗利、德国法兰克福等地搭建分工明确、协同配合的研发平台，发挥不同地域、各类人才的独特优势，推动企业研发能力不断提升。在独具潍柴特色的 WOS（Weichai Operating Sqstem，潍柴运营系统）运营模式框架下，建立并实施 WDS（潍柴研发系统），强化研发过程管控和流程优化，降低内部沟通成本，实现 KPI 指标监控到位、问题快速解决和计划有效管控，为快速研发奠定了运营管控基础。

　　另一方面，坚持链合创新，放大创新成果的整体效益和社会效益。潍柴加强与国内外高等院校和科研机构的合作，牵头成立了内燃机可靠性国际技术创新联盟、国家商用汽车与工程机械新能源动力系统产业技术创新战略联盟，确保科研成果尽快转化为现实生产力，带动了高校和科研机构研发的积极性。广泛与客户建立战略合作关系，打造了"研发共同体""应用共同体"等链合创新平台，充分利用合作伙伴各自领域的独特优势，统一规划、协同研发，引领行业发展。

　　近年来，潍柴与国内外知名科研机构开展重大合作项目 90 余项，与上、下游企业开展协同研发 690 余项，与 15 所高校开展产学研合作 115 项，85%的发动机产品试验资源向社会开放共享。2016 年 7 月，潍柴卡车动力总成国家专业化众创空间入选首批国家专业化众创空间示范名单。

（三）优化体制机制，充分激发自主创新活力

　　潍柴不断改革技术管理体制机制，资源配置效率大幅提高，人才创新活力竞相迸发，创新价值得到直接体现。

　　一是持续优化组织架构，实现研发资源的有效整合。潍柴在技术系统内实施矩阵式研发管理结构，横向为资源线，纵向为产品线，由产品经理负责协调、调度纵向资源，实现资源的充分共享。潍坊总部集中负责高风险的创新性技术研究、先进产品研究及产品平台设计开发，各地研发中心主要负责应用开发，建立起高效的共享机制，进一步提高了研发资源配置效率。

　　二是理顺产品研发管理体系，保证各项工作高效开展。潍柴从产品开发的全流程入手，进一步理顺内部客户流程体系，完善产品研发流程和项目管理体系，逐步实现研发管理的规范化、标准化，将封闭在技术系统内部的流程扩展到公司层面，统一了管理语言。同时，持续推进技术管理变革，规范项目管理流程；运用虚拟产值工具，以投入产出比科学评价组织绩效和个人绩效产出；搭建网络协同创新平台，广泛开展技术创新峰会，营造了更加适合创新创造的良好环境。

三是制定多方位的激励政策，充分调动科技人员创新积极性。潍柴制定了《科技创新激励政策》，分别从获奖项目、住房补贴、专利、专业论文等方面对科技人员给予相应的奖励；出台了《创新科技成果奖励办法》《技术创新项目管理办法》等，从不同角度对科技人员进行全方位激励；实施《潍柴集团优化创新环境、释放创新活力十条意见》，努力营造勇于创新、鼓励成功、宽容失败的良好氛围，充分调动了科技人才的工作积极性，激发形成了科技人才万马奔腾搞创新的良好局面。

（四）创新驱动、迈向高端，打造引领市场需求的绿色动力品牌

潍柴坚持责任为本，引领行业发展，为客户提供节能、环保产品，打造高端、绿色品牌。

经过多年努力，潍柴已经打造了燃油动力、燃气动力与混合动力并举，高速机与中速机并举，前端产品与衍生产品并举的全系列产品平台，形成了生产一代、研发一代、储备一代的创新格局。发动机排量涵盖 2 升到 579 升，功率覆盖 33 千瓦至 9000 千瓦，广泛应用于卡车、客车、工程机械、农业装备、船舶、发电等各个细分领域。这些年，潍柴发动机已形成独特的优势，动力性、可靠性、燃油经济性有口皆碑。潍柴已经成为全球产品序列最全、产品线覆盖范围最广的少数发动机供应商之一。

近年来，潍柴成功推出国内第一台拥有完全自主知识产权的高速大功率蓝擎发动机、第一套自主 ECU 电控系统；先后承担了国家智能制造装备专项、国家科技重大专项等项目；"重型高速柴油发动机关键技术及产业化"项目荣获国家科技进步二等奖，"重型高速发动机机体先进铸造技术开发及应用"项目荣获中国汽车工业科学技术奖三等奖；先后主持和参与制定国家、行业标准 67 项，累计获得授权专利 2633 项，其中发明专利 469 项；先后荣获"自主创新典范企业""国家创新型企业""中国工业大奖"等荣誉称号。

二、人才建设为潍柴国际化发展夯实根基

人才是企业发展的核心竞争力。多年来，潍柴坚持实施"人才第一"工程，坚定不移走"人才强企"之路，逐步打造了一支适应企业集团化和国际化发展需要的人才队伍，为企业战胜困难、应对挑战、实现持续健康发展奠定了坚实基础。

（一）走出去引智，构筑人才聚集高地

人才不仅是资源，更是一种资本。潍柴坚持以市场化为导向，秉承"买设备不如买技术，买技术不如买人才"的理念，面向全球、拓展渠道，大规模引进和集聚海内外各类人才，构筑起了独具潍柴特色的人才聚集高地。近年来，潍柴共引进中高端人才 300 多人，打造了一支多达 2000 人的结构合理、素质过硬的科技人才队伍，其中 1 人入选国家"百千万人才"工程，6 人入选国家"千人计划"，9 人被评为"泰山产业领军人才"，10人享受国务院政府特殊津贴，17 人被评为省级首席技师、突出贡献技师和技术能手。

　　一是"一把手"亲自走出去引才。在人才引进工作中，企业"一把手"率先转变观念、身体力行，起着至关重要的作用。潍柴集团董事长谭旭光以企业家的战略眼光和全球化的视野，亲自带队走出去招揽人才，从思想和机制上，允许引进人才的薪酬高于企业高管层，为广大干部员工做出了表率，为引进和使用高端人才统一了思想、铺平了道路。

　　二是建立国际化引才模式。潍柴按照市场化选聘模式，拓宽招才引才视野，组建了一支熟悉海外背景、精通国际通行规则的专业化引才团队，瞄准世界上排名前三位的标杆企业总部、技术研发中心和行业顶尖人才聚集地，进行专业化、经常化招聘；充分利用外国专业招聘网站及社交网站，进行信息搜集和筛选，形成优秀人才数据库，拓宽招聘渠道；坚持以才引才，充分发挥现有海外人才的人脉作用，利用海外分支机构广泛搜集人才信息；同时，发挥自身资源优势，利用集团内德国凯傲、法国博杜安、意大利法拉帝等海外产业平台，实现海外人才的团队化引进。

　　三是实施"千百十"人才引进工程。潍柴基于企业发展战略，有序推进实施"千百十"人才引进工程，面向国内"985""211"知名院校累计招聘优秀毕业生3500余人，分别充实到管理、技术、营销、采购、制造等岗位，使企业人才结构、年龄结构发生了根本性变化，为企业发展储备了资源，带来了活力。

（二）搭建事业平台，让人才施展才华

高端人才最看重的往往不是多么高的薪酬，而是最能体现价值的事业平台，是被信赖的尊重感和干成事业的成就感。潍柴多地域、高层次、差异化的事业平台，让各类人才干事创业、施展才华，实现了个人价值与企业价值的统一。

一是搭建遍布全球的广阔发展平台。在全球搭建协同研发平台，为高端人才加盟潍柴提供了广阔施展才华、实现价值的舞台。在海外人才集中地区建立研发机构，与奥地利 AVL 公司联合建立欧洲研发中心，引进当地高端人才，自主研发了国Ⅲ、国Ⅳ、国Ⅴ发动机。坚持"以我为主、链合创新"理念，建设了"机械工业重型车及工程机械柴油机工程研究中心"，并与国内外知名院所、企业建立长期稳固的合作关系，先后组建了"新能源创新战略联盟""研发共同体"等，为各层次人才学习深造、扩展视野、参与国际前沿技术开发，搭建广阔的合作平台。

二是为高端人才量身打造事业平台。潍柴为引进的高端人才提供重要职位、给予政策支持、组建专业团队、配置优质资源。引进的高端人才，分别被聘任为副总经理、总经理助理、业务总监、首席技术官以及海内外子公司CEO等。专门成立新能源技术、液压控制技术、动力总成、计算分析、传动系统、发动机可靠性等专业研究机构，由高端引进人才担任学术带头人。同时，引入国外先进公司管理理念，建立了岗位任职、绩效管理、薪酬管理等一套科学、系统的管理体制，充分调动了科技人才的创造性和积极性。

三是为外部智库提供合作平台。潍柴坚持刚性引进与柔性引进相结合，不求所有，但求所用。2009 年，潍柴实施 WOS 项目，聘请了外部专家，对集团制造、物流、质量进行系统改进，初步形成了与国际接轨和具有潍柴特点的运营体系，同时培养了 1300 多名业务骨干。

（三）完善激励机制，让人才收获价值

潍柴秉承"以价值体现价值，以财富回报财富"的分配理念，做到一流人才、一流报酬，激发员工的积极性和创造性，让各类人才拥有实现价值的满足感、贡献社会的成就感和得到尊重的荣誉感。

一是将创新纳入绩效考核体系。建立模块化薪酬体系，设置岗位工资、绩效工资、创新工资 3 个工资模块，员工每季度申报创新项目，根据项目的重要性和完成质量挣分拿钱，将人才的创新成果直接与薪酬挂钩，变原来的发工资为现在的挣工资，引导员工从"要我干"向"我要干"转型，营造激励全员创新的良好氛围，真正实现了按劳分配、多劳多得。

二是敢于重奖做出贡献的员工。潍柴按贡献大小，对优秀的技术和管理人员实施岗位晋升激励、购房补贴激励、专利激励等八大类别的激励，实现大贡献、大奖励，激发各类人员的积极性。符合条件的研究生和本科生分别一次性获得 10 万元和 8 万元的购房补贴奖励。在科技创新大会上，潍柴一次性拿出 2500 万元重奖重大科研项目和优秀科技创新人才，单项奖金最高达到 200 万元。2016 年，潍柴首期投入资金 2000 万元，设立了科技创新专项基金，并从中划拨 500 万元用于激励一线职工创新，极大调动了员工创新创业的积极性。

三是建立"四级三维"的员工培训机制。潍柴将培训视为员工最大的福利，紧抓培训教育，致力于创建学习型企业。建立了面向各岗位、各层次人员的菜单式培训机制，形成了覆盖全员的培训网络体系。立足公司级、分厂级、车间级和班组级四个层级，分别从"用什么学什么"的技能专业维度、"缺什么补什么"的职位序列维度及"谁使用谁培训"的岗位职能维度三个层面，开展有针对性的培训。在线下集中培训的基础上，开通 E-learning 在线学习平台，实现了培训学习常态化。

（四）健全管理机制，让人才竞相成长

人才工作是一项系统工程，只有不断完善人才培养、任用、评价、激励机制，营造人才成长的良好文化氛围，才能做到人才辈出、人尽其才、才尽其用。

一是开辟四大通道，让各类员工都能成才。在潍柴，人人都能成才，人人都有晋升渠道。设置了技术支持、技术研发、管理专家、行政领导四大序列，为各类人才量身定制职业生涯规划。

二是建立 360 度评价体系，推进干部队伍不断优化。企业以现代企业管理胜任能力模型为载体，借助素质体检、业务考试、述职考评、中干互评、公司领导评议等方式，对领导干部实施 360 度全方位的考核评价。通过建立优胜劣汰机制，实现了干部职位能上能下、薪酬能高能低。干部考评机制改革，不但为年轻人才提供了广阔发展平台，也使领导干部更加珍惜当前岗位，有了强烈的危机感。

三是树立人本理念，为人才成长提供人文关怀。2011 年，谭旭光董事长在企业 OA 系统中开通了个人博客。博客开通七年多时间，点击量超过 1500 余万次，日均浏览量超过 5000 人次，搭建了沟通交流、暴露问题和建言献策的平台。并且对员工做到"四必访、三必帮"：即家庭有困难、有病人、有矛盾、有喜丧事必访，缺钱、缺物、缺人时必帮。同时，在国家规定的"五险一金"福利制度基础上，企业先后施行了年金、补充医疗保险、青年员工住房补贴等福利政策，为各类人才建立长效激励机制，让员工共享企业发展成果。

企业软实力提升只有进行时，没有完成时。未来，潍柴将一如既往聚焦提升软实力、服务企业发展，持续精耕细作、创新突破，不断积蓄发展力量，为促进企业实现迈向高端、挑战全球第一目标，为引领中国装备制造业转型发展提供更有力的支撑。

海尔集团

创业创新　企业的立足之本和发展之魂

导读：创新创业的两创精神是海尔文化不变的基因。海尔集团以"没有成功的企业，只有时代的企业"的观念，围绕企业文化创新、战略创新、组织创新、研发创新、制造创新、薪酬机制创新，努力打造基业长青的百年企业。目前海尔集团已从传统家电产品制造企业转型为开放的创业平台，在互联网时代，打造以社群经济为中心，以用户价值交互为基础、以诚信为核心竞争力的后电商时代共创共赢生态圈，成为物联网时代的引领者。

海尔集团创立于1984年，是全球大型家电第一品牌，在全球共有10大研发中心、21个工业园、66个营销中心，产品覆盖超过1亿家庭用户，海尔及旗下品牌遍布全球160个国家和地区。海尔集团2016年全球营业额实现2016亿元，同比增长6.8%，利润实现203亿元，同比增长12.8%，利润增速是收入增速的1.8倍；近十年收入复合增长率达到6.1%，利润复合增长率达到30.6%。

"没有成功的企业，只有时代的企业"，是海尔坚持创业和创新的一个重要思想支柱。在过去30多年，海尔走过的每一步都伴随着创新与突破，伴随着对自我的不断否定和超越。因此，海尔认为，在当前互联网飞速发展的时代背景下，企业唯有坚持创业和创新的两创精神，才能基业长青。

一、在企业文化创新方面，打造以"是非观、发展观、利益观"为核心价值的企业文化平台

海尔文化是海尔集团在三十多年的发展历程中产生和逐渐形成的特色文化体系，核心是创新。"海尔之道"即创新之道，其内涵是：打造产生一流人才的机制和平台，由此持续不断地为客户创造价值，进而形成人单合一的双赢文化。同时，海尔集团以"没有成功的企业，只有时代的企业"的观念，致力于打造基业长青的百年企业。一个企业能走多远，取决于是否拥有适合企业的价值观，这是企业战略落地、抵御诱惑的基石。海尔集团的核心价值观包括三个方面，是非观——以用户为是，以自己为非；发展观——创业精神和创新精神；利益观——人单合一双赢。

1)"永远以用户为是，以自己为非"的是非观是海尔创造用户的动力

海尔人永远以用户为是，不但要满足用户需求，还要创造用户需求；海尔人永远自以为非，只有自以为非才能不断否定自我、挑战自我、重塑自我，实现以变制变、变中求胜。

2) 创业创新的两创精神是海尔文化不变的基因

创业精神即企业家精神，海尔集团鼓励每个员工都应具有企业家精神，从被经营变为自主经营，把不可能变为可能，成为自己的 CEO；创新精神的本质是创造差异化的价值。两创精神的核心是强调锁定第一竞争力目标。目标坚持不变，但为实现目标应该以开放的视野，有效整合、运用各方资源。

3) 人单合一双赢的利益观是海尔自主创新的驱动力

海尔集团是所有利益相关方的海尔，主要包括员工、用户、股东。在网络化时代，海尔集团和分供方、合作方共同组成网络化的组织，形成一个个利益共同体，共赢共享共创价值。只有所有利益相关方持续共赢，海尔集团才有可能实现永续经营。为实现这一目标，海尔集团进行商业模式创新，逐

渐形成和完善具有海尔特色的人单合一双赢模式，"人"即具有两创精神的员工；"单"即用户价值。每个员工都在不同的自主经营体中为用户创造价值，从而实现自身价值，企业价值和股东价值自然得到体现。每个员工都通过加入自主经营体与用户建立契约，从被管理到自主管理，从被经营到自主经营，实现"自主、自治、自推动"，这是对人性的充分释放。人单合一双赢模式为员工提供了机会公平、结果公平的机制平台，为每个员工发挥两创精神提供了资源和机制的保障，使每个员工都能以自组织的形式主动创新，以变制变，变中求胜。2017 年是海尔人单合一模式在全球生根、开花、结果的元年，海尔将通过"沙拉式"的多元文化融合体系持续推进人单合一模式的国际化。

随着海尔集团的发展，海尔文化也在不断地创新、发展，但海尔文化的核心一直未变。在三十多年的发展过程中，海尔文化普遍得到了员工的认同并主动参与其中，这是海尔文化的最大特色，也是海尔文化能够落地、生根、发芽的原因。当前，海尔集团的目标是致力于转型为真正的互联网企业，打造后电商时代共创共赢生态圈，成为物联网时代的引领者，这个目标把海尔集团的发展和员工个人的价值完美地结合在一起，每一位员工都将在实现海尔集团战略目标的过程中，充分实现个人的价值与追求。

基于海尔员工的普遍认同、主动参与，形成了海尔文化的另一大特色——《海尔员工画与话》。《海尔员工画与话》是海尔文化在发展过程中，员工自发兴起的、用漫画与文字的形式表达他们对集团战略、经营理念、文化理念理解的一种文化共建形式。海尔集团员工参与企业文化建设的创新曾被日本神户大学作为成功案例写入该校案例库。

二、在战略创新方面，推动企业转型为投资孵化平台

传统企业的战略，是以企业为中心，以长期利润最大化为目的，是一个相对封闭的体系。而互联网企业的战略必须从"有围墙的花园"变成"共创

共赢生态圈"。2012 年 12 月 26 日，海尔集团正式提出了全面启动"网络化战略"，持续推进人单合一双赢模式，建立以用户为中心的共创共赢生态圈，实现生态圈中各攸关方的共赢增值。围绕"企业平台化、员工创客化、用户个性化"，对内打造用户需求牵引的投资驱动创业平台，对外构筑并联的开放生态圈体系，推动海尔集团由以制造白色家电为主导转型成为一个投资孵化平台。投资孵化平台可为海尔创业者在不同创业阶段提供资金支持、投融资孵化服务，解决资本和项目对接的问题。创业初始阶段，小微公司可通过递交商业计划书、路演等形式，获取海尔投资启动资金，创业者可领取基本薪酬；在开始拥有客户的起步阶段，若达到预定销售额度，创业者除领取基本薪酬外，还可分享超过既定目标的利润；小微公司走上可循环发展的正轨后，创业者可以通过出资拥有小微公司的股份，并由此分享公司分红；当小微公司形成相对成熟的产业生态圈、商业模式时，可引入海尔集团的天使基金或外部投资人，争取做大上市，获得更多回报。

在这个平台上，无论是用户、海尔集团的合作伙伴，还是社会上任何一个有创业冲动和创业梦想的人，都可以创业圆梦，员工也从过去的执行者、雇佣者变成了现在的创业者和创新者。企业的科技创新也成了开放性的创新系统，提升了海尔集团的创新能力。

截至 2016 年年底，海尔集团的投资孵化平台上共聚集了 3600 家创业孵化资源、1333 家风险投资机构，创投基金规模达到 120 多亿，越来越多创业项目和资源方被吸聚这个平台上。仅海尔集团内部已经进行融资的小微就有 35 个，其中有 16 个小微估值过亿，估值超过 20 亿元的，有家居平台 24 亿元、海融易 20 亿元，发展速度最快雷神已经进入 C+轮，还有住网乐家和水站项目估值达到 5 亿元以上。有 12 个小微进入天使轮，20 小微进入 A 或 B 轮。海尔集团的创业平台完全对外开放，2016 年海尔集团并购 GE 家电业务以后，目前在全球拥有十多个主流品牌，包括海尔、卡萨帝、GEA、FPA 等，每一个品牌都有自己的市场定位，满足不同用户需求，品牌之间相互独立又相互呼应。例如，净水洗衣机是海尔美国的一个团队在海尔平台上成功创业的典型，磁制冷冰箱是美国和日本的科学家共同在海尔集团平台上创新的成果。

三、在组织创新方面，打造"制造创客价值平台"

在组织层面，海尔集团从"制造产品价值"的企业转型为"制造创客价值"的平台。以前，传统企业采用科层制的组织方式，难以适应互联网时代的系列变革要求：表现在产品上，其开发流程是"瀑布式"而非"迭代式"，即要经历企划、研发、设计、生产、销售等诸多环节，生产出产品后再推销给用户，没有以用户需求为导向；表现在管理上，是领导管控，更强调执行到位，是完全指令性的，员工缺乏工作激情。为此，海尔集团开始向互联网平台型生态组织转型，提出"企业无边界、管理无领导、供应链无尺度"的模式探索目标。以前，传统企业采用科层制的组织方式，难以适应互联网时代的系列变革要求。海尔集团把企业从原来的封闭型组织变成开放的生态圈，把研发、制造、销售等流程由"串联"变为"并联"，将原来的科层组织扁平为平台主、小微主、创客三类人，鼓励员工组建小微公司进行创业，小微公司独立运营，自负盈亏，享有决策权、用人权、分配权，充分发挥自主性。海尔集团与小微公司是合作关系，不仅为小微公司提供创业所需的内部资源，尽可能对接其所需的外部资源，而且会在产品研发、设计、营销、制造等过程中，与小微公司进行沟通，提供帮助。这种组织创新，能极大地释放员工创新活力，有助于企业最大限度整合资源，高效发展。

四、在研发创新方面，世界就是我的研发部

战略和组织的创新是基础，技术的创新是手段。技术创新的关键是开放的创新体系和人才。习近平总书记提及创新时强调，既要立足核心技术的自主研发和自主创新，又要开放地融入全球创新网络，全面提高我国创新水平。海尔集团转型互联网企业后，在全球建立了十大研发中心，利用全球的资源为用户提供最佳解决方案，让世界成为我们的研发部。自主创新的同时，开放地链接全球资源，通过关键专利占位，布局专利池，主导国际标准的制定。

通过开放式创新，海尔集团成功研发了世界上最省水的洗衣机——净水洗洗衣机，实现了省水 50% 以上的效果；海尔研发的无线电力传输技术，使其成为国际无线电力传输联盟（WPC）的核心成员，同时主导运营无线技术专利池。

2016 年 10 月 17 日 7 时 30 分，神舟十一号载人飞船在酒泉卫星发射中心成功点火发射。与此同时，作为世界上唯一掌握航天冰箱技术的家电品牌，海尔航天冰箱与航天员在神舟十一号和天宫二号的组合体飞行器中完成了 30 天的中期驻留任务。至此，海尔航天冰箱已经 4 次接受太空任务，顺利完成了各项空间医学、生物实验样本的储存工作，并成为了神舟飞船的标准配置。

截至目前，海尔集团累计获得国家科技进步奖 13 项，占家电行业获奖总量的 67%；累计获得国际设计大奖 iF、红点设计奖 84 项。在标准方面，海尔集团是中国家电行业标准的引领者，在全球有 47 个 IEC 工作组专家席位，主导的国际国家标准数量在行业内遥遥领先。2015 年，由海尔集团牵头成立的（IEC/ SC59M/WG4）冰箱保鲜国际标准工作组，主导制定了冰箱保鲜国际标准，实现了中国冰箱行业在国际标准组织零的突破。

以上成果的取得，得益于海尔集团的开放创新平台（Haier Open Partnership Ecosystem，HOPE），在这个平台上，海尔集团可触及的全球一流资源达 320 万家，平均每天产生创意 24 个，源源不断地产生领先的创意和产品。

五、在制造创新方面，打造共创共赢的生态圈

互联网时代改变了传统的信息不对称局面，信息的主动权由企业转向用户，且用户的需求越来越个性化、多样化，所以要求企业从以企业为中心转变为以用户为中心，必须从大规模制造向大规模定制转变。海尔集团的互联网转型始终是抓住时代节拍，战略与实践结合，主动求变创新。互联工厂的探索实践从 2005 年开始，海尔集团提出制造模式要从传统的大规模制造变成大规模定制。通过对传统生产模式的颠覆与升级，以满足用户全流程最佳体验为中心，打造按需设计、按需制造、按需配送的智能互联工厂体系，实现整个制造过程高效率、高品质、高柔性，满足个性化定制的需求。海尔对

互联工厂的探索从模块化到自动化、黑灯工厂，再到现在的互联工厂生态圈，持续试错探索，并积极践行国家供给侧改革。另外，海尔集团的互联工厂模式不是一个工厂的概念，而是一个生态系统，是整个企业全系统全流程都要进行颠覆。海尔互联工厂模式集中体现了"中国制造2025"中商业模式和制造模式的变革实践，其核心有以下两点。

（一）商业模式变革，本质就是以企业为中心转为以用户为中心，创造有效需求，有效供给

海尔集团的实践就是"从硬件到网器再到生态圈"的共创共赢，即从产品到服务转型，通过产品变成网器，人机互联，用户全流程参与，形成用户圈，在为用户提供更智能的产品解决方案的同时，还可以通过海尔生态圈平台，吸引攸关各方共同创造用户价值，实现共创共赢。在具体做法上，海尔集团通过从硬件到网器到生态圈的转型，构建了基于用户智慧生活场景，提供最佳体验的7大生态圈，比如从烤箱到烤圈，生态圈足够大后，对应的盈利模式也在发生变化，从卖硬件到靠服务和平台实现商业模式的变革。

（二）制造模式的变革，从大规模制造到大规模定制，实现用户体验的无缝化、透明化、可视化

目前海尔集团有三种定制模式——模块定制、众创定制和专属定制，让用户可以全方位、全周期获得最佳体验。

海尔集团的大规模定制与传统定制的区别是：传统的定制还是硬件定制，一次性购买交易，海尔集团的定制是生活场景的定制体验，可持续迭代。例如海尔推出的天铂空调，实际上是用户参与设计，在众创汇上发布需求，吸引一流资源进行虚拟设计，将碎片化需求整合，最终形成天铂一代空调，在网上预售后，全过程是透明可视的，到用户家里通过网器大数据又可实现一个持续的迭代，这就是众创定制。

海尔集团目前已经初步建立起互联工厂体系，实现了沈阳冰箱、FPA 电机、佛山滚筒、胶州空调等8个互联工厂的引领，构建了基于数字化互联互通平台的联用户、联网器、联全流程的三类互联模式，全球用户能够随时、随地通过移动终端定制产品，并通过定制的全流程可视化获得最佳体验。

六、在薪酬和机制创新方面，打造用户付薪平台

海尔集团薪酬体系从过去由企业付薪变成用户付薪，在海尔创业平台上，员工不再是执行者而是创客，各节点都需要并联来直面用户、创造价值，员工由在册转为在线。每一个创客都是通过为用户创造价值来获得自己的报酬，从过去的雇佣制变成了合伙人制。项目创新后，创业者的知识产权可以转化成股份。引入风投后，团队可以跟投，创业者参与项目的分红，分享投资的收益。海尔集团实行的用户付薪机制改变了传统的付薪方式，这就要求创客们不仅要找到自己的用户，还要通过交互去创造持续引爆的路径。用户付薪平台促使创业小微公司自演进和迭代升级，新的小微不断涌现，幼小的小微不断发展壮大，那些能够为用户提供最佳服务与体验的小微将长成大树，成为行业领导者。而那些失去发展潜力、无法为用户提供价值的小微则被淘汰。

没有成功的企业，只有时代的企业，互联网时代的海尔集团已从传统制造家电产品的企业转型为面向全社会孵化创客的平台，并颠覆传统企业自成体系的封闭系统，打造以社群经济为中心、以用户价值交互为基础、以诚信为核心竞争力的后电商时代共创共赢生态圈，成为物联网时代的引领者。

三一

打造强大软实力　成就"中国制造"的世界名片

导读： 三一集团有限公司（以下简称"三一"）始创于 1989 年，自成立以来，始终秉持"创建一流企业，造就一流人才，做出一流贡献"的愿景，打造了知名的"三一"品牌。凭借强大的研发能力、高品质产品及优质的售后服务，三一已成为中国最大的工程机械制造商和全球最大的混凝土机械制造商。三一正在加快数字化、国际化步伐，努力将三一打造为世界级品牌。

三一的主业是以"工程"为主题的装备制造业，主导产品为混凝土机械、挖掘机械、起重机械、筑路机械、桩工机械、风电设备、港口机械、石油装备、煤炭设备、精密机床等全系列产品，其中挖掘机械、桩工机械、履带起重机械、移动港口机械、路面机械、煤炭掘进机械为中国主流品牌；混凝土机械为全球知名品牌。

2016 年 10 月，《财富》（中文版）发布了"2016 年最受赞赏的中国公司排行榜"，这份榜单是中国企业软实力的晴雨表，三一是唯一上榜的工程机械制造商。三一集团将"制造品质""创新""服务"视为并驾齐驱的三大核心竞争力。

一、品质改变世界，坚持核心技术的数字化自主研发

三一集团在企业创建之初，就选择了自主创新作为发展的路径，于 1998年启动实施"工程机械技术创新平台建设"。"一高双核"是三一创新平台建设的战略目标，即坚持"高品质的产品定位"、坚持"核心技术自主研发"、坚持"核心部件自主研制"。

在长达 13 年的项目实施过程中，三一集团累计投入资金 50 亿元，并开展了广泛的论证、调研、标杆分析与研究，完成并不断完善自身创新平台的建设，建立北京、长沙、沈阳、昆山、上海研究中心及美国、德国、印度、巴西研发制造基地，通过全球协同研发探索出了一条装备制造企业创新发展的新模式。三一集团在总部长沙设立的技术中心在 2002 年被评定为国家级技术中心，技术中心设立了整个集团的标准化、项目管理、知识产权、情报信息、翻译协会等组织机构，用以支撑三一集团分布在长沙、上海、昆山、北京、沈阳、深圳等国内 18 个研究院及在美国、印度、巴西、德国等研发机构的管理。2011 年，三一集团"工程机械技术创新平台建设"项目荣获国家科学技术进步二等奖，这是国家对三一集团整体创新能力的认可。

通过创新技术平台，三一集团研制出全规格混凝土泵车臂架，全面取代进口产品；研制出工程机械专用智能控制器，填补了国内空白；研制出高强度钢材，打破了国外垄断；研制出液压油缸、汽车底盘、回转支承、分动箱等核心部件，并全面实现自制。技术创新平台有力推动三一的自主研发进程，使企业竞争力不断增强，并取得了良好的经济与社会效益。

三一也广泛开展与国内外高校、研究机构之间的技术合作，与中南大学合作成立"中南大学三一研究院"，与华中科技大学共建"SANY-HUST 先进制造技术联合实验室"，并与清华大学、浙江大学、上海交通大学、湖南大学、长安大学等 40 多所高校开展了联合技术攻关等。另外，三一重视研发

人才。在三一，拿股权最多的是研发人员，提升为事业部领导最多的是研发人员，最受宠的永远是研发人员！

近几年，中国工程机械行业迎来了深度调整期。三一集团作为主流工程机械制造商，同样也面临着产业转型升级的挑战。单纯的生产制造已经不能满足"工业 4.0"时代的发展需求，三一一直是行业的领军者，也勇于做行业的变革者和创新者，这是三一拥有强大生命力的源泉。席卷全国的"大众创业、万众创新"的热潮，不仅为年轻人绘就了追逐梦想的蓝图，更为城市和产业的转型发展安装了新的动力引擎。2015 年 12 月，三一集团投资 20 亿元打造的"众智新城"项目在长沙经济开发区签约落地。这一重大项目是三一推动"中国制造 2025"和对接"互联网+"的核心战略。它以信息化与工业化深度融合为主线，充分利用集团全球化市场和资源优势，以"互联网+智能制造+国际化+金融"为发展思路，通过众创空间、孵化器、智能制造产业加速器载体建设，重点孵化培育互联网+智能制造领域，引进物联网、大数据、云计算等新业态，关注发展新材料、新能源、节能环保等领域，建设和运营一批产业服务平台，发起成立三一创业投资基金，拟在"十三五"期间孵化 300 家以上企业，完成年产值百亿元，打造中部一流、全国知名的"互联网+"智能制造产业集群。当创业团队入驻众智新城后，三一集团将利用自身在智能制造、国际化、资本化、互联网等方面的优势，助推企业发展。优秀项目或团队还可以邀请三一高管团队担任创业导师，使入驻企业获得直接辅导和投资机会。对于优秀企业项目，三一集团将提供贷款、担保、融资、上市辅导等金融服务渠道；优秀项目可直接入选三一创业投资基金后备项目库。

二、坚持精益制造变革，打造最高品质产品

2016 年 11 月 3 日，"第十三届全国追求卓越大会"在北京召开，三一集团旗下三一重机荣获"全国质量奖"，成为工程机械行业唯一获奖企业。这是三一今年第二度荣获质量殊荣，此前的 8 月 18 日，三一集团还荣获首届

"中国质量奖提名奖"。连获殊荣，三一率先成为工程机械行业"双料质量大奖"的获得者。作为国内工程机械行业的龙头企业，三一一直以"品质改变世界"为使命，推崇宗教般的质量文化，认为"质量是价值和尊严的起点，是唯一不可妥协的事情"，并将"制造"视为与"创新""服务"并驾齐驱的三大核心竞争力之一。

三一集团于 2008 年启动旨在改善质量的"精益变革"，提出了对质量建设影响深远的"三一生产方式"（SPS，Sany Producion System），并逐步建立了从图纸到工厂的整套设计制造标准，严格的质量管控从设计初期延伸至产业链的客户末端。在 SPS 的指引下，三一相继投建全球最先进的混凝土机械生产厂房、最现代化的挖机生产线、数字化程度最高的起重机生产线，大力升级工艺装备和作业标准，实施流程化改进。2016 年，三一以"流程化、准时化、自动化"为三大支柱，推动"SPS"模式进一步落地，实现了制造变革"高品质、低成本"的目标。

工程机械是三一集团的核心产业，产品包括混凝土机械、筑路机械、挖掘机械、桩工机械、汽车起重机械、履带起重机械、煤炭机械、港口机械等。三一遵循产品质量"精益化"，产品外观"精细化"的标准，以高素质的管理人员、技术团队，掌握标准化作业的技术工人为核心制造团队，运用 GSP、MES、CSM 及 QIS 等先进的制造管理系统和流程化生产线，以及严格的质检系统，打造坚实的产品品质。

三一提出的质量管理的"五步卓越法"：①标准化作业体系（基础保证）；②检查质量体系（不合格品不流入下工序）；③保证质量体系（不生产不合格品）；④预防质量体系（生产不出不合格品）；⑤卓越质量体系，使产品品质得到了市场的认可。一个典型的例子是，三一挖掘机的市场占有率连续四年排名第一。三一挖掘机之所以能打破外资垄断，稳固市场第一的地位，关键在其品质过硬，建立了良好的口碑。不仅如此，三一会定期发布《质量白皮书》，提出产品中需改善的问题，时刻敲响警钟，促使产品不断完善。

三一自主研发的 86 米臂架泵车，不仅质量卓越，而且创造了多项世界纪录；在履带起重机、风电能源等方面，三一也以其卓越的技术研发能力，不断提高产品品质。

三、服务创造价值，将三一服务做到极致

创建一流企业，造就一流人才，做出一流贡献，这是三一的企业文化，这种追求极致的企业文化渗透到三一的每一个流程和细节之中。"五步卓越法""质量白皮书"等严谨的工作方法约束了产品生产流程，保证了产品的卓越品质。一系列的数字服务承诺以精确的数字约束了产品服务流程，如接到客户需求后必须 2 小时内到达现场,制订这些一丝不苟到近乎严苛的规矩，都是为了给客户带来更好的产品和使用体验。

三一在注重打造产品一流品质的同时，也没有忽略售前服务及产品售后服务。为给客户带来最好的使用体验，三一推行了 S123、S520、S315 等一系列的数字服务承诺，7×24 小时在线客服，近期推出的"5231，一生无忧" ——服务 2.0 价值承诺更是将服务做到了无以复加的地步：关重件置换最高节省 50%的费用；24 小时故障处理，12 小时赔付台班；3 年质保；1 万小时内送服务费，2 万小时内送 12 次免费点检。无论客户身在何方，不管是三伏艳阳还是寒冬深夜，只要他们有需要，三一的客服工程师都会及时赶到他们身边，为他们排忧解难，为他们送上三一最贴心的服务。在三一的生产园区、办公区域，也处处体现着这种一丝不苟的企业文化：园区环境干净整洁，办公区域井井有条，一尘不染……三一的员工和产品正是以这种企业文化为驱动，重视每个细节，使每个流程井然有序，让每个产品的品质都卓越不凡。

一个公司要赢得大众的赞赏，绝不是一朝一夕可以成就的，三一自己的执着和严谨，让大众认识到了这样一家公司：以一丝不苟的态度追求产品卓越的品质，以一切为了客户的理念，将服务做到无以复加的地步。

"211"服务价值承诺和"311"品牌价值承诺

为了更好地帮助客户成功，在全面调查了解客户售后需求的基础上，从2010年起，三一起重机便试行"211"服务承诺。"2"表示三一起重机全系列产品整车结构件和关键零部件保修期延长为2年，全面超越了吊装行业普遍的1年保修期；"1"代表着从客户拨打服务电话起，三一起重机将给予1天内未修复的停机故障等额补偿——为了尽可能地减少设备故障给客户带来的损失，三一起重机将提供同型号设备替代使用，或者以当地租赁的台班费用为基准许以配件、服务进行补偿；"1"即一免，代表10 000工时以内出现故障时，三一起重机将免人工费服务，按照现有起重机产品现状，这基本意味着实现了起重机维修终身减免服务费，此举彻底颠覆了2 000工时内免人工服务费的既有行业服务标准。"211"服务价值承诺对三一起重机产品质量和服务品质提出了更高的要求，这项政策的提出，也建立在三一对自身产品质量和强大服务能力的高度自信上。据了解，在"211"服务承诺推行以后，三一的售后服务工作任务并没有显著增多，但客户的顾虑明显打消了不少。

为了配合"服务第一品牌"的打造，三一起重机在推出"211"服务政策后，"311"品牌价值承诺应运而生，在客户群体中又引起新一轮的强烈反响。"311"品牌价值承诺中"3"代表工作满3年或6 000小时的三一起重机，以旧换新，三一按最初购机价格的50%回购旧机；"1"代表着购机1个月以内，关键部件若出现质量问题可免费换机。这些举措从根本上确保购机的三一起重机客户能够享受财富的稳定增长。同时，针对目前吊装市场起重机操作手急缺的现状，三一起重机特别推出"1"——助力国家"十二五"规划，免费为行业培养10 000名起重机操作手。三一起重机将定期免费为购买了三一设备的客户培训操作手，培训合格后，统一颁发起重机操作职业资格证，这也成为三一起重机回馈客户、感恩社会的新措施。

四、守望相助，大爱救援，致力公益事业，打造救援现场的"中国名片"

自 1989 年成立以来，三一集团一直践行"国家之责大于企业之利"的理念，在创造高品质产品和服务、推动社会进步的同时，致力于设备公益事业。在汶川地震救援、日本福岛核电站救援等重大灾难事件中，三一的平地机、挖掘机、起重机等机械设备在各类灾难救援中发挥了重要作用。中国制造的品质和全球影响力也加速提升。

2010 年 8 月 5 日，智利圣何塞铜矿发生矿难，33 名矿工被困在 700 多米深的地底。历时 69 天后，10 月 14 日，矿工被以智利政府为主导、世界各国参援的"多国部队"悉数救出，创下了被困地底时间最长、被困深度最深且成功生还的"世界奇迹"。现场唯一一台参与救援的亚洲设备，

正是习近平总书记在署名文章中盛赞的"中国机械设备制造企业"：三一重工提供的 SCC4000 型履带起重机（如上图所示）。SCC4000 型履带起重机由三一重工自主研制，有"神州第一吊"之称。该设备亮相智利大救援，被外媒称为是世界对"中国制造"认可。负责该台维修和服务工作的三一服务工程师郝恒，随队奔赴矿难现场协助救援，也是救援队伍中唯一的亚洲面孔，被媒体亲切称为"救援哥"。

郝恒与智利军方代表、客户一起确定施工方案

　　救援工作成功后，中国外交部发言人马朝旭在例行记者会上表示，救援工作中使用了中国制造的机械设备，中方有关企业还派工程师专程赴智利进行协助，"我们很高兴对矿工的获救做出了自己的贡献"。美国《纽约时报》评论三一重工智利援救行动："这一次，中国制造不仅对智利满怀同情之心，还带来了巨大的希望。"《环球时报》评论道："三一重工将'中国制造'推向了世界，打响了'中国制造'的品牌，使中国制造不只是一个关注者，而是一个营救生命、创造奇迹的参与者。"2010 年 10 月 25 日，智利政府对三一重工发来了感谢信，信中写道："中国制造的机械设备为此次救援行动提供了保障。感谢中国三一对智利救援所做的贡献，感谢三一工程师郝恒在救援现场的日夜坚守。"智利政府也发行了纪念版邮票，纪念智利 2010 年矿难大救援，三一重工救援设备赫然在列。国际人道主义光辉永恒。

郝恒在智利矿难救援现场

好孩子

以创新为品牌内核　大步走向世界

导读： 好孩子集团公司（以下简称"好孩子"）从自主发明四功能婴儿车起步，28 年来坚持研发创新、优质制造、资本运作、海外并购、品牌经营，逐步成长为了全球儿童耐用品产业经营规模最大、市场份额最高的领军企业。面对新机遇、新挑战，好孩子通过打造集人才生态、组织生态、客户生态、文化生态为一体的，能实现自我进化的有机系统，构筑三大平台，建设生态"根据地"，在全球产业格局中抢占新的坐标。

好孩子集团创立于 1989 年，是全世界最大的儿童耐用品供应商和品牌经营商，也是中国最大的孕婴童全渠道零售平台和生活方案提供商，旗下拥有高、中、低档全覆盖的自主品牌体系，可满足育儿家庭的全方位需求。集团年销售收入已超过 110 亿元，并正在大数据分析、智能制造、高科技产品研发、模拟技术应用、水平和垂直系统整合、绿色生态、标准和检测 7 个方面加大投资，打造未来生产力，向世界产业生态链的高端迈进。

一、以持续创新作为品牌的核心竞争力

好孩子形成了"1+6"的全球化研发体系，7 大研发中心分别位于德国拜罗伊特、奥地利维也纳、捷克布拉格、美国波士顿、美国俄亥俄日本东京和中国昆山。海外研发以前沿市场研究、创意设计、时尚设计为主；昆山研

发以结构设计、人因工学研究、材料研究、试验检测和商品化工程为主。通过成立由研发、质量、市场、制造等组成的跨部门团队，形成市场、设计与制造相结合的集成产品开发模式，实现全球研发无缝连接、高效互补、协同合作。

好孩子全球研发体系汇聚超过 450 名顶尖设计人才，拥有业界顶尖的结构设计水平和工业设计能力。团队拥有多名行业学科带头人和专家型人才，80%以上拥有 8 年以上的工作经验，专业知识扎实，科研实力强。研发设计人员站在行业前沿，从市场研究到产品规划，从婴幼儿人体工学、心理学到材料科学，从标准研究到产品试验，融合科技创新、艺术时尚，进行全方位研究开发活动。同时技术创新工作组建了一支覆盖婴幼儿心理学、医学、机械设计、工业设计、远程控制、材料学、人机工程学、科技管理等多学科的外部专家团队，为技术创新提供研发方向指导、研发咨询和成果鉴定等方面的服务。

好孩子的研发团队建立了以市场成果和原创设计为导向的独特激励机制，根据项目创新指数进行考核奖励，并充分考量项目在市场中的表现，按照创新贡献值进行设计提成，同时辅以股权激励、高校进修、外派考察等，形成"公司搭平台，人人做创客"的良好氛围。

好孩子是国家级工业设计中心、国家级企业技术中心、国家级技术创新示范企业、国家级知识产权示范企业，迄今累计专利注册数 8116 项，比竞争对手前十名的专利总和还要多。好孩子在国际、国内工业设计比赛中频频获奖，先后问鼎中国工业设计奖金奖 2 项、中国专利金奖 1 项，共获得红点设计奖 16 项、iF 奖 1 项、红点至尊奖 1 项、iF 金奖 1 项、吉尼斯世界纪录1 项。

好孩子每年研发新产品 400 余款，如 2014 年极致创新的"口袋车"，仅需 1 秒 2 步即可折叠成仅有随身公文包大小（如下图所示），是唯一可以随身带上飞机舱的婴儿车，彻底解决了带孩子与出门不可兼得的难题。"口袋车"不仅集 55 项国际、国内专利于一身，还把吉尼斯世界纪录、中国外观专利金奖、iF 金奖、红点奖、中国优秀工业设计奖金奖等全球重量级设计大奖悉数收入囊中。凭借极致创新带来的卓越使用体验，"口袋车"深受全球消费者喜爱，用户在社交平台上数千万次转发，欧美主流媒体争相报道，在米兰、巴黎、香港、上海、北京等地的购物中心、机场、公园随处可见，可谓风靡全球。

再如，以独创应用航天着陆架原理的吸能儿童汽车安全座椅为例，好孩子通过对 12 万次撞击试验的大数据进行分析，花费 5 年时间，投入超过 6 亿元，研发出具有突破性创新的 GBES 宇航吸能技术。应用此技术的高速儿童汽车安全座椅可以将撞击测试速度从全球行业标准要求的 50 公里/小时提高到 80 公里/小时，被视为颠覆行业标准的划时代产品。一般合格的儿童汽车安全座椅均须符合国标、欧标规定，即应保证在以 50 公里/小时的速度撞击时儿童胸部合成加速度不超过 55g，好孩子儿童高速汽车安全座全面超越国标、欧标，将性能达标的撞击时速提高到 60 公里以上，并在 60、70、80 公里时速撞击测试中，各项性能指标均符合标准规定。

又如防止儿童被遗忘在汽车内的"SOS"报警器、防雾霾婴儿车、"从摇篮到摇篮"绿色系列产品，以及具有早教和亲情互动的音乐厅婴儿车等，均为世界首创。

在研发产品的基础上，好孩子更致力于婴幼童产品安全标准的研究，研究能力和成果得到国际行业内高度认可，先后获得全国质量奖、亚太质量奖、中国质量标杆等，是中、美、欧、日标准委员会的重要成员，主导或参与国内外标准制定 186 项。好孩子设立了 ISO/PC 310 儿童乘用车标准委员会秘书处，主掌全球行业话语权；好孩子的标准检测中心，是美国 CPSC（消费者委员会）认可实验室，同时，检测结果也被欧盟国家认可。

好孩子具有前瞻性的设计理念和重大目标产品研发能力，如在婴儿车领域拥有引领行业发展的折叠设计技术，包括率先单手折叠、四轮自立婴儿车，自动折叠及打开婴儿车，一拍即合婴儿车等；在新材料及绿色设计方面，研制出基于航空轻型材料应用的世界最轻婴儿车，并在婴儿车领域率先实施单一材料及碳纤维材料的研究应用。

研发创新、标准引领、产品优质和社会责任是产业发展的制高点，在这四个制高点上，好孩子成为行业的引领者，长期以来，获得了全球同行的高度赞誉，是一家令人尊敬的中国企业。

二、推动品牌国际化，向全球化企业迈进

28 年前，好孩子以发明四功能婴儿车起步，确立了研发创新、自主经营的发展道路。通过自己打倒自己，源源不断地推出新产品，从而把跟风仿冒的竞争对手远远甩在身后。好孩子于 1993 年成为中国市场第一品牌，之后又于 1996 年以自主发明的摇篮婴儿车打开美国市场。因当时中国品牌进入美国市场面临无法突破的壁垒，好孩子选择与当地品牌商结成战略联盟，由自己进行研究市场需求、开发并制造产品，由美方负责品牌经营、渠道管理。通过这种被称为 OPM（Original Product Manufacturing）的经营模式，好孩子在四年后以 34% 的占有率登上了美国婴儿车销量冠军的宝座，蝉联至今 18 年。同样以 OPM 的模式，好孩子进入欧洲市场并从 2006 年开始一直保持销量第一。2010 年的第三方市场调查结果表明，在美、欧、中三大市场，每 2.9 辆婴儿车，就有一辆来自好孩子。但彼时的好孩子还只是隐形的冠军。虽然在全球拥有五大研发中心，创造的专利数在业内遥遥领先，但有专利无品牌，经营上比较被动。

2010 年，"好孩子国际"在香港成功上市，从此登上了国际资本运作平台；好孩子的国际市场经营团队快速壮大，全球研发体系的创新优势不断扩大，在标准领域拥有越来越多的话语权，制造业不断升级，供应链管理日益完善，一个自主品牌经营、销研产一条龙的模式呼之欲出。

2014 年好孩子完成了震撼行业的两项并购。德国的 CYBEX 是全球婴幼儿耐用行业的传奇，仅用七八年时间就打造出了一个欧洲顶级、全球知名的品牌，将创新与品质、艺术与时尚完美融合，获得了 250 多个安全与设计大奖，成为消费者最为信赖的选择。好孩子对 CYBEX 的并购，是全球最具活力的两极的融合，产生出了资源整合、要素升级、结构优化所带来的崭新的商业动能，好孩子也因此一举成为全球行业的创新引领者和资源整合者。之后，好孩子又并购了美国儿童用品百年品牌、汽车座领导者 Evenflo，扎稳了在美国本土化品牌经营的根基。

完成并购后，好孩子组建了一个全新的企业，确立了全球化、粉丝级、生态型、整合者的战略愿景，开启了自主品牌经营的全球化之路。在历经文化融合、组织重组、协同管理、品牌重塑、模式转型等重重艰难和风险后，好孩子从研发+制造+贴牌的 OPM 商务模式转变为销研产一条龙自主品牌经营的 OBM（Original Brand Manufactare）模式；从中国制造转变为中国品牌、世界品牌；从隐形冠军转变为拥有三个世界著名品牌的显形冠军；从仅以中国为母市场的公司转变为拥有德国、美国、中国三个母市场的公司；从以中国人才资源为依托的组织转变为以世界人才为源泉的组织，来自 34 个国家的员工在好孩子的平台上实现了跨文化合作。

现在的好孩子拥有高、中、低档全覆盖的自主品牌体系，包括战略品牌 gb 好孩子、CYBEX、Evenflo、ROLLPLAY，以及战术品牌小龙哈彼、CBX、Urbini 等，并按照品牌个性和定位分层，建立起了完美互补的品牌金字塔（如下图所示），可满足育儿家庭的全方位需求。

在以品牌为导向的销研产一条龙经营模式驱动下，好孩子构建了在中国昆山的总部功能和供应链管理中心，在德国的品牌经营中心和技术管理中心，在香港的融资管理中心，在美洲、欧洲、亚洲的区域业务中心。全球化经营管理体系功能完备，协同高效，全面落实用户至上、生态型发展战略。

三、构建中国孕婴童全渠道专业零售服务平台，提高品牌服务能力

在中国市场，好孩子着力打造的，是两大生态链：一个是母婴生态链，另一个是儿童运动生态链。三年前，好孩子提出了 BOOM 商业模式（如下图所示），目的是随时随地随机地为消费者提供安全可靠的商品、便利快捷的服务、全程心仪的体验，创建用户生活的社区、会员创业的平台，聚集粉丝群，打造孕婴童生态圈。

B 指的是品牌，好孩子以 gb、CYBEX 等自主品牌领衔，与合资品牌 mothercare 及包括 NIKE、adidas、SKECHERS 等全球 12 大知名运动与户外品牌在内的战略合作品牌结成品牌联盟。据不完全统计，好孩子经营的品牌数量有 67 个之多，一个十足的品牌航母群。

两个 O 是线上、线下销售渠道，好孩子在线下拥有 2700 多家包括好孩子专卖店/专柜、mothercare 一站式购物中心、好孩子星站等形式的终端门店，

销售网络遍及中国所有省份；线上则通过 164 个自营（如好孩子官方商城、天猫旗舰店等）及授权零售店和大型零售商（如京东、亚马逊），为用户提供全网覆盖的购物服务。

M 指的是手机端，代表用户。现在是用户关系为王的时代，谁能直达用户，把用户拉到销研产和传播环节，形成各类社区，并从需求倒逼渠道和产品全价值链的优化，谁就是今天的王者、未来的霸主。2015 年，好孩子推出移动应用"妈妈好"，直接向终端客户提供旗下品牌产品，并整合线上及线下销售网络，对商品、订单、支付、配送、服务、会员、营销实行一体化管理。

好孩子在中国市场推行网格化管理，以省、市、地级市、县级市为单位，将中国划分成 37 个分、子公司和 2000 多个大大小小的销售网格，与优质经销商、零售商合作，在协同创造用户优质体验的基础上，共享服务价值。

在中国母市场，好孩子实现了商务模式创新，开创了以用户关系为依托、以品牌为核心的网上网下全渠道经营、以移动应用 APP 打通资源的零售服务企业，正在形成母婴生态链和儿童运动生态链。

目前，"好孩子中国"经营的品牌超过 60 个，商品 3 万余种，涵盖母婴和运动两大领域。全国自营门店超过 2100 家，加盟店 600 余家，线上多平台全网营销，电商比重超过 25%，APP "妈妈好"作为好孩子用户的服务平台，把货品、订单、支付、配送、会员等资源信息组合在云平台上，与门店、网店、用户服务相对接，创造用户体验、用户口碑和用户黏度。

同时，好孩子致力于品牌经营和通路建设，打造 0 ~ 4 岁母婴生态链和 4 ~ 12 岁儿童运动生态链，拥有聚焦母婴家庭的 GB 专卖店、打通线上线下的"妈妈好"APP 和"好孩子E家"，以及汇聚众多国际知名运动品牌的"好孩子星站"等全渠道的专业零售平台，全方位满足育儿家庭一站式购物需求。

四、投资未来生产力，做全球产业生态圈组织者

未来市场的竞争，不是一个企业与另一个企业的竞争，而是一个生态链与另一个生态链的竞争。未来产业的王者，属于生态型企业。

面向未来，好孩子将在以下七个方面加大投资，创造新的经济动能。

（一）大数据分析

好孩子聘请了世界三大数据公司之一的 Social Baker 公司的创始人 Jan Rezab 作为好孩子国际的执行董事，主持领导构建跨界合作、自主管理的大数据分析应用体系，深度挖掘用户数据，精准把握用户需求和趋势，并通过整合线上到线下的商业模式和移动通信设备，推广品牌，研发智能产品，打造用户生态系统。

（二）智能制造

三年前，好孩子启动了智能制造柔性生产线建设，以提升制造品质和效率，满足用户个性化需求碎片化订单，项目取得了重大进展。未来还将深化研究，全面改造生产线，逐步对接用户需求系统、供应链管理系统，形成智能、柔性供应链。

（三）高科技产品研发

高科技在婴幼儿产品领域的应用，是好孩子产品发展的重要方向。近几年来，好孩子加大投资，以自主创新为基础，扩大协同合作，不断取得重大突破，未来将进一步加大研发创新投入，引领全球行业的革命，改变世界育儿家庭的生活。

（四）模拟技术应用

成立于 2009 年的好孩子博士后工作站，致力于模拟技术的应用，卓有成效。例如，有限元分析技术（CAE）的应用将汽车安全座的研发周期缩短了 60%。未来好孩子将把 3D 模拟技术、有限元分析技术广泛应用于研发设计、生产制造、用户体验各个环节，有效提升品质，大幅降低成本、缩短应变周期。

（五）水平和垂直系统整合

好孩子将按照"中国制造2025"的战略部署，投资建设公司、供应商和客户之间的信息管理系统，使各职能单元成为紧密的整体，利用一条横跨公司的数据网络实现产业价值链的自动化。

（六）绿色生态

好孩子于2007年启动的"从摇篮到摇篮"循环经济的研究已取得阶段性成果，今后将继续投资、深化研究，争取在2020年推出系列产品，形成绿色生态产业链，引领世界行业方向。

（七）标准和检测

好孩子将在原有领先优势的基础上加大投入，研发前瞻性的技术标准，增强检测实验能力，在儿童用品各领域成为世界标准的引领者。

好孩子的目标是做全球产业生态圈的组织者，为此，将打造一个集人才生态、组织生态、客户生态、文化生态为一体的，能实现自我进化的有机系统，闭环式服务于用户，开放式服务于社会，广泛吸纳资源要素，让生态链的参与者共创共赢共享，形成互生共生再生的生态圈。一是建设生态"根据地"，以产业为本，高科技、互联网引领，构筑三大平台：内容平台——聚焦品牌和产品；产业平台——形成自成一体的零售分销、研发、制造、服务平台；孵化平台——数据、资本、组织、管理要素平台。二是合纵连横，衍生扩张产业链，开放整合外部资源，形成新的组织形态，新的平台生态。三是自我更新，持续进化、生生不息，不断跟随市场环境，捕捉新兴元素，构建新的动能，衍生新的生态。

文化强企　铸就精品

航天科技集团：提升企业软实力　助推航天强国梦

航空工业成飞：航空铸剑　砥砺前行

中信重工：传承焦裕禄精神　引领企业创新发展

上汽集团：以创新文化助推"汽车强国梦"

陕鼓：从产品经营向品牌经营转变

大生集团：传承百年传统　增强企业软实力

航天科技集团

提升企业软实力　助推航天强国梦

导读：中国航天科技集团公司（以下简称"航天科技集团"）是我国在战略高技术领域拥有自主知识产权的国有特大型高科技企业，国家首批创新型企业。主要承担运载火箭、卫星、飞船、月球和深空探测器及战略战术导弹武器系统的研制、生产、试验和发射任务。作为我国航天科技工业的主导力量，航天科技集团创造了以载人航天和月球探测两大里程碑为标志的一系列辉煌成就，在推进国防现代化建设和国民经济发展中作出了重要贡献。在出成果、出人才的同时，孕育形成了航天传统精神、"两弹一星"精神和载人航天精神，以及以"以国为重、以人为本、以质取信、以新图强"为核心的价值观，具有鲜明时代特征和航天特色的企业文化。

近年来，航天科技集团以"建成国际一流的大型航天企业集团，助推航天强国建设，做科技创新的排头兵"为目标，从质量管理、人才培养、企业文化等方面入手，大力提升企业软实力，圆满完成了以载人航天工程、月球探测工程、北斗导航工程、高分辨率对地观测系统、新一代运载火箭为代表的国家重大工程任务。特别是2016年以来，完成了以"天宫二号"和"神舟十一号"载人飞行任务、新一代运载火箭"长征五号"首飞成功和天舟一号飞行任务为代表的航天重大任务，树立了航天强国建设征程中新的里程碑。

一、坚持质量第一，大力推行精细化质量管理

　　针对航天工程系统庞大、环境复杂、参研单位多、技术风险大的任务特点，航天科技集团首创了以"航天零缺陷系统工程管理"理论为指导，以航天工程全过程精细化质量控制为手段，以质量管理体系和产品保证能力为基础的中国航天质量管理模式，保障航天工程任务的成功和航天事业的科学发展。

　　一是推行质量问题"双五条归零"法。质量问题"双五条归零"是指质量问题发生后，按照技术规律和管理程序，对质量问题分别进行技术归零和管理归零。技术归零要做到定位准确、机理清楚、问题复现、措施有效、举一反三；管理归零要做到过程清楚、责任明确、措施落实、严肃处理、完善规章。质量问题"双五条归零"方法，是对发生的质量问题"刨根问底"，做到"水落石出"，是有效的"救火"措施，在此基础上还要进一步举一反三、完善规章，杜绝类似质量问题在其他型号产品上重复发生，起到"防火"的作用，并弥补质量管理体系的缺省链。该方法的科学性和有效性已经被航天工程的成功实践所验证，在国防科技工业得到推广应用，工业和信息化部、中国质量协会已组织在全国推广。发布了质量问题归零方法的国家标准和国际标准。

二是实施技术风险识别与控制。针对航天工程技术风险高的特点，航天科技集团创新并成功应用了质量交集分析、"九新"（新技术、新材料、新工艺、新状态、新环境、新单位、新岗位、新人员、新设备）分析、成功数据包络分析、飞行任务保证链分析、单点故障模式识别与分析、测试覆盖性分析、故障预案制定与演练、重大工程独立评估等一系列技术风险识别与控制方法，逐步形成了适应航天工程的技术风险控制方法体系。例如质量交集分析法，就是运用数学中集合的原理，对"质量有前科、技术状态有变化、发射场测试不到、单点失效"等风险因素进行交集分析，明确风险控制的关键项目。

三是探索实施精细化过程控制。导致型号失利的因素往往来自研制生产过程某个细微的环节。这就要求对设计、生产、试验和交付后服务全过程实施极其严格的精细化质量控制，包括产品保证策划与控制、可靠性设计分析与验证、技术状态更改控制、元器件"五统一"（统一需求规划、统一评价认定、统一选用管理、统一组织采购、统一质量保证）控制、软件工程化管理及第三方评测、航天产品数据包管理、型号出厂放行把关、质量检查确认、派驻质量监督代表制度等，形成了覆盖航天型号全寿命和各产品层级的精细量化的质量控制方法体系。例如技术状态更改控制五条原则，即"论证充分、各方认可、试验验证、审批完备、落实到位"，注重分析技术状态变化的影响域以及对产品质量的负面影响，验证更改措施的有效性，杜绝技术状态失控。

四是开展质量管理体系评估。航天科技集团研究提出并实施了集团公司对研究院、研究院对研究所（工厂）两级质量管理体系成熟度等级评估方法，建立了评估原则、评估模型、评估标准、量化评估方法和评估程序，将型号精细化质量管理要求进行细化分解，并纳入各评估要素，按照"要求—落实—改进"的评估方式，对质量管理体系的每个评估要素和体系整体进行量化的成熟度等级评价，通过评估发现薄弱环节，挖掘和推广最佳实践，形成以评促建、持续提升的改进机制。

二、培育一流队伍，筑牢航天事业发展基石

目前，航天科技集团在岗职工 16.2 万余人，其中 35 岁及以下占 53.4%，具有大学本科及以上学历的 8.18 万余名。拥有两院院士 32 名、国家级专家 101 名、"万人计划"专家 14 名、"千人计划"专家 30 名，累计享受政府特殊津贴专家 2652 名。各类拔尖人才数量在中央企业中名列前茅。

一是通过工程实践培养骨干人才。航天科技集团承担的以载人航天、月球探测、新一代运载火箭和高新武器装备等为代表的近百项航天型号工程任务为骨干人才的成长搭建了平台。首先，努力营造良好的"传帮带"机制。航天科技集团注意把优秀传统文化与现在科研规律结合起来，坚持实行"导师制"，为青年人才传授工程实践经验，帮助他们掌握型号研制流程、岗位工作规范和质量技术要求。充分发挥院士和专家群体的带动作用，实施科学作风培养工程，培养求真务实的科学态度和严慎细实的工作作风，使青年人才不仅在技术上接好班，而且在作风上接好班。其次，科学管理，加速人才成长。在工程实践中全面实施矩阵管理和项目管理，形成了科学严密的组织管理体系。利用航天器的数字化协同工作平台，将最先进的工具集成，把所有型号的历史数据集成，把各个专业的研究成果集成，把前人的实践经验变成标准、化为财富。通过建立网络化的知识管理系统，促进了知识的快速积累和共享，使之成为加速人才成长的有效工具。再次，加强交流，建立学习型组织。针对不同岗位的特点和要求，明确了科技人才培训的重点内容、培训目标和具体要求，通过前沿知识、专业技术、典型案例和航天系统工程理论等的培训，增强骨干人才系统思考、技术掌控和科技创新的能力。航天科技集团大力开展学术、技术交流活动，促使人才相互交流、共同提高、共同成长。

二是注重长期积累，培养专才。专才是指在某一专业领域具有较深的技术造诣，参与多个工程任务的研制，在工程研制中的角色定位一般为主任设

计师或研究室主任，成为该领域的技术带头人，能够创造性地解决该专业领域的重大共性技术难题，能够引领本专业的技术发展方向。首先，不断完善科研条件，加大创新投入。航天科技集团每年投入近 20 亿元用于技术研发和创新活动，不断加强科研基础能力建设；建成 7 个国家级工程技术中心、30 个重点专业研发中心、11 个国防重点实验室和 13 个国防科技创新团队；积极与清华大学、上海交通大学、哈尔滨工业大学等 30 多所国内知名高校开展产学研合作，借助高校的人才优势和多学课综合优势搭建开放式的技术创新平台，开展应用基础研究和前沿技术研究。其次，拓宽发展通道，完善激励机制。将科技人才进一步细分为型号(产品）设计、型号（产品）管理、预先研究、专业研究、工艺、技术基础及保障 6 个类别，设计了由主管师、正副主任师、正副总师 5 个层次 15 个等级构成的职业发展路径。对在型号科研生产一线做出突出贡献的科技人才，实行政治荣誉、物质奖励、推举专家、培训深造、职称评聘"五优先"，调动他们扎根一线、立足岗位献身航天的积极性和创造性。最后，努力营造创新氛围。充分发挥专才的技术带头和技术把关作用，成立相关专业领域专家组成的重大工程项目专家组，对重大共性技术问题进行攻关，对型号研制过程中的重大技术关键解决情况进行评审、把关。

余梦伦：潜心一线的航天追梦人

中国科学院院士余梦伦 1960 年毕业于北京大学数学力学系。近五十年来，他一直从事弹道工程设计，突破了各类导弹及运载火箭弹道设计等一系列工程难题，为我国导弹飞行从近程到洲际，运载火箭飞行从低轨道、地球同步轨道到地月转移轨道的技术跃升奠定了坚实的基础，是我国弹道式导弹和运载火箭弹道设计的开创者和学术带头人之一，航天飞行力学和火箭弹道设计的著名专家。

作为一名在弹道设计领域出类拔萃的专家，他担任过的最高职务，只是一个工程组长。正是因为长期潜心一线、埋头科研，才成就了今天的余梦伦院士。

三是强调一专多能，培育将才。航天重大工程的实施，培养造就了一批既懂技术又善管理、素质全面的将才群体。要培育将才，首先是破格使用，重点培养。按照工程和型号每推进一个阶段，人才就要跟进一批、储备一批

的思路，实施人才接力计划，大胆选拔德才兼备、专业技术水平突出的骨干参加重大工程和重点型号研制，赋予他们相应的责任和使命，使他们经历完整的研制周期，经受全面锻炼。对于能力和实绩突出、发展潜力大的人才，打破年龄和资历限制，及时把他们推举到型号总指挥、总设计师的岗位，担当重任。其次是多岗锻炼，提升能力。对于将才苗子，航天科技集团注重在工程实践中加强交流和多岗锻炼，通过加大型号之间、型号总体和分系统之间、各单位之间骨干人才交流的力度，促其丰富阅历、拓展视野，增强多领域的技术把握能力和组织管理能力。航天科技集团定期组织型号"两总"岗位培训和能力建设培训，聘请具有丰富经验的型号老总和领域专家，讲授型号研制的专业知识，提高骨干人才系统思考、项目管理、质量控制和团队领导的能力。最后是严格要求，加速成长。坚持成功是硬道理，建立科学的考核评价机制，每年向型号"两总"颁发责任令，把任务完成质量、技术发展成果、个人岗位贡献作为考核评价的重要内容，强化"两总"履职的责任意识。

孙泽洲：最年轻的总设计师

嫦娥三号总设计师孙泽洲，曾任研究室副主任、型号副主任设计师。他不仅专业技术水平高，解决实际问题的能力强，而且组织协调能力强，能凝聚团队的力量，因此他不到35岁就被破格提拔为"嫦娥一号"的副总设计师，协助总设计师负责型号总体方面的研制工作。经历锻炼和考验，他逐渐成熟，在37岁时被任命为总设计师，成为当时航天系统最年轻的总设计师。

四是通过艰辛历练，造就帅才。航天帅才为战略型人才，在工程研制中的角色一般为航天型号系列总师或重大技术领域首席专家，对系统工程精髓有着深刻的理解。首先是精心选拔，大胆使用。注重从优秀的将才中，选拔那些有系统思维能力、善于把握和推动技术进步，同时具有卓越的组织管理能力、注重自身修养并具有高尚的人格魅力、德才兼备的人才担当帅才，放手使用，充分发挥他们的带动和引领作用。其次是风口浪尖，百炼成钢。重大航天工程往往与重大技术跨越紧密相连，跨越式发展意味着在几乎不可能的情况下绝处逢生，闯出一条生路。作为重大航天工程的领军人物，必定会在成长的过程中经历失败与挫折的磨砺和锤炼。在困难和失败时要提供组织关怀与支持，树立必胜信念，营造良好的工作氛围，帮助他们渡过难关。最后是汇集力量，集智攻关。在重大工程遇到困难和挫折的时候，及时聚集优质资源，集中优势力量，聚集各个领域最优秀的人才，组成攻关组，成为重大工程的特殊团队，集思广益，集智攻关，为帅才们提供有力支持。

戚发轫、龙乐豪：历经磨难 铸就辉煌

中国工程院院士戚发轫院士在担任"风云二号"总设计师时，经历了"风云二号"爆炸。在担任"东方红三号"卫星总设计师时，他又经历了"东方红"首发在轨失效，承受了巨大的压力。但是这些失败与磨难之后，不仅造就了他应对复杂问题和巨大压力的卓越能力，更培养了坚韧的品格和非凡的凝聚力。作为"神舟五号"飞船总设计师，他带领团队实现了我国首次载人航天飞行任务的历史性跨越。他曾说："失败给予的教育，要比成功更加深刻"。

中国工程院院士龙乐豪，受命担任"长征三号甲系列"运载火箭总设计师，遭遇"长征三号乙"首飞星箭俱毁的沉重打击，经受了痛苦的煎熬，承受了巨大的压力，一夜之间白了头。但他直面困难和挑战，带领研制团队卧薪尝胆，在挫折中奋起，确保了后续发射的圆满成功。他领导研制的"长征三号甲系列"火箭成为我国的"金牌火箭"。

五是重德修身，成就"大家"。航天创建 60 年来，成就了一批德高望重的"大家"，他们是我国航天技术的开拓者、奠基人，是受人尊重的科学家、学术巨擎。他们将生命融入事业，与国家民族的命运紧密联系在一起，与航天事业的辉煌发展紧密联系在一起。

航天"大家"具有坚定的理想信念和强烈的爱国情怀；理论功底深厚，技术水平高超，将科学技术与工程理论的思想精髓融会贯通，在科学技术研究方法论方面有深厚的造诣；善于从全局的高度思考并解决从专业领域到事业发展的重大问题，善于把握和引领科技发展和创新，对航天技术领域的发展做出了开创性的贡献，并产生了持续的影响；具有宽广的世界眼光、前瞻

的战略思维、严谨的科学态度和非凡的创新精神，尊重规律、科学求实、锐意进取，学识和涵养深厚；襟怀坦荡，品行高洁，虚怀若谷，行为世范，具有高尚的人格魅力。

航天事业成就航天"大家"

钱学森是公认的航天"大家"。他历经坎坷回归祖国，为航天事业的创立和发展倾注了一生的心血，作出了杰出贡献。他作为技术总负责人，组织完成了我国中近程地地导弹和第一颗人造地球卫星的研制发射任务，创造了"两弹一星"的辉煌。他从唯物主义世界观出发总结提出的系统工程理论，是航天技术发展的重要理论基础，广泛应用于军事、工业、农业和社会管理等领域，推动了航天技术的跨越式发展，在我国现代化建设中发挥了重要作用。钱老一生成就卓著，荣誉无数，始终以淡定之心，坦然面对，不仅以自己严谨的科学精神为人类进步做出了卓越贡献，更以率真的人生态度诠释了一个航天"大家"的高尚品质。

任新民、屠守锷、黄纬禄、梁守磐、孙家栋、王永志等老一代航天科学家同样是航天"大家"的杰出代表，他们爱党爱国、忠诚事业、作风民主、严谨务实，他们锐意创新、追求卓越、淡泊名利、无私奉献，他们经验丰富，智慧超群，视野开阔，思维超前，他们既是学术权威，又是科学伯乐，虽然年事已高，但仍然在为航天事业默默奉献，对航天的重大发展战略制定、重点型号工程立项、重大技术路线选择和共性关键技术攻关等进行论证把关，提出咨询建议，为航天科技集团党组和领导决策提供强有力的技术支持。

三、弘扬航天精神，建设具有鲜明时代特征和航天特色的企业文化

航天科技集团的企业文化建设以航天精神为灵魂，以视觉、理念、行为三大识别系统建设为抓手，形成了顺应时代发展、体现国有军工企业特色、与航天科技集团改革发展建设相适应相促进的航天企业文化体系，为建成国际一流大型航天企业集团、推进航天强国建设注入了不竭动力。

一是坚持思想先行，让企业文化入脑入心。近年来，随着载人航天工程、探月工程、北斗卫星导航系统、高分辨率对地观测系统、新一代运载火箭和高新武器装备研制为代表的一大批国家重大航天工程相继展开，航天科技集团承担的任务量大幅度增长，呈现出"重大工程要求高、新型号新任务多、关键技术攻关难、型号研制周期短、飞行试验风险大"等新特点。面对严峻挑战，党组坚持思想先行，将社会主义核心价值体系的要求落实到企业文化建设实践之中，从航天精神中挖掘内涵、汲取营养，以企业文化引领战略转型，用富国强军、建设创新型国家和推动我国从航天大国迈向航天强国的历史责任来教育和引导员工，使核心价值观成为员工的共同追求和自觉行动，为圆满完成党和国家赋予的神圣使命奠定了坚实的思想基础。特别是，航天科技集团党组成员以身作则，坚持带头宣讲航天精神、带头学习企业文化理论知识、带头撰写体会文章、带头开展课题调研、带头推广文化理念的"五带头"，充分发挥了领导决策、示范带动作用。注重内外结合，借助优势资源，与中央党校、井冈山干部学院、上海浦东干部学院、国家行政学院等联合办学，并在内部以党组中心组学习扩大会、型号"两总"讲坛、视频大讲堂为平台，深入开展企业文化宣贯，用航天精神教育员工，用榜样的力量鼓舞员工，用神圣的事业激励员工，进一步坚定了"使命因艰巨而光荣、人生因奋斗而精彩"的精神追求。每逢载人航天、月球探测等重大试验任务，航天科技集团及时组织型号队伍出征仪式、承诺宣誓等文化实践活动，激励大家立足岗位、创先争优，以实际行动兑现"用成功报效祖国，用卓越铸就辉煌"的庄严承诺。

二是融入重大工程，使企业文化落地生根。航天科技集团将企业文化融入技术攻关、管理优化、能力提升等各个环节，大力营造鼓励干事、激励创新的文化氛围。注重老专家"传帮带"和关键岗位实践历练，坚持技术传承与文化传承并重，大力培养员工在困难面前坚忍不拔、百折不挠，在成功面前永不自满、永不懈怠的优秀品质。聚焦型号队伍能力提升，开展精神、作风、能力"三架桥""寻找身边的榜样"等文化实践活动，激励员工追求卓越、勇于超越、快速成才。在交会对接任务中，航天科技集团承担了神舟飞船、运载火箭和天宫实验室三大核心关键系统的研制试验任务，型号试验队以确保成功为目标，组织了"党员身份亮出来、工作质量干出来、关键时刻站出来、先进形象树起来"等特色文化活动，推动文化建设与工程实践有机融合，为最终夺取胜利奠定了坚实基础。

三是注重以人为本，以企业文化激励员工。航天工程系统庞大、技术复杂、充满风险。科研人员长期加班加点，承受着保质量、保成功的巨大压力。坚持以人为本、以文化凝心聚力，是企业文化建设的重要内容。各级领导干部以身作则，"联车间、进班组"，扎根型号现场，走进员工内心，切实解决员工的实际困难。牢固树立鼓励创新、宽容失败的价值导向，在型号任务出现困难和挫折时，领导干部主动承担责任，与科研人员一起分析原因、解决难题，帮助研制队伍在失败中总结经验、吃透技术、夺取成功，对员工进行最大限度的"减压"。针对型号外场试验队员长期远离家人的实际情况，定期走访慰问参试队员家庭，及时帮助解决问题，解除参试队员的后顾之忧，使他们以最佳的精神状态完成本职工作。关注员工的发展诉求，不断优化人文环境，切实提升科技人员的地位和待遇，真正帮助那些基础好、潜力大、提高快的科技人才沿着专业技术通道发展。从2010年开始，航天科技集团每年拿出上千万元专项奖励贡献突出人员，其中航天功勋奖每人100万元，既营造了有利于创新人才脱颖而出的环境，也激发了创新活力和创造激情。

四是塑造良好形象，以企业文化打造品牌。多年来，航天科技集团以重大型号、重大事件为契机，深入推进企业文化建设，彰显企业实力与品牌，进一步提升了航天科技集团的社会知名度和美誉度。

育典型——注重以榜样的力量鼓舞员工。选树了以"两弹一星"元勋、国家最高科技奖获得者孙家栋院士，几十年扎根班组一线默默奉献的我国著名航天弹道设计专家余梦伦院士，"感动中国年度人物"徐立平为代表的一批先进典型，用身边事教育身边人，使大家学有楷模，做有榜样；推出了以"交会对接团队""嫦娥团队""北斗团队"为代表的一大批先进集体。积极参加全国劳模先进事迹报告会和中央企业先进精神报告会，大力宣讲在确保成功、铸就辉煌过程中涌现出的先进事迹、模范人物和宝贵精神，充分展示了广大航天工作者攻坚克难的伟大实践和精神风貌。

　　建窗口——不断丰富文化阵地和载体，建成了一批"航天精神教育基地""军工文化教育基地"和"军工文化示范单位"。

　　出作品——打造了一批优秀文化作品。其中，电影《钱学森》被评为全国第十二届精神文明建设"五个一工程"奖，图书《天魂》、电影《太空侠》被评为中央企业精神文明建设"五个一工程"奖，切实提升了企业文化的辐射力、影响力。

　　五是培育特色文化，使企业文化精彩纷呈。经过多年的企业文化建设，航天科技集团总结提炼了"以国为重、以人为本、以质取信、以新图强"的核心价值观和"自信自强、无私无畏、敢想敢为、尽善尽美"的企业精神，形成了"严慎细实、诚勇勤和"的行为准则。各研究院、公司依据航天科技集团企业文化体系的统一框架，按照"规定动作"与"自选动作"相结合的要求，在坚持航天科技集团核心价值观和企业理念、体现航天科技集团企业文化主导地位的前提下，结合自身实际积极开展文化建设，不断激发出企业文化建设的热情和创造力，形成了丰富多彩的特色文化。例如中国运载火箭技术研究院的"神箭"文化、中国空间技术研究院的"神舟"文化、航天推进技术研究院的"发动机"文化、上海航天技术研究院的"成功"文化等，这些特点突出、个性鲜明的特色文化既是航天科技集团企业文化的重要组成部分，也是企业文化在各单位的生动实践和具体体现。它们丰富了航天科技集团企业文化体系，为航天科技集团企业文化建设注入了活力。

六是打造专项文化，使企业文化与企业管理深度融合。在全面系统做好企业文化顶层设计的同时，航天科技集团将系统工程管理理念引入企业文化建设，统一规划，整体推进，结合不同时期形势任务需要，有重点地推进了以质量文化、成本文化、创新文化、班组文化、廉洁文化等为代表的专项文化，直接作用于重点任务、重点项目的全过程，为圆满完成各项任务保驾护航。将专项文化纳入企业文化建设的大框架，既深化了企业文化建设，同时也丰富和支撑了企业文化体系，形成了既有顶层牵引又具有专业特点的航天文化体系，进一步促进了企业文化与企业管理的深度融合，形成了企业文化建设蓬勃发展的生动局面。

质量文化

质量决定成败。基于质量对航天这个系统复杂、风险性高极端重要性的认识，航天科技集团高度重视质量管理体系建设，并形成了独具特色的航天质量文化。2003 年发布了《质量文化建设纲要》和《质量文化手册》，通过大力宣传"质量是政治、质量是生命，质量是效益"的质量理念、"以质量创造价值，以质量体现价值"的质量价值观，以及"预防为主、一次成功、持续改进、铸造一流"的质量方针，促进了员工质量意识的提高和管理水平的提升，保障了国家重点航天任务的圆满完成。

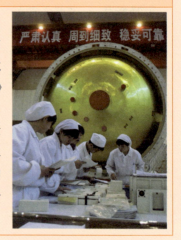

成本文化

　　成本文化是企业文化在成本管理方面的集中体现和反映。航天科技集团 2006 年对成本文化建设进行顶层设计，正式发布《成本文化建设纲要》，对成本文化建设的目的、成本理念、成本行为准则和实施步骤等内容进行了全面阐述。结合成本工程建设，航天科技集团大力开展《成本文化建设纲要》的宣贯和落实工作。编写印发了《成本文化读本》，评选、发布了"十佳"成本格言和优秀成本格言，加强宣传力度，提高全员成本意识，逐步规范了"遵章守信，尽职尽责，精打细算，日臻日善"的行为准则，形成了"成本是责任、成本是效益、成本是竞争力"的成本理念。引导全体员工牢固树立成本理念，自觉遵守成本行为准则。

创新文化

　　航天科技工业是国家战略性高科技产业的代表，50 多年的发展反复证明，中国航天发展史就是一部创新史。自主创新是航天发展道路的灵魂，勇攀高峰、以新图强是中国航天取得一个又一个成功的不竭动力。为不断提高自主创新能力，实现跨越式发展，在建设创新型企业的战略目标下，航天科技集团探索出具有航天特色的创新文化建设思路和途径。制定了"国家至上、技术引领、勇于攀登、追求卓越"的创新方针，树立了"自主创新、开放合作、包容自励、敢为人先"的创新理念，培育了"以创新提升核心竞争力、以创新推动富国强军、以创新实现科学发展"的创新价值观，构建了完整、合理并能持续激发员工创新活力、满足航天科技工业新体系要求、适应军民融合发展需要的航天创新文化理念和行为体系，将创新观念融入员工的思想和行为中，为航天战略目标的实现提供强大的保障和推动作用。

班组文化

班组是企业最小的组织单元，是企业发展的基石，班组文化是企业文化重要组成部分。航天科技集团十分注重提升班组管理水平，于 2012 年颁布了《班组文化建设纲要》和《班组文化手册》，明确了班组建设理念、班组管理理念以及班组行为准则，使得"建一流班组，铸航天基石"的班组愿景，"合力同行，卓越共赢"的班组价值观，"无微不至，无往不胜"的班组作风等理念深入人心。2013 年在挖掘优秀班组文化实践案例的基础上，出版了《班组文化实践》。培育了一批以"余梦伦班组""唐建平班组"等为代表的特色班组文化实践成果，起到了很好的示范带动作用，激发了航天科技集团近万个班组的创造活力，筑牢了航天事业科学发展的坚强基石。

经过多年来质量管理、人才培养和企业文化建设等方面的深耕细作，航天科技集团软实力得到了显著提升，极大地增强了企业核心竞争力。2017 年，航天科技集团将深入学习贯彻党的十八大和十八届六中全会精神，坚决落实习近平总书记"发展航天事业、建设航天强国"的决策部署，努力实现工业软实力建设新的突破，圆满完成以"嫦娥五号""天舟一号"首飞等为代表的航天重大工程任务，以优异的成绩迎接党的十九大胜利召开。

航空工业成飞

航空铸剑　砥砺前行

导读： 作为孕育中国最先进战机的摇篮，航空工业成都飞机工业（集团）有限责任公司（简称"航空工业成飞"）历经半个多世纪的风雨砥砺，现已成为我国航空武器装备研制生产主要基地、航空武器装备出口主要基地和民机零部件重要制造商。航空工业成飞肩负着国家高科技战略产业发展和国防力量建设的重要使命，将企业软实力作为变革转型时的稳定剂和加速发展的发动机，通过培育状大软实力促进硬实力的提升，先后研制了歼教-5、歼-7、枭龙、歼-10、云影无人机等系列名机，为祖国蓝天铸就了国防利剑。

近年来，随着大国之间的战略博弈日益复杂激烈，新军事变革加速演进，国家对高新武器装备的发展提出了更高的要求。新一代航空武器装备升级换代的速度也随之加快，呈现出小批量、多状态的特点，产品研制模式从一方主导、两方合作，发展为多方联合，产品研制难度大幅增大，企业的技术研发能力、质量管控能力和组织运营效率都面临着全新的挑战。

挑战的背后往往隐含着机遇，航空工业成飞始终坚持党的领导，紧跟航空工业集团的战略步伐，以创新为驱动，以数字化为手段，通过软实力的发展促进硬实力的提升，将企业软实力作为变革转型时的稳定剂和加速发展时的发动机。聚焦三大主题，持之以恒建设企业软实力：以"航空报国"企业信仰为引领，传承"两个终将"[1] 价值观；以"精品成飞"为目标，关注产

---

[1] 两个终将："祖国终将选择那些忠诚于祖国的人，祖国终将记住那些奉献于祖国的人。"

品过程，追求完美细节，提升品质管控能力；以人力资源为第一资源，推行"人才兴企"战略。

一、弘扬"航空报国"企业信仰，传承"两个终将"价值观，以文化引领提升企业软实力

航空工业是关系国家安全的高科技产业，是国防建设的重要力量。特殊的企业性质决定了航空工业成飞从创立那一刻起，就必须将国家利益置于最高地位，以航空报国作为最高使命。航空报国的征程上没有坦途，也少有鲜花和掌声，这就要求航空人必须耐得住寂寞、舍得去拼搏。近 60 年来，航空工业成飞始终强化党的领导，持续推进党政双向融合，不断完善企业文化体系，丰富企业文化内涵。构建了以"航空报国"为核心，涵盖企业宗旨、理念、精神的企业信仰体系，搭建了以"祖国终将选择那些忠诚于祖国的人，祖国终将记住那些奉献于祖国的人"（以下简称"两个终将"）为代表的企业价值体系。在多型产品研制的艰辛历程中，正是这些融入员工血脉的精神力量，支撑着几代航空人忠诚祖国、献身航空、默默奉献、开拓进取，不断践行着航空报国的神圣使命。

以顶层设计为牵引，推进企业文化建设。航空工业成飞从顶层设计入手，构建了包括信仰层、价值层、诠释层和操作层的完整企业文化构架，结合军工企业自身特点，丰满质量、安全、保密等子文化体系，强化基层特色文化建设，做好班组文化落地，以文化体系为员工搭建精神家园。在顶层设计时，文化建设与企业战略"同设计、同部署、同评估、同考核"；高度重视文化建设，由单位各级一把手作为文化建设的第一责任人；把文化融入管理，在制度的制定与执行中，将文化融入制度，让制度展现文化。以文化引领思想，以精神驱动行为，为企业发展提供强大的软实力保障。

以特色 DPSS[2] 文化平台为抓手，展现企业文化魅力。文化的彰显和引导，需要以平台作为支撑。航空工业成飞持续 14 年开展主题鲜明的"大讨论"，将员工才智与企业发展紧密联系；持续 11 年开展"激情成飞"评选，在企业中传递"激情工作，快乐生活"的正能量（如下图所示）；持续 6 年开展"每周一星"评选，打造"星光大道"，展现奋战在科研生产一线的优秀员工风采；长期坚持讲好"成飞故事"，以情景演绎、漫画故事、微电影等方式多维度讲述航空人自己平凡而不普通的故事，在故事中传递价值理念，许多故事既激励着员工，也在行业和社会范围内广为传颂，让聆听者在故事中感动，在感动中共鸣。长期的坚持和完善，让 DPSS 文化平台营造出员工主动参与、深度认可的浓厚"文化场"。

以载体建设为阵地，传播企业文化理念。综合运用广播、电视、报纸、杂志、手机报、微信、网络等渠道，及时传达企业发展动态，广泛传播文化理念；鼓励基层建设"我的一天""战线上的总装"等特色载体，传播身边感人故事；推出《成飞经典故事》《傲啸长空》报告文学集等出版物，凝固经典瞬间；拍摄《追梦》《惊心 15 小时》等微电影，用新视角展示航空人肩负的责任和使命。以载体为阵地，时刻引导员工深刻理解和认识"两个终将"的含义，牢固树立"航空报国"的崇高信仰。

---

2 DPSS 文化平台中"D"指"大讨论"、"P"指"激情成飞"，"S"指"每周一星"，"S"指"成飞故事"。

二、以"精品成飞"为目标，关注产品过程，追求完美细节，提升品质管控能力

航空工业成飞的主要产品是国家高科技航空武器装备，产品的品质就是航空人的生命线。如何提高与产品品质相关的各项软实力，也成为关乎企业切身利益的重要课题。

为了推出能满足新形势下顾客需求的精品，航空工业成飞将打造"精品成飞"确定为中长期发展的重要目标，提升品质管控能力。围绕质量管控模式的转变，不断优化质量管理体系，推进典型质量问题改进；充分利用数字化手段，提升技术管理和生产管理能力；注重成果转化，强化标准制定能力，完善航空标准化体系。

围绕质量管控模式的转变，不断优化质量管理体系，推进典型质量问题改进。 为实现"精品成飞"目标，提升产品的品质管控能力，航空工业成飞首先把目光聚焦到质量管控模式的转变，推动由原来侧重事后把关为主的质量管控模式向"事前预防、过程控制、源头保证、重点专检"转变，确定了"四强化、一优化"[3]的质量管控原则。通过梳理制造流程、明确控制重点，落实技术、管理、机制和质量责任制等保证措施，控制产品质量形成的重点过程，实现检验人员从把关式检验向质保化检验的转变，同步健全优质优价机制，激励员工自觉主动做好质量工作，保证产品质量提高。

在质量管控模式转变的基础上，以流程化思维不断优化质量管理体系。 按照"过程模式"和"一体化"的构建方法，以"产品实现"为主线，以"业务流程"为基础，充分识别质量管理体系所需的过程和过程之间的相互关系及作用，系统构建过程化、模块化的质量管理体系。开发质量管理信息化平

---

3 四强化、一优化：强化首件鉴定控制、强化关键工序控制、强化特殊过程控制、强化操作者自检能力、优化检验人员工作方式。

台，将文本文件变成显性化的流程管理系统，实现了质量管理体系总体架构的流程化、业务管理活动的分层细化和质量要求的操作规范化。质量管理体系的优化，实现了质量管理要素的关联互动，持续提升管理成熟度和体系运行的有效性，提升了产品品质管理能力。

基于大数据的质量改进模式，推进典型质量问题改进，为解决技术质量问题，实现产品质量的突破式发展，航空工业成飞按照"原始数据清理""数据整理分析""改进内容确定""改进计划制订和跟踪"四步法，首先对产品设计、生产制造、使用过程中暴露出的问题进行清理建档；采用多种质量分析工具，对数以百万计的大量原始数据进行分析，将典型质量问题划分为产品设计、产品制造、质量管理、采购产品四个类别，联合客户代表、设计部门、供应商一起集智攻关，集中解决了一批系统性、重复性的典型问题，从源头上保证了产品质量的提升。

充分利用数字化手段，提升技术管理和生产管理能力。航空工业成飞充分利用数字化手段，以 MBD[4] 为核心，持续推进数字化研制过程与生产管控模式变革；实现 ERP、MES[5]、生产管控中心集成应用，生产管理模式向"流程+数据"转变；借助数字化协同工作等信息化平台全面支撑重点工程，形成了以三维模型为驱动的数字化工艺设计与制造模式，构建了贯穿飞机制造全过程的数字化设计、制造和管理流程，实现了基于多厂所的设计制造并行协同；先后编制发布"基于 EBOM[6] 和三维产品的制造与管理流程""流程控制与协同""制造数据管理"等规范，为研制模式的转变提供支撑。一系列"数字化"重拳出击，技术管理能力、生产管理能力等关乎产品品质的重要软实力得到了稳步提升。

注重成果转化，强化标准制定能力，完善航空标准化体系。完善的标准化体系是产品品质管控的重要保障，而将先进技术成果转化为相关标准的能

---

4 MBD：基于模型的定义。

5 ERP 系统、MES 系统分别指企业资源规划系统和制造执行系统。

6 EBOM：产品设计物料清单。

力，也是衡量工业制造企业实力的一项重要指标。航空工业成飞不仅要做标准的执行者，更要成为标准的制定者，只有注重成果转化，充分发挥创新驱动作用，才能提升企业在行业内乃至国际上的话语权。

航空工业成飞对接中长期科技发展要求，制定了标准化建设专项规划，由总工程师挂帅组建标准化技术委员会，由各专业技术带头人作为各专业标准制定的责任人，构建了完善的标准化体系框架，形成了成熟的标准化制定流程。

航空工业成飞在标准制定的过程中，注重提高标准的操作性、实效性和前瞻性，在满足现行产品需求的基础上，注重为后续产品的研发打下基础。以新研项目为平台，整合提升现行技术标准、以自主知识产权为支撑，将科研课题、技术攻关成果及项目研制经验沉淀转换为标准，近五年来制（修）订企业标准 1661 项，完善提升了企业技术标准体系，参与或主导制定国内外标准 77 项。

其中，"'S 形试件'五轴联动数控铣床加工精度测试规范标准"已成为了我国自主提出并制定的第一项机床行业国际标准！航空标准化体系的不断完善，既为航空科技的发展提供了技术基础，也为产品品质的管控提供了依据和前提，为建设"精品成飞"、提升企业软实力打下了坚实的基础。

下图所示为国际标准化委员会专家到航空工业成飞考察"S 形试件"。

三、弘扬工匠精神，推行"人才兴企"战略，成就崇高事业

2015 年 8 月，喜报从地球另一端——巴西传来，航空工业成飞员工玉海龙带领他的团队代表中国在被誉为"技能界奥林匹克"的第 43 届世界技能大赛中夺得制造团队挑战赛项目的冠军，实现了我国在该项目上金牌零的突破。

世界冠军的获得并非偶然，这是航空工业成飞实施"人才兴企"战略取得的必然成果。

吸引顶尖人才，从事航空事业。航空工业成飞着力打造以"航空报国"为核心的雇主品牌，立足选航空人、选实干家、选创新者，建立了高标准的人才引进体系。确定高校毕业生引进 8 条标准，解决"选什么人"；基于互联网招聘大数据，根据院校、学科、专业排名等维度确定目标院校，解决"到哪里选人"；通过公司高层宣讲、实施校园俱乐部、校企联合科创孵化平台等 13 项宣传策略，解决"吸引哪些人"；严格无领导小组讨论、素质测评等 7 个甄选流程，解决"如何选人"；建立由各单位党政领导、认证面试官、技术专家构成的三支甄选队伍，解决"谁来选人"。近几年，航空工业成飞雇主品牌的知名度、美誉度大幅提升，人才引进质量持续提升。

下图所示为航空工业成飞董事长、党委书记程福波与清华学子现场交流。

畅通职业通道，提升全员能力。航空工业成飞持续推进"长家匠"分离，建立覆盖 8 大领域 37 个系统 148 个一级专业的职岗位体系，为员工提供了多通道的职业发展路径。把培训作为企业核心竞争力生成和人力资本增值的策源地。以"全员能力提升工程"为主线，通过实施新员工职业能力提升"翼计划"、干部领导力提升"充电计划"、技术人才研发能力提升"领军计划"、技能人才绝技绝活提升"巧匠计划"，打造出一支能力素质强、价值创造水平高的职业化人才队伍。现有高级职称（含）以上人员 887 人，省部级（含）以上专家 119 人，涌现出国家"百千万人才工程"入选者帅朝林、世界技能大赛冠军玉海龙、中华技能大奖获得者刘时勇等一批顶尖人才。

给有志者舞台，给实干者荣耀[7]。航空工业成飞倡导"企业领先发展，员工全面进步"，通过组织员工参加职业技能大赛、参与国家重大专项、内部挂职、多岗位锻炼等多种方式，为员工提供成长平台，引导员工为企业发展做贡献，在产品研制中不断成长。选人用人不拘一格，不唯学历、资历、年龄，突出能力业绩，在实践中选人，在赛马中识马，为人才提供施展才华的舞台。为高度弘扬"工匠精神"，传承知识和经验，航空工业成飞成立"玉海龙青年创新工作室""刘时勇劳模创新工作室"等大师/劳模创新工作室，充分发挥高层次人才群体的影响力和创造力。

---

7 给有志者舞台，给实干者荣耀：航空工业成飞企业人才理念。

在多年的探索中，航空工业成飞对培育和提升软实力有如下认识。

（1）软实力的提升对企业发展有着深远影响，要将软实力的建设与硬实力的提升相结合，把能力建设最终聚焦到企业核心目标的达成，不能"为能力而能力"。注重统筹各项软实力之间的关系，做到协同共进、相辅相成。

（2）文化是企业生生不息的动力源泉和思想保障，必须将企业文化建设作为一把手工程来抓，高度重视，深耕细作。企业文化建设贵在传承，重在创新，要做到与时俱进，融入企业运营管理，善于运用载体，注重规范和践行，使企业文化内化于心、外化于行，发挥出强大的精神引领作用。

（3）产品的品质是工业企业的立身之本，是赢得客户长久信赖、谋求企业持续发展的根本所在。企业必须立足行业特点，以提高相关标准的制定能力与执行能力为切入点，严格管控产品全生命周期，精益求精、持续改进，提高与产品品质相关的技术实力和管理水平。

（4）人才是企业的第一资源，是企业发展的根本落脚点。人力资源开发管理应该以价值创造为导向，尊重人力资本属性，培育契合企业特点的人才文化，大力弘扬"工匠精神"，着力提高人才队伍的职业化水平，不断激发人才创新活力，持续提高全员价值创造能力，促进员工全面进步，助推企业领先发展。

中信重工

传承焦裕禄精神　引领企业创新发展

导读： 中信重工机械股份有限公司（以下简称"中信重工"）原名洛阳矿山机器厂，是国家"一五"期间兴建的 156 项重点工程之一。1993 年并入中国中信集团公司，更名为中信重型机械公司。2008 年元月，改制成立中信重工机械股份有限公司。中信重工将焦裕禄在洛阳矿山机器厂期间的精神凝练为五种精神，并加以传承和发扬。

历经 60 年的建设与发展，中信重工已经发展成为中国最大的重型装备企业之一，国家级创新型企业和高新技术企业，国家级企业"双创"示范基地，2016 年荣获中国工业大奖，被誉为"中国工业的脊梁，重大装备的摇篮"。

　　一个企业的产品有两种，一种是物质产品，另一种是精神产品。物质产品可以丰富人们的物质文化生活需要，而精神产品则是丰富人们的精神世界。中信重工 60 年来的风雨历程，孕育形成了弥足珍贵的"焦裕禄精神"。"焦裕禄精神"在这块热土上传承、弘扬、升华，引领企业不断创新发展。

一、"焦裕禄精神"形成在洛矿

　　1953 年 6 月，31 岁的焦裕禄从共青团郑州地委第二书记任上被组织派到洛阳矿山机器厂（以下简称"洛矿"）参加工业建设，担任筹建处资料办公室秘书组副组长，后任工程管理科副科长，担任修筑洛阳火车站通往厂区临时公路的总指挥。

1954 年 8 月，洛矿厂党委派焦裕禄到哈尔滨工业大学工农速成班学习。1955 年 12 月，焦裕禄满载学习成果，回厂担任一金工车间主任。

1958 年 4 月，焦裕禄带领职工经过两个月的奋战，成功制造出新中国第一台新型 2.5 米双筒提升机，填补了我国矿山机械生产史上的一项空白，缓解了我国矿山采掘提升矿石和煤炭的燃眉之急。

在制造我国第一台 2.5 米双筒提升机的日日夜夜，焦裕禄始终和工人们奋战在一起，一件破棉大衣，陪他在一条光板凳上度过了 50 多个夜晚。他天天笑呵呵地提着大茶壶，挨个给工人师傅倒水喝。自己经常一个干馍、一杯白开水，就算吃了一顿饭。为了突破中间齿轮的剃齿关，他和老工人一起干了两天两夜。工人们看他胃病发作，脸色蜡黄，恳求他坐在凳子上休息，焦裕禄爽朗地说："不要紧，我顶得住。屁股和板凳结合得多了，腿就会软，人就会懒，就会和工人疏远了。"

1962 年 6 月，40 岁的焦裕禄调离洛矿，被中共河南省委派往尉氏县任县委副书记。同年 12 月 6 日，调任兰考县委第二书记、书记。焦裕禄在兰考带领干部群众战天斗地，1964 年 5 月 14 日病逝于郑州。

1966 年 2 月 11 日，洛矿 3000 多名职工集会，隆重召开"向毛主席的好学生焦裕禄同志学习"大会。厂党委发出通知，号召全体党员和全厂职工学习焦裕禄同志彻底的为人民服务的崇高精神。

1993 年，洛矿并入中信集团，更名为中信重型机械公司，后改制成立中信重工机械股份有限公司。

时值 2005 年，全党开展保持共产党员先进性教育活动，中信重工党委作出决定，在厂区内塑造焦裕禄铜像，充实焦裕禄事迹展览室，将厂区中央大道命名为"焦裕禄大道"。

2008 年，中信重工将焦裕禄在洛矿期间的精神凝练为五种精神：事业为重、以厂为家、忘我工作、顽强拼搏的精神；率先垂范、清正廉洁、艰苦创业、无私奉献的精神；深入基层、求真务实、知难而进、实干兴业的精神；以人为本、联系群众、同甘共苦、执政为民的精神；勤奋学习、勇于开拓、生命不息、奋斗不止的精神，并把焦裕禄精神确定为中信重工的企业精神。

2009 年 3 月 31 日，时任中共中央政治局常委、中央书记处书记、国家副主席习近平视察中信重工，瞻仰了焦裕禄铜像，参观了焦裕禄事迹展室。习近平同志深情地说："焦裕禄精神孕育形成在洛矿，弘扬光大在兰考，我们这代人都是在焦裕禄精神影响下成长的。"

2009 年 5 月 21 日，河南省焦裕禄事迹宣讲团成员到中信重工参观，追寻焦裕禄足迹。焦裕禄的女儿焦守云动情地说："父亲焦裕禄在洛阳矿山机器厂工作了 9 年，他的精神正是这 9 年积累和锻炼形成的。"

中信重工焦裕禄大道

二、焦裕禄精神的传承和弘扬

焦裕禄同志已经离开洛矿 50 多年了，但他的公仆情怀、求实作风、奋斗精神、道德情操，跨越时空，历久弥新，催人自省，给人力量，正像焦裕禄大道上郁郁葱葱的梧桐，已深深扎根于中信重工这片沃土，融入企业的血脉，薪火相传，成为一代又一代洛矿人、中信重工人推进企业发展的精神源泉。

20 世纪 60 年代，刘玉华带领 21 名车间女工组成姑娘组，以焦裕禄为楷模，开展劳动竞赛，搞技术革新，提合理化建议，使生产效率成倍增长，成为闻名全国的"刘玉华姑娘组"。

只上过 5 年学的管道工孙富熙，靠着坚韧，自学了中专和业余大学的全部课程，不但练就了过硬的管道修理技术，还和工友取得 30 多项技术革新成果，发明了当时具有国内外先进水平的"煤气平焰烧嘴"，1979 年被评为全国劳动模范。

被誉为公司"刀具大王"张邦栋，1986 年获得全国"五一"劳动奖章。他毕生潜心钻研齿轮刀具，用技术进步推进企业发展，诠释了一代知识分子对"焦裕禄精神"的理解与坚守。他至今仍退而不休，坚守在厂里，痴迷于刀具革命。

20 世纪 90 年代，"全国劳动模范"、洛矿铸铁厂天车工曲绍惠和她的姐妹们传承"焦裕禄精神"，自发组成业余拣钉子小组，在"苦、热、脏、累、险"的环境下，十年如一日，从旧砂中拣回再利用钉子 10 万斤。"万斤钉"精神成为中信重工人传承、弘扬"焦裕禄精神"的又一面旗帜。

2004 年以来，中信重工人以"焦裕禄精神"为动力，卧薪尝胆、励精图治、艰苦奋斗、开拓创新，强力打造新重工，开始了艰难的二次创业。公司领导班子集体制定了班子守则、五条纪律、十条规定。班子成员每天深入一线，与员工一起艰苦奋战，员工每天都能在生产现场看到干部的身影。

基于打造具有核心竞争力的世界级重型装备企业的愿景，中信重工建成了包括重型冶铸工部、重型锻造工部、重型热处理工部、重型机加工部、重型磨机工部、重铸铁业工部六大工部在内的高端重型装备制造工艺体系，达到全球先进装备制造业的高端配置，跻身国内外同行业第一梯队，构筑了未来发展的竞争优势。

在二次创业过程中，中信重工始终将"焦裕禄精神"作为引领企业发展的旗帜，一代人的辛勤付出，将中信重工打造为主业突出、主体精干、规模和效益国内同行业领先、具有活力和创造力的中国 A 股上市公司。

"新时期工业战线上的焦裕禄"——杨奎烈，就是一代中信重工人的典型代表，他用生命履历践行了对"焦裕禄精神"的传承和弘扬。

从小受到"焦裕禄精神"熏陶的杨奎烈，以焦裕禄为人生的楷模，理想信念坚定，工作勤勉敬业，始终奋战在生产经营的第一线，把全部心血和汗水都倾注到了公司能源保障事业上。

尤其是担任能源供应公司经理、党委书记以来，杨奎烈以常人难以想象的毅力带领员工为"新重机"工程早日建成而忘我拼搏，三次病倒在工作岗位上。被诊断为肝癌晚期后，他仍心系工作，为中信重工事业鞠躬尽瘁，直到生命的最后一刻。

在中信重工出现杨奎烈实非偶然，他有着明显的"焦裕禄精神"烙印——同是在洛矿工作，同是身患肝癌，同是累倒在自己的工作岗位上，同是"心里装着职工、唯独没有他自己"。

2012年3月9日，杨奎烈去世以后，短短半年时间内，从河洛大地、中原大地到神州大地，杨奎烈精神及其先进事迹迅速走向全国。2013年，杨奎烈被中央确定为党的群众路线教育实践活动先进典型。

三、"焦裕禄精神"引领创新发展

随着国家去产能、去库存进程的不断推进，社会固定资产投资收缩，中信重工服务的钢铁、煤炭、建材、矿山等传统行业产能过剩矛盾突出，市场形势严峻。

装备制造业的扩张导致制造业本身存在严重产能过剩，一方面制造业不断扩张产能；另一方面，煤炭、钢铁等领域的企业在产业链延伸中纷纷介入重机行业，其中不少还是央企，尽管这本身属于商业行为，但客观上也造成了重复投资，加剧了产业内的竞争。更为严峻的是，中信重工这样充分参与国际竞争的装备制造企业，面临着发达国家和新兴经济体的双重挤压。

但对于有责任、有担当、富于改革和创新意识的企业来说，压力就是动力，危机同样也是企业实施产业升级、实现动能转换的良好时机。

1）向改革要活力

中信重工坚持"战略引领、创新驱动、价值提升"的发展思路，将深化国有企业改革与国家"双创"示范基地建设、推进企业产业升级和转型发展紧密结合，深化人事制度改革，逐步、逐项推进组织管控模式优化、薪酬激励机制优化、绩效管理体系优化等 5 个方面组织管控与人力资源体系改革；深化生产经营领域和管理领域改革，探索由系统分工向"板块分工+职能管理"的转变，努力将国有企业的传统优势、国际化企业的创新活力、民营企业的激励机制融合成独特的自身优势，激发体制活力和内生动力，有效突破当前的发展瓶颈。

2）向创新要动力

不求所有，但为所用。中信重工以建设国家"双创"示范基地和先进矿山装备国家专业化众创空间为契机，以开放的胸怀开门办企业，按照"专业化生产、社会化协作、全球化配套"的发展思路，紧紧围绕人才、技术、资本等各类创新要素的高效配置和有效集成目标，积极探索与"双创"相适应的管理体制与激励机制。

更为重要的是，通过全员讨论、全员行动，中信重工依托自身优势，确立了"由重型装备制造企业向集多板块业务于一体的现代装备制造企业转变、由传统动能向传统动能+新动能'两轮'驱动转变、由产品经营向产业经营转变、由重资产线性增长向轻资产经营转变"的创新发展思路，重新梳理出了"5+1"的战略产业板块，形成了"核心制造+综合服务商"的新型商业模式，明确了实现产业升级的三条发展路径。

第一条路径：以"互联网+"等新技术、新业态，全面改造提升传统产业，助力传统产业实现智能升级、实现"绿色突围"。

中信重工认为，"去产能"不等于"灭产能"。特别是国际金融危机后，全球制造业重塑发展理念、调整失衡结构、重构竞争优势，正是中国装备制造企业实现"弯道"超车的最好时机。国内装备制造业必须通过改革创新，从绿色制造、智能制造和服务型制造中寻求突破，加快技术创新、产业升级步伐，以形成全新的、综合的、全产业链和全服务流程的独特竞争优势。

2016 年，中信重工牵头承担的国家重点研发项目煤炭清洁高效利用和新型节能技术，带动 12 家科研院所、高校、企业共同参与。2017 年伊始，中信重工即与河南龙成集团、兖煤蓝天清洁能源有限公司签订煤清洁项目合同，成功实现了从提供单一产品服务"挖煤"到可提供煤炭清洁高效利用综合解决方案的转变。

中信重工联合国内外 20 多所高校、30 多家科研院所以及数十家矿业巨头实施的高端矿山重型装备技术创新工程，引领行业技术潮流，开发的矿物磨机荣登中国制造业单项冠军宝座；中信重工首创的"电厂脱硫石膏脱水专用 GPYT 系列过滤机"交付华能洛阳热电，五大系列盘式过滤机产业化迈出新步伐。辊压机原料终粉磨技术赢得水泥行业瞩目，加快了水泥行业节能改造技术的推广应用；首台 CSM-250 立式搅拌磨在云锡集团羊坝底选厂成功投用，受到业内追捧。

客户的肯定、市场的认可，愈发坚定了中信重工走传统产业"绿色制造、绿色突围"的发展之路。

第二条路径：围绕国家政策和需求，打造机器人及智能装备产业、节能环保产业、新能源动力产业和军工产业，形成企业发展的新动能、新优势，实现传统动能和新动能的"两轮"驱动。

经济新常态，是世界经济长周期和我国经济发展阶段性特征相互作用的一种必然趋势。中信重工研判后认为，新经济取代旧经济成为增长动力，已是不可逆转的大势。作为有国家责任和行业担当的大型国有企业，就要重点研究如何通过技术改造、技术升级、节能减排、低碳效应等，在服务国家重大项目建设、打造中国制造金字招牌的同时，实现企业自身的产业升级和新旧动能转换。

面对机器人产业持续向工业规模化应用、医疗健康、定制化服务等多点扩散的火热局面，中信重工凭借多年对复杂和高危环境的全面理解和深厚积淀，通过并购唐山开诚，进入基于特殊工况和高危环境的特种机器人产业，以独特的技术优势寻求机器人市场的差异化发展之路。目前，消防灭火侦察机器人、防爆消防灭火侦察机器人、军工机器人等系列研发快速推进，市场呈现爆发式增长，在手订单已突破 1700 多台。

在产业布局上，中信重工创新推出"研发试验基地+产业化及销售服务区域中心"运营模式，联合地方政府，采取政府引导、企业参与，共建安全绿色城市的合作方式，先后布局江苏徐州、山东东营、浙江余姚、江西共青城、内蒙古鄂尔多斯，实现了产品、产业双落地；在研发上，坚持自主创新、协同创新相结合，在自主研发消防机器人基础上，与科大讯飞洛阳语音云创新研究院合作研制出我国首款声控消防机器人，与中科院自动化所等合作开展特殊环境高适应性机器人设计等关键技术研究，与清华大学、深圳固高、太极计算机等联合建设特种机器人制造的智能化工厂。

中信重工国家级企业技术中心

在一系列机制体制、融资模式和运营模式的创新驱动下，中信重工目前已形成了总部、唐山两大机器人产业基地，具备年产 2000 多台特种机器人的生产能力；推出了五大平台、20 多种机器人产品，广泛应用于消防、市政排水管网巡查、高电压等级变电站、井工非煤矿山、井工煤矿等多种高危和特殊环境；中信重工"特种机器人制造智能化工厂"项目获国家立项，"中信重工特种消防机器人关键技术及产业化"项目被列为河南省 2016 年重大科技专项，以特种机器人为代表的新动能产业板块持续发力，给中信重工的后续发展提供了强力支撑。

第三条路径：践行国家"一带一路"战略，以优势产业、优势产品输出优势产能，向国际化要产业升级的更大平台、更大纵深和更大空间。

"一带一路"市场热度持续升温，中国大国外交战略成效凸显。在"一带一路"建设的大背景下，加快实施"走出去"战略，让国内优势产业向"一带一路"国家和地区、向新兴经济体转移，已成为转移国内过剩产能的最有效途径。

中信重工作为较早走出国门求发展的企业，主动置身于全球竞争和全球资源配置的大环境中，以国际化发展和国际化服务作为产业升级的"试金石"，建立起了国际化的设计、制造、服务、实验、技术标准及规范，完成了研发、制造、营销、服务等全流程的国际化布局，成为了国家"一带一路"战略最有力、最坚定的践行者。

在国际市场上，中信重工凭借"核心制造+综合服务商"的新型商业模式，以及过硬的品质、优质的服务、良好的品牌形象，在矿山、建材等优势产业领域持续发力，逐步成长为具有世界竞争力的成套供应商和综合服务商，不断从价值链的低端迈向高端；以优势产能、技术、资本、装备、管理等要素，积极参与国家"一带一路"战略、致力于国际化发展，取得了一系列亮眼的成绩单。

特大型矿山粉磨设备成为国际知名品牌

近日，巴基斯坦先锋水泥公司 12MW 余热发电 EP 项目顺利投产，创造了中方项目在巴基斯坦市场最短周期纪录。2017 年 3 月 24 日的央视《新闻联播》和 3 月 25 日的央视《新闻直播间》栏目，对中信重工总包的巴基斯坦先锋水泥余热发电项目进行了突出报道。

这一项目，在巴基斯坦市场树立起了中信重工的良好品牌和口碑，带来了巨大的示范效应。2017 年 1 月，中信重工又成功签订了巴基斯坦飞翔水泥公司日产 7000 吨熟料生产线及配套 12 兆瓦余热发电 EP 成套项目；中标巴基斯坦 Askari 水泥公司日产 2700 吨水泥生产线改造 EPC 总包项目合同……

与此同时，中信重工总包的缅甸 MCL 项目日产 5000 吨水泥生产线顺利投产，成为其在"一带一路"沿线总包项目的新标杆；备受瞩目的柬埔寨 CMIC 日产 5000 吨水泥生产线总包工程正加快施工，中信重工和业主方紧密配合、互相支持，致力于将其打成造柬埔寨最先进、最节能、最环保的示范性水泥生产线……

目前，中信重工的产品和服务，已覆盖"一带一路"沿线 30 多个国家和地区。2016 年 12 月，中信重工荣获国家海关总署"AEO 高级认证企业"资质。

围绕产业升级进行改革创新，以改革创新促进产业升级，中信重工正逐步形成战略导向清晰、创新能力突出、管控模式有效、业务布局优化、发展质量和效益显著提升的良好局面；以产业升级引导产业创新，以产业创新支撑产业升级，中信重工已初步形成了线上线下、企内企外、国内国外开放创新、协同创新、集成创新的新局面，形成了新动能、传统动能"两轮"驱动，国内市场、国际市场齐头并进的发展新态势。

中信重工将充分利用一切可利用、可调配的资源，打造"核心制造+综合服务商"新型商业模式，加紧构建集传统动能、新动能于一体的现代产业体系，不断增强企业的核心竞争力，致力于将中信重工打造成为具有国际竞争力的现代装备制造企业和具有投资价值的上市公司。

上汽集团

以创新文化助推"汽车强国梦"

导读： 上海汽车集团股份有限公司（以下简称"上汽集团"）是中国最大的汽车集团、《财富》杂志世界 500 强企业前 50 强，同时也是目前国内 A 股市场最大的整车上市公司。伴随着上海汽车工业的孕育形成，上汽集团坚持解放思想、勇于创新，抓住改革开放、产业发展和全球化机遇，快速成长，实现了跨越式的发展。从合资合作、国产化到收购兼并、跨地经营，再到创建自主品牌、整体上市，一路走来，上汽集团始终坚持文化建设与发展阶段相适应，与战略规划相衔接，与经营管理相融合，形成了与时俱进的文化理念。

当前汽车行业的产业环境和市场格局正在发生深刻变化。国内汽车市场将从过去多年的持续快速增长期开始转向稳定增长期，消费者需求正在发生深刻变化，世界汽车工业出现了"互联互通、新能源、智能化、新材料、共享经济"等发展浪潮，上汽集团与跨国汽车巨头的差距虽然在不断缩小，但在核心竞争能力、国际经营能力等方面还有相当差距。

面对新形势、新挑战，上汽集团于 2014 年明确了未来战略定位：成为全球布局、跨国经营，具有国际竞争力和品牌影响力的世界著名汽车公司。未来的转型方向：从主要依赖制造业的传统企业，向为消费者提供全方位产品和服务的综合供应商加速转变。

明确了战略定位和转型方向后，上汽集团深刻认识到，要加快转型，关键在于能否注入创新基因，而创新基因必须厚植于企业文化的土壤，才能保持长久旺盛的生命力。在主要领导的带头倡导下，在广大干部职工的广泛参与下，上汽集团对企业文化进行了新一轮的培育和塑造，确立了以创新为核心的企业文化理念。

愿景 VISION　使命 MISSION　价值观 CORE VALUES

倾力打造富有
创新精神的世界著名汽车公司，
引领未来汽车生活。

Build an innovative,
globally-recognized company
that pioneers the automotive future.

坚持市场导向，
依靠优秀的员工队伍，
持续创新产品和服务，
为各相关方创造价值。

Create value for our stakeholders
through a market-driven strategy,
an outstanding workforce and continuous
innovation of our products and services.

诚信、责任、合作、
创新、进取、梦想。

Integrity, Responsibility and Collaboration
Innovation, Enterprise and Aspiration

上汽集团 SAIC MOTOR

一、坚持"大道至简"的基本认识，重塑企业文化核心理念

2014 年 5 月，习近平总书记视察上汽技术中心，勉励上汽集团自主创新要"加大研发力度，认真研究市场，用活用好政策，开发适应各种需求的产品"。2015 年，党的十八届五中全会提出"创新、协调、绿色、开放、共享"五大发展理念，明确了创新发展是"十三五"时期经济结构实现战略性调整的关键驱动因素，是实现"五位一体"总体布局下全面发展的根本支撑和关键动力。

围绕上海科创中心建设和上海市委对上汽集团提出的"打好头阵、当好排头"的要求，上汽集团认识到，面向未来，只有依靠全面创新、持续创新，传统汽车业才能从激烈的市场竞争中杀开血路、突出重围，才能牢牢把握竞争格局的变化，适应新形势、争创新优势。

通过一连串的思考、调研和讨论，上汽集团广大干部员工进一步意识到：创新发展，源于思想解放；创新行动，首先体现在人的观念创新上。要让20

余万以青年人为主体的上汽集团员工同心同德、共同推进创新转型升级战略，关键要在顶层设计上注入创新基因，引领上汽集团未来发展。

在前期思考酝酿、调查研究的基础上，上汽集团于2015年上半年启动了上汽文化的重塑工作。集团聘请了外部咨询机构，与有关部门组成联合工作组，梳理了大量内外部有关材料，既结合上汽集团的历史传承，又虚心借鉴他人的宝贵经验。同时，集团领导和工作组还与部分基层企业、总部相关部门，以及一些年轻员工进行交流，认真听取各方面的意见与建议。

经过几个月的集思广益、反复推敲，上汽集团用"创新"统领上汽集团愿景、使命、价值观的重塑，形成新的企业文化理念体系。上汽集团的愿景是，倾力打造富有创新精神的世界著名汽车公司，引领未来汽车生活；上汽集团的使命是，坚持市场导向，依靠优秀的员工队伍，持续创新产品和服务，为各相关方创造价值；上汽集团的价值观是，诚信、责任、合作、创新、进取、梦想。精练的文字表述充分体现了"大道至简"的基本要求，"创新"成为上汽集团企业文化体系的核心关键词，企业文化也成为了凝聚广大员工思想共识、助推上汽集团创新转型的原动力，向社会公众传达了上汽集团在创新转型方面的决心和信心。

二、坚持"知易行难"的基本判断，强化企业文化认知认同

理念是行动的先导，文化理念是发展思路、发展方向、发展着力点的集中体现。上汽集团下属公司中既有合资企业，又有国有企业；从事的既有传统的整车制造、零部件业务，又有新兴的服务贸易、金融业务；既有沪内企业，又有沪外企业，20多万名员工分布在不同业务板块、不同工作地域、不同年龄层次，要真正发挥新愿景、使命、价值观统一思想、凝聚共识、鼓舞人心、凝聚力量的作用，首当其冲就是要引导广大员工认知、认同，真正将上汽文化内化于心。

为此，上汽集团制订了企业文化建设"十三五"规划，要求各单位在践

行上汽文化的过程中处理好三个方面的关系，一是把集团新的文化与各单位传统文化有机接续起来，处理好"上下关系"；二是把集团新的文化与企业的经营管理活动有机结合起来，处理好"形神关系"；三是把中方和外方母公司的企业文化有机融合起来，处理好"中外关系"。

在集团层面，上汽持续开展了员工满意度调研，沪内外2万余名员工参加，通过加强服务型党组织建设，开展针对性的实事项目，员工有了更多获得感，满意度稳步提高，对集团未来发展的战略定位、转型方向的认同度不断提升；同时，通过展板上墙、文化培训、媒体宣传等方式，进一步提升文化理念的知晓度，明确了"爱上汽车、畅行天下"的品牌口号。

在企业层面，上海通用、上海大众先后更名为上汽通用、上汽大众，进一步强化了集团意识。在干部层面，先后有20多家企业党政干部在《上海汽车报》上发表了关于创新的署名文章，畅谈对创新的认识和实践。在员工层面，广泛开展"微创新"活动，涌现出以"创新36计"为代表的一系列创新实践案例，营造出参与创新、崇尚创新的浓厚氛围。

三、坚持"知行合一"的基本遵循，推动企业文化落地落实

企业文化要落地，关键是要"知行合一"。在加强文化理念宣贯的同时，上汽集团注重加强顶层设计，把新的文化理念落实到集团创新发展战略上，做到"有抓手、有载体、有项目"。

在深入推进改革方面，上汽集团形成了"容错"机制，对前瞻技术、业务模式、海外经营等方面的一些创新项目，只要尽心尽力履职，即使项目未能达标、甚至失败，在审计、考核等方面不作负面评价。目前，容错机制已经纳入上汽集团的公司章程，这在国内上市企业中还是唯一的。在创新模式中引入容错机制，在很大程度上解决了创新团队成员的后顾之忧，从根本上颠覆了传统机制的"老路"，走出了一条更具灵活性、效率性的改革之路，

为鼓励员工创新、营造创新氛围提供了强有力的保障。

同时，上汽集团还启动了"种子基金"计划，允许员工利用非脱产时间和公司设施进行创新研究。对有价值的项目可转入产品开发，并给予奖励，甚至孵化创新公司；验证无效的"种子"项目，纳入容错机制。2015年，上汽集团首期投入1亿元资金，建立并运转"种子基金"创新实践平台，专门培育、扶持员工的创新实践。通过两年的运行，种子基金探索出了"内部转化、对外转让、创新创业"等多元化转化方式。除了创业模式以外，85%的"种子"在本企业内部就能落地，或在集团旗下的兄弟单位进行转化，集团将根据经济效益的30%~50%对创意团队进行奖励。截至2016年，共有近2300名员工参与，提交近500项创意项目，涉及新能源、电子电器、智能交通等10多个领域。已有99个"种子"获得首笔5万元资金支持；其中，23个种子进入培育阶段，每个获得50万元的追加投入。创意重点聚焦在集团层面上的技术创新和产品创新，今后将逐步拓展至模式创新、业态创新、管理创新等领域。

下图所示为2016年12月1日，上汽集团种子基金001号项目创业团队"破土发芽"——上海崴岚新能源汽车科技有限公司正式揭牌成立。

在技术创新方面，上汽集团明确了"电动化、网联化、智能化、共享化"创新发展方向，有序推进重大创新项目。近几年，上汽集团先后推出了荣威e50纯电动、e550、e950插电强混等新能源汽车产品；与阿里巴巴集团携手

打造了全球首款互联网汽车荣威 RX5（如下图所示），2016 年 7 月上市以来销售火爆，不到半年订单就突破 12 万辆，成为中国品牌 SUV"增速王"，荣威 i6、名爵 ZS 等第二代互联网汽车产品也已经乘势推出；在广受热议的无人驾驶汽车方面，上汽集团的 iGS 智能驾驶汽车已经上路测试 1 万多公里，并在中国工博会上获得创新金奖。

在创新人才培养方面，上汽集团为下属所有企业的工程师创造了一个开放的交流平台——上汽"工程师创新之家"。自 2015 年 12 月成立以来，"创新之家"共举办活动 60 多场次，每周约 1.5 场，参加人数逾 1800 人次，进一步营造了良好的创新环境，增强了创新活力。通过"创新之家"这个平台，对集团现有的创新交流活动进行了有效整合，将原本分散的创新交流活动系统化地集中在一起，使之成为一个非决策会议制的技术交流平台，切实发挥了技术决策的参谋作用。此外，"创新之家"还主动跨界，对接需求变化与新兴技术研究，跨界研究传统汽车技术与新兴技术的接合，探讨未来产品的差异化优势。前瞻技术研究、新能源汽车、互联网技术、大数据与人工智能等已成为"创新之家"讨论的新热点。为进一步拓展"创新之家"在全行业的影响力，上汽集团技术管理部还积极推广"创新之家"工作经验，同"上汽思客平台"和"技师创新之家"做分享和交流；牵头组织策划"上汽集团技术日"活动，这也成为上汽集团的年度技术盛事，为研发人员搭建了更好的交流和展示平台，全面营造上汽集团的"硅谷"氛围。

　　此外，上汽集团还在美国硅谷建立了加州技术中心，以前瞻科技为突破口，形成"技术与资本"相结合的"差异化"前瞻技术研究模式；围绕新能源、新材料、智能互联等技术方向，为上汽集团实施创新战略提供前沿技术和人才储备。

　　在汽车后市场领域，上汽集团加快拓展汽车电商、分时租赁、充电桩、互联网金融等业务，形成了集团统筹协调、板块联动创新的生态圈布局。

　　在"汽车强国梦"的感召下，在创新文化的引领下，上汽集团的技术创新、体制机制改革全力推进，创新增长的内在动力持续增强，广大干部员工凝心聚力、锐意进取，助推上汽集团取得了令人瞩目的成绩单。2016年，上汽集团整车销量突破648万辆，连续11年位居全国汽车销量第一；第12次进入世界企业500强排行榜，跃居第46位，也是第一家进入《财富》杂志世界前50强的中国汽车企业，继续保持国内市场的领先优势。

　　坚持培育与发展战略相适应的文化理念，上汽集团还有大量工作要做，随着创新的理念在企业文化中落地生根发芽，上汽人相信，当创新成为企业的内生文化，必将在更大范围、更高层次激发出更多潜能与活力。正如习近平总书记指出的，创新是引领发展的第一动力，抓创新就是抓发展，谋创新就是谋未来。上汽人坚信，根植于自己心中的文化力量，必将汇聚起强大的创新洪流，奔向通往世界著名汽车公司的彼岸。

陕鼓

从产品经营向品牌经营转变

导读： 陕西鼓风机（集团）有限公司（以下简称"陕鼓"）坐落于"一带一路"的起点——西安，是中国工业企业的排头兵，也是分布式能源领域的系统解决方案商、系统服务商和系统集成商。近年来，陕鼓创新商业运行模式，转变经济增长方式，聚焦核心技术，放弃低附加值业务，系统推进"品牌战略、品牌经营、品牌管理"三位一体的品牌经营行动，企业运营质量得到明显提升，为进一步做强做大奠定了坚实基础。

作为分布式能源领域的系统解决方案商、系统服务商和系统集成商，通过多年来持续的深化转型，陕鼓的系统解决方案和系统服务已覆盖"能量转换设备制造、工业服务、能源基础设施运营"三大业务板块（如下图所示），支撑着石油、化工、冶金、空分、电力（包括核电）、城建（地铁）、环保、制药等国民经济支柱及城镇化建设产业的发展。陕鼓先后六次荣获国家科学技术进步奖，被评为"在振兴装备制造业工作中做出重要贡献"的单位，并获得"中国工业大奖""全国五一劳动奖状""全国质量奖""中国质量奖提名奖"、国家首批"工业品牌培育示范企业"等荣誉，连续 11 年入选中国工业企业行业排头兵。

在发展过程中，陕鼓把脉市场趋势，2005 年，根据国内、国际及行业市场发展趋势变化，陕鼓提出了"两个转变"的企业发展战略，即从单一产品制造商向分布式能源领域系统解决方案提供商和服务商转变；从产品经营向客户经营、品牌经营和资本运营转变。通过"同心圆"放大，率先打造制造服务业，取得了积极的发展成效。"十二五"期间，陕鼓主要经济指标尤其是盈利能力相对"十一五"取得了较大幅度的增长，其中人均指标已超过国际同行企业，服务和运营板块订货占到总订货量的 55.7%。企业抗风险能力得到了加强，获得稳定的、可预见的现金流和收益。

近年来，中国经济从高速增长步入中高速增长，在经济结构不断调整、市场变化加剧的"新常态"下，陕鼓呼应国家"一带一路"和"中国制造2025"战略规划，直面挑战，在持续深化企业"两个转变"的战略转型中，创新思维、深化变革、主动作为。其中，结合战略转型发展，陕鼓大力推动品牌经营与管理工作，系统推进"品牌战略、品牌经营、品牌管理"三位一体的品牌经营行动，显著提升了企业的品牌影响力，推动了企业转型升级快速发展。

一、以"两个转变"为指引，全面设计品牌战略规划

在"两个转变"战略指引下，结合企业战略布局，陕鼓全面进行品牌战略规划，确立了"智慧的分布式能源系统方案解决专家"的品牌定位，将"解决问题、创造价值"作为陕鼓品牌的核心价值观，并通过提升产品品质、服务品质、人才品质等品牌内涵，坚持绿色环保的品牌核心价值元素，努力打

造"有能力、有活力、可信赖的分布式能源系统解决方案专家"形象。品牌战略规划体系的确立和有效落地，使陕鼓走上了"产品经营向品牌经营转变"的品牌塑造之路。

二、关注市场变化，开展品牌经营，打造符合客户需求的产品品牌内涵

产品是企业与客户之间的纽带。只有提供符合用户需求、满足用户要求的产品，企业才能立足于市场。

近年来，陕鼓深入研究市场环境变化，认为当前是全球新一轮产业布局难得的黄金机遇期，随着互联网思维和信息化的发展，传统产能全面过剩，"硬件"制造越来越不值钱，未来单一功能的硬件制造可能趋于消亡，"喝牛奶的人不再养奶牛"，专业化服务的趋势更加明显，而且从工业领域拓展到了市政等民用领域。用户需求从传统的单一、同质化需求向更为先进和灵活的系统化、个性化需求转变，这种转变已经成为工业流程行业"新常态"。

（一）产品的智能化研究

围绕客户的需求，陕鼓组建专业团队展开智能化产品研究，把装备的研发和工艺流程的研发、整个系统的研发结合起来，形成解决问题的系统方案，最终的目标是保证产品满足客户最关注的问题，即自动化程度高、系统能效优化、运行安全环保等。

陕鼓不再只提供单一硬件，而是提供"硬件+软件"，构建系统解决方案，形成"专业化+一体化"的差异化核心竞争能力。在专业化方面，梳理分布式能源关键单点技术，开展超临界二氧化碳技术、一体化机技术、热解技术研发；梳理组合和集成技术，开展能量平衡技术研发。在一体化方面，形成"能源互联岛"和"商务+金融"的解决方案。

（二）陕鼓"能源互联岛"解决思路和方案

在推进能源供给侧改革方面，针对分布式能源领域的巨大需求，经过长时间的技术和商业模式研发，陕鼓形成园区"能源互联岛"的解决思路和方案，因地制宜，用量体裁衣的方式将城镇区域等园区内的冷、热、电、风、水、废等统一规划和管理，推进能源消费本地化。在产业规划的基础上，结合空间规划及开发，通过能源规划及综合利用，将水资源、传统能源、可再生能源、工业余能、污水热源相结合，合理布置，集中管理，充分利用当地的太阳能、风能、地热能、生物质能等可再生清洁能源。实现能源的转换利用综合平衡，系统优化叠加、能量梯级利用、资源互为物料。通过自动化及信息化技术的运用，使系统内的水、热、电、气、冷、固废等单种物料之间互为资源，为用户（居民、企业）提供从供给端能源（供水、暖、冷、电、燃气、工业气体、蒸汽）到排放端（污水、垃圾等）全生命周期一体化综合解决方案，如下图所示。

陕鼓"能源互联岛"解决方案适用于工业流程领域、城镇化和智慧城市等领域，目标是实现土地集约、功能集约、设备集约、运营集约。从土地利用角度来说，原来每个单一方案都需要一块土地，现在只需要一块土地；从功能角度来说，水、热等资源在系统内得到了高效利用；从设备角度来说，很多功能都可以集成到一套系统；从运营角度来说，现在只需要一套运营体

系，而且实现了少人值守和无人值守。

（三）落实产品和服务精品质量战略

在战略层面，陕鼓提出了以"产品质量、服务质量及流程质量"为基础的三大基石质量战略，推行实施"铁面文化、落实文化、改进文化、客户文化和工匠文化"为核心的质量文化。在实践层面，陕鼓坚持精益求精的"工匠精神"，开展"零缺陷"工程，确保主要产品的一次交检合格率达到100%。在落实"零缺陷"项目过程中，陕鼓对实施效果良好的项目进行重奖。同时，还延伸管理触角，将"主导产品'零缺陷'工程"辐射到工程成套、工业服务、能源基础设施运营等业务领域，目前已完成了12批共442个项目，有效提升了产品品质。在服务层面，为了打造陕鼓品牌，从2005年开始，陕鼓开展感恩回馈客户活动，在我国重大装备行业首家推出缺陷产品召回制度，利用已经成熟的专有技术，对早期研制的首台首套缺陷设备实行召回，免费进行技术升级。例如对云南云峰硝酸机组实施免费召回后，员工捐款和企业出资共担责任，拉开了陕鼓缺陷产品召回的序幕，得到行业的高度认可。

无论是产品的智能化、陕鼓"能源互联岛"技术，还是产品和服务质量，都是用户关注点和需求点，是满足市场和用户需求提出的系统解决方案和保障措施，这是产品品牌内涵的体现。

三、响应时代发展要求，重视企业经营，丰富企业品牌内涵和形象

企业要持续长远健康的发展，必须与时代发展、技术发展趋势相吻合，必须适应市场需求的变化。过去的十年到这轮转型发展，陕鼓一直在做的事情就是依据外部市场的变化，不断调整自己。

（一）不断推进过程智能化，提高市场响应

所谓过程智能化，一是用专业化的分工来促进产品制造智能化的提升，

放弃非核心环节，交由专业化公司来做，将企业的资源配置在核心关键环节上；二是通过信息化、流程再造优化等，缩短企业内部环节，降低沟通和经营成本，最快速地响应市场需求。

近年来，陕鼓取消、弱化了非核心环节 18 个，涉及人员 1346 名；同时，在研发、服务、工程、运营等核心环节和新产业，投入资源，新增强化环节 18 个，增加人员 2056 名。

围绕分布式能源战略布局，陕鼓将进一步在生产制造、供应链管理、销售市场体系等方面进行流程再造和优化，全面响应市场需求，快速实现企业战略目标。

（二）积极开展国际并购，打造国际化企业品牌

"一带一路"战略为陕鼓发展带来新机遇。2015 年，陕鼓动力收购了捷克 EKOL 汽轮机公司，这是中国在捷克制造业的最大投资。

该股权收购为陕鼓全面完善产业链布局，向客户提供更优质、高效的流程工业系统解决方案提供了资源和平台。陕鼓利用 EKOL 国际销售体系，积极布局海外市场，搭建资金、技术、人才等国际化资源平台。同时，积极发展国际代理商网络，在中国香港、卢森堡、印度等地分别设立分公司，打造国际化品牌。

（三）通过文化引领，塑造向上向善的品牌文化内涵

陕鼓集团董事长印建安将企业文化和品牌的关系形象地描绘为"文化是里子，品牌是面子"。近十年来，陕鼓高度重视企业文化建设，建立了独具特色的企业文化体系，形成了"责任文化、诚信文化、规则文化、创新文化和感恩文化"五大特色文化（如下图所示），提出了"问题就是资源"等员工耳熟能详的品牌文化语言。以企业文化为统领，通过制度导向和落地，运行市场化机制，解决人的价值观和追求问题。在企业内部建立员工信誉档案，实行信誉积分，对于在企业发展中作出贡献、积极践行企业价值观、积分高的员工，从荣誉到收入全面向其倾斜。

（四）积极履行企业社会责任，打造责任品牌内涵

多年来，陕鼓一直将利益相关方管理纳入企业社会责任管理的重要环节，关注客户、员工、合作伙伴、投资者、政府等利益相关方需求，在节能环保、公益慈善等方面持续投入，倡导"以人为本""员工第一"等理念，致力于建立员工全面关怀和保障体系。推行全员竞聘上岗，围绕价值共创共享，开展"标杆人物开放日"等系列活动，与员工共享企业发展成果。陕鼓连续五年对外发布企业社会责任报告，获得社会各界认可。从 2001 年至今，陕鼓共投入 7000 多万元用于公益慈善项目，获得了"中华慈善突出贡献单位""最具责任感企业""石油化工行业最具社会责任企业"等荣誉。

四、注重品牌管理和维护，确保品牌健康发展

一是建立"3+1" 品牌管理模式。根据企业品牌管理架构，陕鼓形成了"品牌管理委员会、品牌建设工作办公室和品牌培育关键部门三级结构，以及由品牌文化专员和品牌文化大使组成的基层品牌建设队伍"的"3+1"品牌管理模式。该模式具有矩阵式管理特色，倡导品牌全员建设参与和管理，为创品牌提供了坚实的组织保障。

　　二是重视品牌资产保护。公司先后对"陕鼓"图形和文字商标进行了全系列的注册保护，并结合海外市场拓展，对商标进行了海外注册。每年投入500余万元用于品牌维权和推广，发现问题及时跟进，闭环处理。目前，陕鼓已经获得 105 件国内注册商标、40 件海外注册商标，海外注册覆盖全球60 多个主要国家和地区。2006 年，陕鼓商标被国家工商总局认定为中国驰名商标。

　　三是延伸品牌管理，推动新业务增长。随着陕鼓业务的转型升级，企业品牌正从传统制造领域逐渐向智能制造、工业服务和分布式（可再生）能源智能一体化解决方案领域延伸。特别是近年来，陕鼓大力开拓工业气体运营，从"卖奶牛"向"卖牛奶"转变，向用户提供工业气体运营服务；大力研发和开拓能源基础设施运营产业，增强了生物质（垃圾焚烧）发电系统解决方案的能力；增强了集水务一体化、垃圾处理、冷热电三联供等高品质园区的建设运营能力；同时，创新金融服务模式，围绕主业开展资本运营。这些举措逐步拓展了陕鼓品牌的覆盖领域，成为未来公司品牌发展的重要方向。

　　四是创新品牌传播方式。近年来，陕鼓围绕品牌定位和品牌核心价值，组织策划了一系列活动，如召开新产品发布会、主办行业论坛、积极利用新媒体进行品牌推广，大大提高了陕鼓品牌的知名度和美誉度，也提高了客户对陕鼓品牌的认同度和忠诚度。

　　从多年实践看，陕鼓从产品经营向品牌经营的转变，对企业提质增效转型升级发挥了积极作用。2016 年，陕鼓获得了中国工业大奖；企业连续 11年被评为中国工业行业排头兵企业，获得国家工信部授予的首批"全国工业企业品牌培育示范企业"称号；2013 年，央视大型电视纪录片《大国重器》对陕鼓进行了专题报道；陕西省在 2016 年省政府工作报告中向全省推广陕鼓服务模式。

　　"十二五"期间，陕鼓结合企业战略转型开展了一系列品牌塑造工作并取得了良好的成效。未来，站在中国工业企业转型升级的新起点，陕鼓将紧跟国家"一带一路"和"中国制造 2025"战略规划，积极践行"走出去"，推动国际产能合作，并持续秉承创新驱动、绿色制造、智能制造的发展理念，以企业"两个转变"战略为指引，深化企业转型升级，开展"品质陕鼓"建设系列行动，持续发力分布式能源新产业，寻求新突破，为推动我国供给侧结构创新担当"先行军"，助推中国从制造业大国向制造业强国迈进。

大生集团

传承百年传统　增强企业软实力

导读：作为中国最老的棉纺织企业，江苏大生集团有限公司（以下简称"大生集团"）始终深入探索先进企业文化的理论，着力构建具有大生特色的企业软实力体系。通过对企业历史、构建品牌、开拓创新、先进典型等方面的探索分析，坚持"用文化管企业""以文化兴企业"的理念，积极推进"文化强企"战略，实现了文化与管理的有机融合，以文化力推动了生产力，提升了创新力、形象力和竞争力，形成了具有大生特色的企业文化，成为中国纺织行业的常青树。

　　大生集团的前身为大生纱厂，由清末状元、中国近代实业家张謇先生于1895年创办。大生集团现拥有全资、控股、参股公司12个，职工总数约5000人，退休职工超万人，资产总额28亿元，形成了纺纱、织造、染色、印花、服饰、特色家纺、文化产业、汽车销售服务等多门类产业，是国家高新技术企业，产品远销近50个国家和地区。大生集团拥有国内首创智能化棉纺全流程纺纱生产线；拥有"高支高密纯棉坯布"和"纯棉精梳纱线"两个"中国名牌"；拥有省级企业院士工作站、省纺织企业的首家省级技术中心、纺织新材料协同创新研究院；拥有40多项专利。大生集团先后被授予"国家火炬计划重点高新技术企业""全国纺织工业先进集体""省文明单位"等荣誉称号。集团销售收入、出口创汇、利税、人均利税等主要经济指标跻身同行前列，连续多年成为全国棉纺织行业"排头兵企业"。

一、百年发展历史，积淀企业文化传统

1895 年，中国近代实业家、教育家张謇怀着实业救国之梦，秉承"天地之大德曰生"的理念，在唐闸小镇开办了大生纱厂，开启了追求中华民族伟大复兴之路的航程，开创了中国民族工业的先河。因为经营得法，市场基础得天独厚，大生纱厂在短时期内获得迅猛发展，相继建成了大生二厂、大生三厂和大生八厂，共拥有纱锭 16.036 万枚、布机 1342 台，分别占全国华商纱厂总数的 7.39% 和 9.8%，成为当时全国最大的纺织企业系统。张謇遂以大生纱厂为母体，形成了一个拥有 69 个企、事业单位的资本集团，先后投资或参股榨油厂、肥皂厂、冶铁厂、造纸厂、印刷厂等，构建了以棉纺织为核心的产业链，并进一步发展运输、仓储、电力、通信、食品、金融、地产等企业，在南通建立了较为完整的工业体系，对地方工业乃至中国民族工业的发展起到了推动示范作用。

大生集团在创办后建立了现代化管理模式，形成了规范的法人治理结构，通过制定厂约、注册商标、发行股票等方式，创造了中国近代史上的诸多"第一"。以大生资本集团为平台，大生集团创办了中国第一所师范学校、第一个公共博物馆、第一所戏剧学校等，开中国教育、文化、艺术、社会福利等多项事业之先河，形成了南通一城三镇的格局，以至于在 20 世纪 20 年代的世界地图上，在南通方位赫然印着"唐家闸"三个字。毛泽东主席在谈到中国民族工业时说过，"讲到轻工业，不能忘记张謇"。张謇创办的大生纱厂是中国近现代民族工业的一面旗帜，大生的创业、发展史不仅仅是南通的骄傲，也是中华民族的宝贵财富。大生集团是全国文物保护单位，在中华世纪坛的长廊里镌刻有"1899 年南通大生纱厂开工投产"。

二、坚持品牌建设，打造企业发展魅力

对于一个企业来说，软实力的建设直面的是品牌和口碑，品牌是企业具有经济价值的无形资产，能够给拥有者带来溢价，产生增值。调查研究发现，重视品牌，特别是老字号品牌建设是世界潮流、大势所趋。从世界品牌看，2016 年度"世界品牌五百强"中，百岁以上的"老字号"达 206 个，占到了总品牌的五分之二强。其中，中国入选的品牌 36 个，超越百龄的品牌只有 3 个，占中国入选品牌的十二分之一。从各国品牌看，当今世界上历史最悠久的企业品牌，前三名都是日本企业，最古老的是 1 400 年前创立的大阪建设公司"金刚组"。日本超过千年的企业有 7 家，超过 200 年的企业有 3164 家，而超过百年的老号的竟达 2.1 万多家。美国因为历史较短，超过 200 年的企业有 1100 家，而中国只有 10 余家。这些数据说明，老字号品牌确实有自己的独特魅力和历史优势，世界各国都非常重视老字号品牌的传承和培养，而中国作为世界上唯一的绵延五千多年的文明古国，老字号品牌很多，但保护、挖掘和培养的力度不够，中国还只是一个品牌大国，而不是品牌强国。

综观大生的品牌发展史，不难看出大生品牌具备悠久的历史和优秀的文化传统。早在大生纱厂开办之时，张謇就有强烈的商标意识，他深刻地意识到，商标是用以区别商品或服务来源的标志，既是一种知识产权、一种脑力劳动成果，又是工业产权的一部分，是企业的一种无形财产。他亲手设计了大生纱厂的产品商标"魁星"。"魁星"乃传说中的文曲星，他把商标定为"魁星"，兼含"状元办厂"之意。当时大生一厂用的棉纱商标是"魁星"，分"红魁""蓝魁""绿魁"三种，后来副厂用"金魁"，三厂则用"彩魁"。"魁星牌"棉纱是当时的纺织类名牌，1918 年在"巴拿马太平洋万国博览会"上获奖，成为名副其实的"魁星"。

大生纱厂蓝色、红色"魁星"商标。

　　1983 年，大生集团注册"大吉"商标，并在申领自营进出口权之前，在香港注册"大吉牌"商标，此后不断扩大市场领地，又将"大吉牌"纯棉系列产品在韩国注册。如今"大吉牌"高支高密纯棉坯布系列产品在韩国、日本、中国香港、东南亚市场均占有相当份额，"大吉牌"本色纱线布已成江苏省免检产品、江苏省重点保护产品、江苏省质量信得过产品、江苏省"用户满意产品"，连续十多年荣获"江苏省名牌产品称号"。"大吉"牌纤维素纤维纱线成为国内最响亮的品牌，在纱和布方面获得"高支高密纯棉坯布"和"纯棉精梳纱线"两项"中国名牌"。

三、聚焦创新升级，引领企业快速发展

　　大生集团作为中国近代民族工业的一面旗帜，不仅拥有宝贵的非物质文化遗产，同时还具有丰富的创业创新力。创办之初，张謇就站在国际化的工业视野，引进了英国现代化的纺织设备，建造了具有现代气息的厂房，实行了先进的企业制度。1952 年，大生在全国率先实行"公私合营"，获得毛主席、周总理的肯定和赞誉。1972 年，通棉一厂制定《1973～1975 年生产技术发展规划》，提出采用新技术全面改造一纺车间的方案。该方案受到轻工部重视并经省轻工局批准实施。一纺改造一、二期工程共 2.3 万锭，这就是当年影响力很大的"二万三改造"，后成为无锡轻院高校教科书教学案例。

改造全程配套应用新技术，"棉纺新技术车间运输化、自动化、连续化"科研项目，被列入国家科委和全国纺织工业的重点项目。到 1978 年 8 月，"二万三"车间全部建成投入试运转，先后共采用自行研制和国内科研成果 33 项，形成半制品、成品运输线；各工序广泛采用自动化装置代替手工操作；主机实现高速、大卷装。1979 年纺工部、国家科委鉴定该项目达到 20 世纪 70 年代世界发达国家的平均水平，并组织全国各地的纺织厂代表到工厂参观，通棉一厂成为当时全国的纺织样板。

改革开放后，大生集团加快技术改造步伐，深化企业经营管理，大大提高产品质量和档次，"大吉"产品享誉 30 多个国家和地区。进入 21 世纪，大生集团在转型升级、创新发展的道路上又迈出了新的步伐。2006 年再投入 12.3 亿元建立了大生工业园区，在现在的港闸开发区实施了南通二棉退城进园工程，奠定了大生集团转型升级、快速发展的基础。从 2006 年 11 月拿到土地，到 2009 年 11 月 28 日二期竣工，仅仅花了三年的时间，形成了当时中国纺织的三个"之最"：中国规模最大的丰田紧密纺长车纺纱生产基地，新型、高档、豪华混纺生产基地和日本津田驹最新型多门幅喷气织造生产基地，成为当时的新亮点、新板块。

2013 年，大生集团的新一轮纺织产业升级转型技改项目（三期工程）拉开帷幕，以产业链延伸为重点，整个项目总投资 7.6 亿元。在这个项目中，最引人瞩目的就是与目前国内最大的棉纺织成套设备制造商经纬股份公司合作打造的"数字化纺纱车间"（如下图所示）。

2014 年 8 月 16 日破土动工，经过一年左右时间的基建、安装、调试，2015 年 10 月 24 日全面开车投产。作为国家智能制造项目，该项目主要呈现出"三大亮点"：

一是"智能制造"的引领作用。大生集团全流程国产智能制造数字化纺纱设备的创新成果处于国内领先地位，实现了从原料到成件的全自动生产，车件装备数控化率高于 92%，其中络筒自动堆垛、打包系统属国内首创（如下图所示），提升了生产过程的智能化，有效解决了目前普遍存在的"用工难"问题。

二是节能环保的导向作用。大生集团推行生态设计，全面推广绿色照明、空调自动等技术，重点推进纺织设备的几点一体化、自动化、节能化，全面实现企业能源管控中心建设，综合能源消耗下降超过 15%。车间屋顶配置了光伏发电装置，每年可发电 150 万千瓦时。与空调冬灌夏用系统相结合，建立雨水收集系统，年节约自来水 2.2 万吨。

三是"两化融合"的示范作用。大生集团建设了中央计算机控制中心，实现信息化与工业化的深度融合。在计算机配棉系统和 ERP 系统的基础上，集成 E 系统、空调自控系统、USTER 专家系统，将信息化管理向纵深推进。全方位推广车间总控室或通过移动终端，登录"E 系统"，就可对生产中的设备运转、质量数据、温湿度进行调节，大大提高了各环节的协同能力和相应能力，实现了管理"可视"、过程"可控"和绩效"可考"。随后，大生集团"数字化纺纱车间"作为全纺两化融合、职能制造的样板车间在全国推广，企业荣列"中国纺织行业信息化改造提升试点企业"。

　　大生集团在不断推动技术进步的同时，还进行了科技创新、机制创新、管理创新等一系列重大战略举措的实施，有效地协调了改革、发展和稳定的关系，企业转型升级的基础由此奠定。从 20 世纪 90 年代开始，大生集团相继建立了研发中心、省级技术中心，2009 年还与中国工程院院士姚穆及其团队组建了"江苏省企业院士工作站"，从而使企业研发能力得到了进一步提升，形成了涵盖纺纱、机织、针织、印染到成品一条龙的研发基地，年科研开发项目 30 多个，开发新产品 100 多个。"大吉"牌纤维素纤维纱线也被列为"江苏省重点培育和发展的国际知名品牌"。企业荣获江苏省企业知识产权管理标准化示范先进单位，企业研发机构入选第一批"江苏省重点企业研发机构"，成为"中国纤维素纤维纺织精品基地"和"国家火炬计划重点高新技术企业"。

四、弘扬"工匠精神"，培育企业先进典型

　　张謇以《易经》"天地之大德曰生"之意，为纱厂取名"大生"。大生在注重企业发展进程中，坚持"以人为本"和"诚信为本"，发扬"求实、创新、敬业、奋进"的企业精神。主动搭建各类平台，不断推进选树培育具有

典型性、代表性、示范性的先进群体，从而形成了争先创优的良好局面。和谐企业建设取得实效，员工的凝聚力、战斗力进一步提升。

大生集团根据企业工作特点，将员工岗位划分为运转类、技术类、营销类、管理类等类别，分类培育，分类选树。大生集团的先进典型培育既注重运转、营销类生产一线的岗位，也注重在企业生产中发挥重要作用的创新性技术类岗位和管理类岗位，生产车间经常性开展员工岗位立功竞赛活动，通过先进引路、考评激励等措施的落实，各类先进典型脱颖而出，为各级劳模的选树打下了良好基础。并在此基础上选树"十佳标兵"，对市级各类先进、五一劳动奖章获得者、劳动模范等，均必须对照相应推荐条件从集团公司级先进中选拔产生，明确标准，规范程序，逐级举荐，从而为各级劳模的选树畅通了渠道，在公司内形成了员工争先创优的良好局面。大生集团历年来共产生全国级劳模 4 人、省级劳模 59 人、市级劳模 32 人。

先进典型作为一面鲜明的旗帜，他们的模范事迹对广大员工是一种非常现实、非常直观的教育和引导，是形象、生动的学习教材。将先进精神的挖掘与企业文化建设联系起来，可以促进企业文化的发展，提升企业文化软实力。通过劳模精神、劳模事迹的宣传，让广大员工切身体会感受到典型就在身边，使员工学有榜样、学有内容、学有目标。通过一个典型带动一批典型，通过一批典型带动全体员工。公司通过实施"师徒结对""劳模工作室"等品牌工作，既宣传了典型，又带动了员工。诚然，典型的培养需要有规划和目标，需要有行之有效的培育措施，他们的成长绝非一朝一夕而就，需要大量基础工作来支撑。大生集团高度重视各类人才的培养，利用公司内的职工学校组织学历教育、岗位培训，采取送出去学习、外请教师授课等方式强化文化教育，100 多名先进、劳模获得大专文凭。开展"师徒结对"，促进了新工人的成长。推行星级技师的评聘工作，市级首席技师、集团级首席技师等在公司技术革新、生产课题攻关及"五小"活动中发挥了主力军作用。多次举办员工技术节活动，每年组织多工种操作技能比赛，经营开展短距离劳动竞赛及"金点子"等活动，一批批操作能手、生产标兵脱颖而出。积极探索广角度的先进后续培养机制，成立了"劳模工作室""首席技师工作室"，以工作室为教育载体和实践平台，推广新知识，研究新课题，传授新技能，使公司内出现了一批"创新蓝领"和"金牌工匠"，他们带动了公司群众性技术创新活动的蓬勃开展。在培育先进的过程中，大生集团注重落实对劳模的关爱措施，大胆从劳模中选拔培养管理人员，压担子、交任务，创造机会培养复合型人才。目前已有多名劳模经锻炼走上了公司重要管理岗位，在人大、政协、党代表中劳模占有较高比例。

历经两个甲子，横跨三个世纪，大生集团从当初的艰难创业，到今天的走向辉煌，当中倾注了一代又一代大生人的心血。辛苦拼搏奋斗，以智慧和汗水书写历史篇章，如今大生集团正朝着智能化、网络化、数字化、高端化方向迈进，在中国纺织进程中开启新辉煌。

参考文献

第一章

[1] 田俊荣，白天亮，朱隽，刘志强. 中国经济新方位[N]. 人民日报，2016-12-13.

[2] 黎烈军，尉高师等. 新时期中国工业的发展与管理[M]. 北京：电子工业出版社，2013.

[3] 张镁利，董瑞青，顾强.世界工业强国的特征探讨[J]. 现代产业经济，2013 (10)：70-80.

第二章

[1] 约瑟夫·奈. 软实力：世界政治中的成功之道[M]，2004.

[2] 毛夫国. 软实力概念的泛化及其原因[J]. 国际安全研究，2012 (3)：52-58.

[3] 刘杰. 中国软力量建设的几个基本问题.［收录于《国际体系与中国的软力量》(上海社会科学院世界经济与政治研究所院编)]，北京：时事出版社，2006，第 103-104 页.

[4] 周厚虎. 公共外交与中美软实力战略[J]. 国际展望，2012 (1)：34-47.

[5] 金碚. 全球化新时代的中国区域经济发展新趋势[J]. 区域经济评论，2017 (1)：11-18.

[6] 董建锴. 工业精神的内涵及其培育[J]. 西安财经学院学报，2010，23 (3)：123-126.

[7] 汪中求，王筱宇. 中国需要工业精神[M]. 北京：机械工业出版社，2012.

[8] 李一舟，唐林涛. 设计产业化与国家竞争力[J]. 设计艺术研究，2012，02 (2)：6-12.

[9] 王昌林，姜江，盛朝讯，韩祺. 大国崛起与科技创新——英国、德国、美国和日本的经验与启示[J]. 全球化，2015 (9)：39-49.

[10] 郇公弟. 德国制造：声誉源于严格的制度建设[N]. 新华每日电讯，2007-10-16.

第三章

[1] 王竞楠. 德国标准化与德国崛起[D]. 山东大学硕士学位论文，2013.

[2] 占小梅. 德国职业教育与经济社会发展的适应性研究[D]. 河北师范大学硕士学位论文，2013.

[3] 黄卉. 德国劳动法中的解雇保护制度[J]. 中外法学，2007，19 (1)：99-112.

[4] 赵俊杰. 美国国家创新体系建设[J]. 全球科技经济瞭望，2011，26(4)：5-11.

[5] 左世全. 美国"先进制造业国家战略计划"对我国的启示[J]. 经济，2012(6)：142-143.

[6] 陈涛. 美国联邦政府支持小企业技术创新的举措——小企业技术创新研究计划和技术转移计划[J]. 全球科技经济瞭望，2015，30(1)：1-5.

[7] 王金玉. 主要发达国家技术标准国际竞争策略及实施成效研究[J]. 世界标准化与质量管理，2008(2)：4-8.

[8] 张杰. 人大国发院学者：中国提升产品质量的经验借鉴与政策启示[N]. 中国网，2016-8-11.

[9] 上海质量管理科学研究院课题组. 质量提升与国家强大——日、美、德质量经营战略及其启示[J]. 上海质量，2011(4)：33-35.

[10] 赵霞.日本工业标准化现状与发展趋势[J]. 机械工业标准化与质量，
2010(8)：50-52.

[11] 李砚祖，张黎. 设计与国家的双赢：英国设计史的身份意识[J]. 南京
艺术学院学报（美术与设计），2013(5)：7-13.

[12] 张彩玲，裴秋月. 英国环境治理的经验及其借鉴[J]. 沈阳师范大学学
报（社会科学版），2015, 39(3)：39-42.

[13] 宋坚，潘丽君. 国际民间组织参与生态环境保护的动态研究[J]. 学术
论坛，2012，35 (9)：185-190.

[14] 王青. 韩国大企业国际化对中国企业的启示——以"三星"和"现代"
为例[D]. 对外经济贸易大学硕士学位论文，2014.

[15] 向勇，权基永. 韩国文化产业立国战略研究[J]. 华中师范大学学报
（人文社会科学版），2013，52(4)：107-112.

第四章

[1] 马宇文. 构建企业开放创新生态圈. 中国工业评论，2016 (1)：22-26.

[2] 马建堂. 中国经济发展成就、机遇与挑战-纪念中国共产党成立 90 周年
笔谈. 经济研究，2011 (6)：4-6.

[3] 李昂，刘瀚泽. 推进工业设计产业化发展，加速制造业转型升级. 中国
经济时报，2015-11-11.

[4] 张建春.充分发挥资产评估专业作用加快推进国家品牌建设. 中国资产
评估，2016 (1)：6-8.

[5] 王建成，周过，高顺升. 突围：中国制造业品牌的现状与出路. 中国工
业评论，2016 (4).

[6] 张蕾. 制造业升级中提高产业工人技能问题研究. 继续教育研究，2012
(6)：22-24.

[7] 中国电子信息产业发展研究院. 中国工业发展蓝皮书（2012）. 北京：
中央文献出版社，2013.

第五章

[1]　王新哲，孙星，罗民. 工业文化[M]. 北京：电子工业出版社，2016.

第六章

[1]　世界银行. 2017 年营商环境报告. http://images.mofcom.gov.cn/gn/201610/
20161027171453550.pdf, 2016-10-27.

第七章

[1]　李克强. 弘扬工匠精神 勇攀质量高峰 让追求卓越崇尚质量成为全社会
全民族的价值导向和时代精神. http://www.gov.cn/guowuyuan//content_
5059557.htm, 2016-03-29.

[2]　朱宏任. 发展工业设计 实现工业强国梦——在工业设计高级研修班上
的报告[J]. 设计，2015（2）：144-148.

[3]　谭浩俊. 强制造必须强设计. 经济参考报, 2016-12-12.

[4]　李昂，刘瀚泽. 推进工业设计产业化发展，加速制造业转型升级. 中国
经济时报，2015-11-11.

[5]　田帅，李扬帆. 整体态势良好 我国工业设计亟待提高国际竞争力. 中国
工业报，2017-01-04.

[6]　中国互联网与工业融合创新联盟，谢少锋，曹淑敏. "中国制造+互联
网"新图景[M]. 北京：人民邮电出版社，2016：138-140.

[7]　央视走进方太：探索国产高端品牌传承的工匠精神. 中华网，
2016-12-09.

[8] 齐二石. 丰田生产方式及其在中国的应用分析[J]. 工业工程与管理, 1997（4）：37-39.

[9] 王赛. 红领集团：智造成就新商业传奇，坚守消费者原点. 纺织服装周刊, 2016（2）：20-25.

[10] 于鑫. 小米客服中心高级总监杨京津专访. http://www.ctiforum.com/ news/ guandian/437485.html, 2014-12-24.

第八章

[1] 李杨超. 中国品牌国际化的主要问题及对策建议. 中华合作时报, 2016-11-07.

[2] 中国制造痛点：缺乏世界级工业品牌. 新华网，2016-06-12.

[3] 胡朝麟. 浙江加快推进企业品牌国际化的探索之路[J]. 对外经贸实务, 2016（1）：27-29.

[4] 艺术创造：奢侈消费的终极定义. http://www.baimao.com/news/detail/656 21.htm, 2012-12-30.

[5] 隆力奇：而立之年 民族日化品牌再腾飞. 经济参考报，2016-09-23.

[6] 传统企业转型的经典范本：TCL 的品牌重塑之路. 中国经济部新闻网, 2016-01-25.

第九章

[1] 行业协会往哪里转型. 经济日报，2015-12-24.